臨床心理学キーワーズ
The Keywords on Clinical Psychology

川崎医療福祉大学 臨床心理学科 編　　三宅 進 監修

ナカニシヤ出版

序　文

　本書は川崎医療福祉大学臨床心理学科開設10年目を記念するプロジェクトとして刊行されるものである．本学科のコンセプトは科学的な心理学に立脚した臨床心理学であり，そのうえに立って心理臨床の広がりを目指すものである．したがってここに収録されたキーワーズは，当該学科のスタッフが日常の授業の中で教授する語を中心に選別し，それに対して多少の解説を加えたものである．個々のキーワードについては各執筆者が自由に，なるべく読みやすく平易な説明を加えたつもりである．それらのキーワーズは各専門領域において重要であると思われるものを選別し，それぞれの思い入れより，ある語を詳しく，ある語は比較的簡明に，肘を張らず肩をいからさずに書いていただいた．それはそれなりに従来の辞典や事典のように形式にとらわれず，それぞれの個性あふれたものになっているものと思う．臨床心理学科，あるいはそれに関連する領域に籍を置く学徒の多くが臨床心理士を目指しているようであるが，それらの人達の手引きになり，あるいはすでに現場におられる方がこの言葉は何であったかな，と思われるとき座右に置いて見ていただけるようなものであれば，これほど嬉しいことはない．

　キーワーズの中に人名も含まれており，できるかぎりその人の立場，業績などを折り込むようにしているが，紙面の都合上，不十分な点も多々ある．もし興味があればこれを起点にしてさらに深度を深めていただきたいと思う．また各キーワードに関する主要文献も掲載するように図ったが，紙面の都合上，最小限に留めた．さらにキーワーズの解説文の中に出てくる専門用語は本書キーワード項目として掲載されるものはキーワード参照とし，キーワード項目としてないものにはさらに短文の解説をカッコ内に付記した．なおワード語尾の［　］はそのワードが主としてどの領域のものであるかを示す．たとえば［心］は心理学，［生］は生理学である．

監修者　三宅　進

凡　例

　本書は，臨床心理学およびその周辺領域に属する諸科学の用語・人名（以下"キーワード"または"キーワーズ"と称する）を小項目として五十音配列している。本書の構成は各キーワードの解説，各キーワードに関連する主要文献のリスト（以下 main reference (s) と称する），各キーワードに関連する専門用語リストおよびその解説（以下 keyword (s) of keyword と称する）を要素とした本文，心理臨床にかかわる倫理問題の列挙とその解説を付した［付録1］，本文にキーワードとしてとりあげられなかったものの臨床場面においては重要とされる用語を列挙し解説を付した［付録2］，および索引（事項索引，人名索引）から成っている。

〈本文〉
　Ⅰ．見出し
　　1. キーワード項目の見出しは，その表音の五十音で配列した。一般に長音は（ー），中黒は（・），ハイフンは（-）で示した。
　　2. キーワードにおいてローマ字が用いられている場合は，日本での慣用の読み方に従って配列した。
　　　　　例：ICU症候群…アイシーユー
　　　　　　　QOL…キューオーエル
　　3. 各キーワードについて，原則として英語表記を付した。
　　4. 外国人名に関しては，そのファミリーネーム（姓）のカタカナ表記をキーワード項目とした。なお，〔v〕発音の表記は「ヴ」を使用した。
　　　　　例：ヴント
　　　　　　　パヴロフ
　　　また，カタカナ表記の後に（　）内にて原綴を姓，名の順に掲げ，さらに各人物の生没年を示した（生年と没年は「-」でつないだ）。
　　5. 各キーワード項目について，主としてどの専門領域の用語であるかを［　］内に示した。複数の領域にまたがるものは中黒（・）で区切った。
　　　　　例：［心］…心理学
　　　　　　　［精・薬］…精神医学・薬学
　　6. 相互に関連のあるワードは（/）で区切って並記した。
　　　　　例：宣言的知識/手続き的知識
　　　　　　　第一信号系/第二信号系
　　7. 同一の概念で呼称・訳語等が複数用いられている用語に関しては，矢印（→）で解説のある参照先キーワードを示した。
　　　　　例：不安神経症→パニック障害☞と同義
　Ⅱ．解説
　　1. 解説中にある人名については，おおよそ**カタカナ表記（英語表記〈名のイニシャル，姓〉：生没年，出身国名，専門分野）**の順で示したが，必ずしもすべての情報が表記されているとは限らない。

例：パヴロフ（I.P.Pavlov：1849－1936，生理学）
スターンバック（R.A.Sternback：アメリカ，医学）
また，文献を引用している場合の人名表記は，原則として**カタカナ表記（英語表記〈姓のみ〉，文献の出版年数）**としている。
例：ルビン（Rubin, 1970）
ケルマン（Kelman, 1961）
2. 解説中の指印（☞）は，その前にある用語がキーワード項目として挙げられていることを示す。

Ⅲ．main reference(s)
各キーワード項目に関する国内・国外の主要文献を列挙した。

Ⅳ．keyword(s) of keyword
1. 各キーワード項目の解説中にある重要な専門用語を列挙する。（順不同）
2. 後方に指印（☞）の付記されたものはキーワード項目として挙げられていることを示すので，参照されたい。また，キーワード項目とされていないものについては，（）内において簡単な解説を付記している場合がある。

〈索引〉
索引の頁数のうち太文字（ボールド体）は，その事項・人名が独立したキーワード項目であることを示す。

ICU症候群　(intensive care unit syndrome)　[医]

ICU（集中治療部）とは，急性の重症患者の救命を図る中央部門の一つで，内科系，外科系を問わず収容された患者に対し，呼吸や循環などの全身管理を強力にしかも集中的におこなうユニットである。最初はいわゆる大手術後患者の回復室から出発し，今日のように術後はもちろん，心筋梗塞患者のケアを主としたCCU（Coronary Care Unit），呼吸不全を主としたRCU（Respiratory Care Unit）などを包括し，最新の設備と最高のスタッフが置かれている。

このICUに収容された患者の中には，3～5日後にとつぜん譫妄（意識障害はそれ程強くないが，錯覚や幻覚が多く，一過性に経過する精神症状），妄想，うつ状態が現われ，不安状態や頭痛などを訴えるようになる者がある。このような状態が3～4日間，あるいは退室するまで続くが，経過後はまったく後遺症もなく，正常に戻る精神障害をICU症候群という。発生要因としては身体的要因と環境要因とがあり，後者が特徴的である。すなわち環境の急激な変化，室内にあるさまざまな機械類，騒音，不眠，感覚遮断などがあげられる。予防策としては環境にできるだけ早くうまく馴染ませることで，新聞，ラジオ，テレビなどを与えるほか，可能なかぎり家族や知人と面会させる。なお本症を発生しやすいような患者に対しては，術前から精神科医に相談するとか，発症後も指示をあおぎ治療を続けることが必要な時もある。

keywords of keyword
譫妄，妄想☞

(佐野開三)

愛着　(attachment)　[心]

愛着とは，互いの密な関わりあいと情愛，および近接を維持したいという欲求を特徴とする，二人の人物の間の密接な情動的な絆のことをいう。通常この術語は，世話をする人物（普通は母親）と乳児との間に形成される絆のことを指して用いられることが多い。愛着の説明として1950年代半ばないし後期頃まで支配的だったのは，いわゆる「欲得ずくの愛情説（Cupboard Love Theory）」であった。すなわち，通常はまったく対立的と考えられている二つの理論的流れである精神分析理論と学習理論のいずれにおいても，乳児は食物を求めるという一次的動因（生活体の生理的特徴に由来する生得的動因。飢え，渇き，苦痛回避などあらゆる種に普遍的なものと，巣作り，刷り込みなど種特異的なものがある）の満足と母親とを連合させることによって母親そのものを求めるという二次的動因（その動機づけ特性が学習によって獲得された動因。人の，お金を求める動因はその古典的な例である）を獲得する，と考えられていたのである。

けれども，その後多くの研究によってこのような見方の難点が明らかになってきた。たとえば，1950年代末頃，ハーロウ（H.F.Harlow）達はリーサスザルを誕生直後から二つの代理母（針金製および布製の母親模型）とともに育て，どちらの母親からお乳をもらったかに関わりなく，すべての子ザルが布製の母親に愛着するようになることを見出した。母親に対する愛着形成のうえで，お乳よりも，柔らかくここちよい身体的接触の方がより強力な要因であることが明確に示されたのであった。

また，ローレンツ（K.Lorenz：1903-1989，オーストリア，動物行動学）によるガンの雛における刻印づけ（imprinting）の研究に始まる動物行動学者による研究は，幼い鳥やさまざまな哺乳動物における愛着が，何ら給餌されることなしに，対象個体を見るだけでも生じることを見出していた。ボウルビイ（J.M.Bowlby：1907-1990，イギリス，精神医学）は動物行動学のアプローチに大いに影響され，乳児と母親との双方が互いに常に接触していようとする生物学的要求を進化させてきたと考えた。彼はことに①子どもの愛着行動（泣き叫ぶ，ほほえむ，這いよるなど）の本能的な性質，②これらの生得的行動に対する親の応答性の重要さ，③愛着の発達における臨界期（critical period：生物学的に決定されている，生活体が特定の反応を獲得するうえで最もよく準備のできている期間。この機を逃してはその反応の獲得はできないというニュアンスがある）ないし敏感期（sensitive period：生活体が特定の刺激入力に対して敏感で，生理的にも心理学的にも特定の反応ないし特定の型の知識を獲得する準備のできている期間。臨界期に比べ期間の限定性の低い用語である）を強調した。進化の観点からすれば愛着行動には非常に大きな意味がある。ヒトの進化の過程において，生存し自分自身の子どもをもつ可能性が高かったのは母親の近くにいる赤ん坊であったであろうからである。

これらの研究に端を発して人間の幼児の動物行動学的研究がおこなわれた。人間における親と子

の愛着を決定するのは親子の間の相互作用の「質」であることがわかっている。

main references

ボウルビイ, J. M.（黒田実郎他訳）1976 母子関係の理論Ⅰ 愛着行動 岩崎学術出版社

ハーロウ, H. F. 子ザルの愛情 サイエンティフィック・アメリカン（編）（太田次郎監訳）1971 子ザルの愛情：動物の行動を探る 日本経済新聞社

keywords of keyword

一次的動因, 二次的動因, H. F. ハーロウ☞, 刻印づけ☞, J. M. ボウルビイ, 臨界期

（綱島啓司）

IPI（個別処方教授）［教］

IPI（individually prescribed instruction）は, 学習者の個々の実態に則して学習過程を設計する個別化学習指導計画として, ピッツバーグ大学（米）の学習研究開発センター（Learning Research and Development Center）が開発したものである。「個別処方教授」の訳語があるが, わが国でも普通はIPIと呼んでいる。この開発計画の基本は1965年に完成した。この計画では, 教科内容を多数の行動目標（behavioral objectives）に細分化して, 個人差に応じてこれらの目標を計画的に選んで配列の順序を決め, この系列に沿って学習過程が円滑に進むようにするプログラムを求めた。

計画の推進には, ピッツバーグ郊外の小学校が実験校として加わった。小学校の算数, 言語（読み, 書き）, 理科などが検討されたが, このうち算数のIPIがもっとも進展した。算数の例では, 数える, 位取り, 加算, 減算, 幾何, 時間ほか13の領域に区分し, それぞれに最高9までのレベルを設けて, これを組み合わせた単位をユニットと呼ぶ。各ユニットごとに相当数の行動目標（スキル）を掲げてあり, 全ユニットを通じて行動目標の総数は500ほどになるが, この目標を抜粋して, それをどういう順序で配列すれば個々の学習者に適した学習計画になるかを決めるのがIPIのねらいである。

まず配置テスト（placement test）で学習者の学力の現状を診断し, 学習が必要なユニットを決定する。ユニットが決まると, ユニット別の事前テスト（unit pretest）を実施して具体的な目標（スキル）を選び, この結果で学習者の最適なコースを処方する。学習指導はさまざまな教授技術を使っておこなわれるが, スキルごとに特別の学力テストが用意してあり, 途中の学習過程の確認と調整ができるように計画されている。同じユニット内の予定したスキルの学習が終わると, ユニット事後テスト（unit posttest）で, ユニットの学習が一定基準に達したかどうかを評価し, 到達したと確認されれば次のユニットに移る。

IPIの開発には, 学習過程の詳細を実験校がピッツバーグ大学に送り, 大学は指導の処方箋を作成または修正して学校に返す情報交換システム（計算機センターが中継）を敷き, これが推進の鍵になった。

IPIが注目を集めたのは, 近年, 学習指導は個人差への配慮がゆき届いたものでなくてはならないという教育理念が高まったからである。この理念はATI☞ともいわれているが, それを具体化した構想としてIPIは教育界に大きな影響を与えた。

main reference

教育とコンピューター（教育におけるコンピューター利用に関する国際セミナー報告）1970 文部時報, **1121**（臨時増刊号）

keywords of keyword

ATI

（伊澤秀而）

アカシジア（akathisia）［医・薬］

抗精神病薬の副作用によって生じる, 患者がじっと座っていられない静座不能とそれが歩行または下肢の運動によって軽減する状態をいう。しばしば下肢に蟻走感のような感覚異常を伴う。精神症状としては焦燥感, 内的不穏感が出現し, 落ち着きのない様子になる。抗精神病薬以外の循環器用薬, 消化器用薬で生じることもある。薬剤性アカシジア（薬剤によって起こるいらいらしてじっと座っていられない状態）の治療は原因薬剤の減量・中止・変更が必要である。また中枢性抗コリン薬（中枢神経系のアセチルコリン受容体を遮断する薬剤）, 抗不安薬やβ遮断薬（βアドレナリン遮断作用をもつ薬剤）が有効なこともある。患者の苦痛が大きい副作用であり, 治療拒否やコンプライアンス（服薬受容）の低下を招く原因となる。

keywords of keyword

抗精神病薬☞, 中枢性抗コリン薬, β遮断薬, コンプライアンス

（渡辺昌祐）

アクスライン（Axline, Virginia Mae 1911-）［心］

シカゴ大学カウンセリング・センターのロジャーズ（C. R. Rogers）のもとで, 臨床, 研究の経験

を積んだアクスラインは，子どもの幅広い問題に治療的関わりをもっていた。その対象は，夜驚，夜尿，チック（精神－身体的緊張と関連する広い意味での心身症状で，子どもにみられることが多い。一瞬の顔のしかめ，肩すくめなどの不随意運動や，不随意の発声がみられる），引っ込み思案，攻撃的性格などから，学業上の問題，身体的・言語的問題，そして障害児の抱える情緒的葛藤などに及んでいる。そして，ロジャーズの来談者中心療法（人間には潜在的な成長の力が備わっているという考え方をもとにした，非指示的な心理療法）を基礎に，非指示的遊戯療法を発展させた。

アクスラインは，子どもの成長しようとする内的動因（生まれながらにその人に内在している方向づけの力）に重きを置いており，よい「成長の場所」を与えれば，どのような問題児であっても，この内的動因が肯定的，建設的な方法で発揮されるようになるとした。よい成長の場所とは，子どもがほんとうの自分になれると感じられるような，おおらかな雰囲気がある場所，自尊心の基礎となる愛情と安定感と所属感を子どもに得させるような場所である，としている。彼女は，治療をおこなうにあたって準備するべき設備や玩具（主に，心理劇をおこなうための家族人形や，表現のための絵の具や粘土や紙）についても述べているが，何よりも治療者の態度に重きを置き，主著『遊戯療法』に，有名な「8つの基本原則」をあげている。すなわち，①暖かい親密な関係（ラポート），②子どもをそのまま正確に受け入れること，③自由で完全な気持ちの表現を可能にするおおらかな雰囲気，④感情の認知と反射，⑤子どもに尊敬心をもちつづけること，⑥子どもが先導すること，⑦治療をせかさないこと，⑧制限の意義，などについて平易な言葉で説明している。

アクスライン，そしてロジャーズは，このような成果を，個人療法のみではなく，集団療法にも，さらに教育場面における教師－生徒の関係にも適用できることを強調している。

main reference
　アクスライン，V.M.（小林治夫訳）1972 心身障害双書6 遊戯療法 岩崎学術出版社（原著 1947）

keywords of keyword
　来談者中心療法，非指示的遊戯療法，内的動因，C. R. ロジャーズ☞

〔進藤貴子〕

悪性症候群（neuroleptic malignant syndrome）（NMS）［精医］

本症候群は，神経遮断薬悪性症候群ともいわれ，抗精神病薬で誘発される高熱，筋強剛，自律神経障害，意識障害（覚醒を保ち，自己と外界を正しく認識する能力が失われた状態）を主症状とする重篤な副作用で，発症率は0.1～2.5％と推測されている。抗パーキンソン薬の離脱，抗うつ薬で同様な状態が引き起こされることもある。またセロトニン症候群（脳のセロトニン神経の興奮状態によって起こる症候群）との鑑別が必要である。近年，本症候群に対する治療技術の向上により致死率が著しく低下した。本症候群が疑われた場合，直ちに抗精神病薬を中止し，輸液などの身体管理に加え，ダントロレン（ドーパミン受容体刺激剤，悪性症候群の治療剤）やドーパミン（脳の神経伝達物質の一種）作動薬を投与する。

keywords of keyword
　抗精神病薬☞，セロトニン症候群，ダントロレン，ドーパミン

〔渡辺昌祐〕

悪夢（nightmares, dream anxiety attacks）［生心］

悪夢によって人は，夜間に見られる生々しい夢見と関連した不安と恐れで，目覚めてしまう。目覚める時には，脈が激しく打つなどの自律神経活動を自覚する。目覚めた後には，その夢の内容を詳しく思い出すことができる。その夢の内容は，その日の昼間の出来事や床につく直前に体験した事に関連したものが多い。悪夢は，夜間睡眠の半ばから朝方のREM睡眠時に出現しやすい。3～8歳の小児によくみられる。小児期の悪夢は，就学前から小学校低学年でよく観察される。この時期は，空想しやすい時期であり，実在しないもの（幽霊や妖怪など）への恐れや，物事に対する誤った解釈などで，眠りが妨げられやすくなる。思春期以降に観察される悪夢は，精神的なストレスと関連が深いといわれる。また，そうした夢により生じる夜驚などは睡眠中に突然に無意識的な行動をとることがあるが，これは高熱，あるいは脳波異常（てんかん性）が，その行動の発症メカニズムである場合があるといわれる。

keywords of keyword
　REM睡眠時☞，脳波異常

〔保野孝弘〕

朝型－夜型（morning type-evening type, larks and owls）［生心］

「早起きは三文の徳」とか「朝寝坊の宵っ張り」

など，睡眠様式について，昔からいろいろな諺があるが，人それぞれに睡眠－覚醒パターンがある。朝早く起きて，夜も早く床につく人もいれば，夜は1，2時に床につき，朝遅く起床する人もいる。このように，個人によって，睡眠をとる時刻帯に違いがみられる。朝型－夜型とは，睡眠時間，就寝時刻，起床時刻からみた生活様式のあり方を示す。

自分は，朝型か夜型かを知るにはどうしたらよいのか？ 最も簡単な方法は質問紙に回答して，その得点から判断する方法である。たとえば，ホーンとオストベルグ（Horne & Östberg, 1976）が作成した，朝型－夜型質問紙（morningness - eveningness questionnaire；MEQ）がある。また，日本では，石原ら（1986）が日本語版朝型－夜型質問紙を作成している。

朝型の人と夜型の人の睡眠行動を比較すると，自然な社会生活をさせた状況では，夜型が朝型に比べて起床時刻が0.5から2時間遅く，就寝時刻が1から1.5時間遅いといわれている。しかし，睡眠の質的な側面には差が認められないという。仕事などのスケジュールを入れると，睡眠行動について両者に差が認められる。たとえば，休日と平日の睡眠時間を比較すると，夜型の人の方が休日で睡眠時間が著しく長い。朝型の人では平日と休日で睡眠時間の長さにあまり大きな差はみられない。また，就寝時刻をいつもよりも早くしたり，遅らせたりすると，夜型の人はそのスケジュールに合わせて柔軟に睡眠をとることができる。一方，朝型の人はリズムがしっかりと保たれ，いつもの睡眠の時刻帯を柔軟に変えることはできない。このことから，夜型の人の方が交替勤務などに柔軟に適応しやすいと考えられる。

朝型と夜型でその性格や行動に差があるという報告もある。これまでの研究では，内向者は外向者よりも体温のピークが前進し，その位相に違いがある，内向者の課題作業の遂行水準は早朝に最も高くなり，午後は外向者の方が高くなるなどの違いが報告されている。このことから，朝型と内向者，夜型と外向者との関連が示唆されてきた。たとえばホーンとオストベルグ（Horne & Östberg, 1976）は，朝型－夜型，内向性－外向性（性格を類型に分けてとらえた分類の一つである。たとえば，内向性は関心の対象が自分の内にあり，外向性はそれが周囲の人など外に向かう特徴を示す）と体温リズムや睡眠習慣との関連性を調べた。その結果，体温が一日の最高値を示す時刻（ピークタイム）までの平均体温は，内向者の方が外向者に比べてより高い傾向を示し，ピークタイム以降はこの関係は逆の傾向を示した。また，内向者の平均ピークタイムは外向者に比べて，約33分前進していた。両者間の睡眠習慣（起床・就寝時刻など）には有意な差はみられなかった。一方，朝型－夜型の観点から，体温リズムの変動をみると，朝型の人の平均体温は，夜型の人に比べて，ピークタイムまではより高く，その後は夜型の人の方が高くなった。また，朝型の人のピークタイムは，夜型の人よりも平均68分有意に前進していた。内向性－外向性から体温リズムをみた場合，統計的な有意差は認められなかった。しかし，朝型－夜型の観点から体温リズムをみた場合に，ピークタイムの時刻に有意な差が認められた。内向性－外向性という次元よりも，朝型－夜型の観点からとらえる方が体温リズムの位相差をより明確にとらえることができると思われる。したがって，内向性－外向性の性格特性は，サーカディアンリズムの位相（約24時間周期のリズムの中で，高い値と低い値が時間経過に伴い，一つの周期内でどのように進んでいくかを示すもの）に直接的に影響するのではなく，間接的に何らかの付加的な作用を与えているものと考えられる。また，この報告では，朝型－夜型と内向性－外向性との間には有意な相関は得られなかったが，朝型と内向性，夜型と外向性との関連性が示唆された。

main references

日本睡眠学会　1994　睡眠学ハンドブック　朝倉書店

千葉喜彦・高橋清久　1991　時間生物学ハンドブック　朝倉書店

Horne, J. A., & Östberg, O. 1976 A self-assessment questionnaire to determine morningness-eveningness in human circadian rhythms. *International Journal of Chronobiology*, **4**, 97 - 110.

石原金由・宮下彰夫・犬上　牧・福田一彦・山崎勝男・宮田　洋　1986　日本語版朝型－夜型(Morningness-Eveningness)質問紙による調査結果　心理学研究, **57**, 87-91.

keywords of keyword

サーカディアンリズム☞，サーカディアンリズムの位相，内向性－外向性

（保野孝弘）

アダルトチルドレン（adult children）[心・精]

一昔前に「とっちゃん ぼっちゃん」という言葉

がはやった。見かけは成人なのに自立性のないふにゃふにゃした大人とも子どもともつかない人を指す言葉のようである。臨床心理学や精神医学で用いられる「アダルトチルドレン」はこれとは意味が違う。1970年代にアメリカでアルコール依存症の臨床現場から生まれた言葉である。アルコール依存症者の配偶者に対して「共依存」が、そしてそのような両親のもとで成長した人々に対して「アダルトチルドレン」という名が与えられた。正式には adult children of alcoholic（ACOA）と呼ばれる。ある24歳の青年は、幼い頃からアルコール依存の父の暴力を体験して成長し、高校卒業後は仕事を転々として親しい友達はできず、強い孤立感と自己不全感をもち、将来どのような生活をしたらよいか一人で悩んでいる。一方、現在入院中の父からの電話には激しい恐怖と怒りを示し、時には父への殺意さえ口走ることがある。そしていまだ父と離婚しない母を責めるが、自分から家を出て自立しようとはしない。このように成長してから社会適応に問題を抱える例が少なくない。

main reference

斉藤　学（編）1995　特集「依存と虐待」宮本忠雄・山下　格・風祭　元（監）こころの科学，**59**.

keywords of keyword

アルコール依存症☞，共依存☞

(横山茂生)

アルコール依存症（alcohol dependence）［医・薬］

アルコールは代表的な依存性物質である。本病態の定義には「常習飲酒の結果、自らの飲酒行動を自ら制御し得なくなった状態」が用いられ、耐性形成とともに精神的依存（薬剤探索行動の存在がその根拠）や身体的依存（飲酒不能な状況下での離脱症候群（急速に薬物を中止することによって起こる症状）の出現がその根拠）がみられる。わが国には約250万人の依存症者が存在し、依存症予備軍たるプレアルコホリックスを含めるとその数倍にも及ぶアルコール問題を有する人達の存在が推定されている。多くは肝障害、膵炎、消化性潰瘍、末梢神経炎、心筋障害、糖尿病などの身体合併症をもつばかりでなく、家庭生活や社会活動に重大な支障が生ずる病態である。治療は無期限の断酒を原則とし、専門医や専門施設でおこなわれることが望ましい。

keywords of keyword

精神的依存、身体的依存、離脱症候群

(渡辺昌祐)

α波（alpha wave）［医・生心］

最近、「α波ミュージック」とか「α波でリラックス」など、CDのジャケットに書かれているのを見かける。このα波とは？　脳波は一般的にその周波数（1秒間の波の数）で分類し、一般的にα、β、θ、δなどに分類される。その中で、周波数が8～13Hz（ヘルツ）の脳波をα波と呼ぶ。一般的に、α波は正常成人では、目覚めていて、安静にし目を閉じている時（安静閉眼時）に頭の後ろの部分（後頭部）から最も優勢に出現する。その振幅はだいたい50μV前後である。この振幅は一定ではなく、1秒ないし数秒の範囲内で大きくなったり小さくなったり（漸増漸減）を繰り返す。この現象は waxing and waning と呼ばれ、このような変動が見られず単調な波形が続くならば、脳に何らかの機能障害があることが疑われるという。

脳波は医学的診断の際に、重要な役割を果たすことがあるが、心理臨床の場面でも、このα波が利用されることがある。それは、α波を利用したバイオフィードバック（biofeedback）である。一般的に、身体や心が安定し、きわめて心地よい状態の時にα波がよく出現するところから、α波がよく出現する状態になるとリラックスした状態になっていると考えられる。具体的には、α波が出現していると音が鳴るような機器を使い、その音を聞いた時、その人は自分の脳波がα波になっていることを知覚する。そして、その人はどのような時に、どのような状態の時に音が鳴るのか、すなわちα波が出現するかをその音のフィードバックで知り、最終的には、機器を用いなくても、α波が出ている状態を作れるようにしていく。冒頭にあげたCDは、α波の出現しやすい音楽（たとえば、波が岸辺に打ち寄せる音、せせらぎの音、鳥のさえずりなど）、言い換えるとリラックス状態を生じさせる音楽を集めたものである。ただし、このようなCDを長く聞かせると睡眠状態に移行する場合もある。

main references

市川忠彦　1993　脳波の旅への誘い　楽しく学べるわかりやすい脳波入門　星和書店

大熊輝雄　1999　臨床脳波学（第5版）医学書院

keyword of keyword

バイオフィードバック療法☞

(保野孝弘)

αブロッキング (alpha blocking) [医・生心]

通常，目を閉じている時にα波は出現するが，目を開けると振幅が減少し抑制される。この現象をαブロッキングという。blockingという用語の代わりに減衰（attenuation）という用語を用いることもある。この現象はとくに光刺激に対して最もよく反応するが，α波が減衰するのは光刺激そのものではなく，何かを見るということが関係していると考えられる。たとえば，ルーミス（A. L. Loomis：アメリカ，生理学）ら（1936）によれば，暗室の中でも，何かを見ようとするとα波の減衰が観察される。その他，暗算をおこなうなどによってもα波の減衰が見られ，必ずしも外界からの刺激によってのみα波の抑制は起こらない。αブロッキングは，脳の活性化といわれることがある。目を閉じている（閉眼）状態から目を開けた時（開眼），α波の減衰が不十分であったり認められなかったりした場合，脳機能とくに覚醒系の機能障害が予想されるという。

main reference
大野輝雄 1999 臨床脳波学（第5版）医学書院

(保野孝弘)

アレキシサイミア (alexithymia) [医・心]

医学・心理学の学術用語にはギリシャ・ローマ・ラテン語などを語源とした合成語が多い。アレキシサイミアも同様である。a = lack, lexis = word, thymos = emotionと分解でき，直接的意味は失感情症，失感情言語症のことである。この言葉はシフニオス（P. E. Sifneos：アメリカ，心理学）（1973）が提唱した性格傾向で，想像力が貧困である，感情を適切な言葉で表現することが困難である，事実関係を詳しく述べるが，それに伴う感情表出がない，力動的精神療法の適応になりにくい，などの特徴がある。このアレキシサイミアが心身症に特徴的で，あたかも神経症と心身症を鑑別する鍵概念かのごとくに考えられた時期もあるが，現在ではこの考えは否定的である。

main reference
Sifneos, P. E. 1973 The Prevalence of 'Alexithymic' Characteristics in Psychosomatic Patients. *Psychotherapy and Psychosomatics*, **22**.

keywords of keyword
神経症, 心身症

(横山茂生)

暗黙裡の性格観 (implicit personality theory) [心]

他の人との何気ない会話の中で，丸い顔の人はいい人だとか，頬骨が張っている人は頑固だとか，A型だから人がいいとか，早口なのは気が小さいせい，といったようなある種の人の見方をおこなっていることがある。

このような，ごく自然な知らず知らずのうちにもっているある種の人の見方のことを暗黙裡の性格観（implicit personality theory）と呼んでいる。これは，他者のパーソナリティに関する印象を形成する場合に，素朴でその人独自の「理論」に基づいて判断していることを示している。この理論はブルーナーら（Bruner et al., 1954）によって提唱されたが，パーソナリティ特性および特性間の相互関連性に関する信念のことで，たとえば，Aという特性をもつ人はBという特性ももつ（あるいはもたない）であろうと認知することである。人が他者のパーソナリティを認知するときに用いる認知構造のことである。暗黙裡というのは，この認知構造が明確に表現されることが少なく，また，その関連性の根拠も自己の経験に基づいて他者の特徴づけを推論するためであるといわれている。

このことから，人が他の人を判断しその人に対するイメージを形成する際には，自分なりのある種の見方をしていることがわかる。この見方によって効率よく容易に他の人に関する情報を処理することができるのである。この対人認知の構造は，合理的でも整合的でもないが日常生活で他者判断をおこなう際に用いているのである。

しかしながら，この見方は，個々人の体験などによって形成されるので人によってさまざまな関連性が存在する。また，偏った見方になったり，不完全な見方になったりする可能性がある。さらに，他の人の限られた側面だけを理解してるだけなのにその人の全体についてよく知っていると錯覚しがちな認知傾向も存在しているのである。

main reference
Bruner, J. S., & Tagiuri, R. 1954 The Perception of People. In G. Lindzey (Ed.), *Handbook of Social Psychology*, Addison-Wesley.

keywords of keyword
帰属過程☞, 帰属錯誤☞, J. S. ブルーナー

(岩淵千明)

閾・閾値 （Limen or threshold）［心］

人は環境の中の刺激を視・聴・嗅・味・触という五つの感覚器官によってキャッチしている。その場合，刺激の存在に気づくか気づかないかの境目を「閾」といい，やっと気づかれる刺激の最小の大きさ（強さ）を「閾値」という。簡単にいえば，感度の良い人は閾値が低く，鈍い人とか疲れている人は閾値が高いことになる。たとえば，聴覚検査などでは音刺激の強さを操作してやっと聞こえる閾値を測定するが，加齢や疲労によってその値は次第に高くなる。このような刺激の存在の有無のことを「絶対閾」というのに対して，二つ以上のものを比較して，その違いが感知できる最小の刺激の差異を「弁別閾」という。たとえば，目隠しした人の左右の手に同量の水の入ったコップを持たせ，一方のコップの水を徐々に増やしたり減らしたりする（比較刺激）と，水量が変化しないコップを持つ手の重さ（標準刺激）との感覚が微妙に異なる時点がある。その際の水量の差異が弁別閾値であるが，これは二つの刺激の差異をちょうど見分ける最小の増分であるところから，最小可知差異（just noticeable difference ; jnd）と呼ばれることもある。jnd はもとの刺激量との間に一定の関係があることを，古くウェーバー（E. H. Weber：1795-1878，ドイツ，生理学）やフェヒナー（G. T. Fechner：1801-1887，ドイツ，哲学・精神物理学）が精神物理学的法則（人の感覚の大きさに関する判断は，物理的刺激強度との間で特定の関数関係において成立するという考え方）として明らかにした。なお，閾や閾値の問題は人の感受性と関わる側面でもあり，暗示などによる精神状態や，閾値下付近の刺激の知覚（サブリミナル知覚）といった臨床心理学的知見からの分析もおもしろい。

keywords of keyword
弁別閾，サブリミナル知覚

（金光義弘）

育児ノイローゼ ［心・福］

少子化が進み，近所に遊び友達がいないという話をよく聞くようになった。そのため，絶えず子どもと1対1で向かい合って育児をしているという親（主として母親）がとても多い。

子どもは本来よく動き，自由奔放で聞き分けがない。また，こうなって欲しいという親の淡い期待を，子どもがことごとく裏切ることもある。今まで自分のペースで生活してきた親は，そうした子どもに振り回されることも多い。

親と子どもが常に二人で向かい合っていると，親のイライラが頂点に達することがあり，結果，言葉での暴力だけでなく，時に手をあげてしまうようになる。

最近かなり定義が明確になってきた，虐待なのではないかと自覚している親も多いという。その背景には，少子化問題とともに，育児情報の氾濫，こうでないといけないという価値観，核家族で身近に相談できる相手がいない，親自身の交友関係の乏しさが重なりあっている。

このような状況の中で，自治体は，母子サークルを企画したり，育児相談のために保育所を開放したりと，開かれた育児環境作りに努めている。そのような場所で，親が「こんな状態は私だけじゃなかったんだ」と実感できる体験を通して少しでも気持ちが楽になること，一人で育児を抱え込まないこと，子ども同士が遊び友達となって親の手を少し離れることで，改善していく例もあるという。

keyword of keyword
虐待児症候群☞

（武井祐子）

医原性疾患 （iatrogenic disorder）［医］

医師の診療に関係した諸種の行為によってもたらされる，患者にとって好ましくないか，あるいは有害と思われる異常な結果を医原性疾患といい，このうち，身体に障害を与えたものが医原身体病，主として心因性の有害反応をもたらしたものが医原心因症である。

本症の内容も多岐にわたるが，①医師の言動によるもの，②医薬品によるもの，③放射線療法によるもの，④外科的治療によるもの，⑤診断手技や検査によるものなど数多く存在する。

医原性疾患と考えられやすいものにも，副作用や合併症などと鑑別に困難なことがあり，診療行為の前に十分なインフォームド・コンセントを得たうえで，患者と医師との相互協力に努力すべきである。

keyword of keyword
インフォームド・コンセント☞

（佐野開三）

意識変容状態 （altered state of consciousness）［精・心］

意識（consciousness）の概念は心理学，精神医学その他の学問領域でさまざまの概念のもとに述

べられている。ここでいう意識は意識野（外界を広く正しく認識する機能，意識の外界への広がり）の明るさ，覚醒という意味での意識であって，精神分析学や自我心理学でいう意識ではない。意識の障害の有無は全体的観察からもうかがえるが，思考の粗雑さ，応答や動作のとどこおり，自発性の低下，後に健忘を残すこと，などが意識障害の指標となる。

　意識の広がりが極端に狭くなったり，ぼんやりした状態のうえに錯覚や幻覚が加わって，本人は自分から自発的にある動作や行動をおこなっているが，自分が何をしているかという自覚がなく，後で思い出せない状態である。アルコールなどの禁断現象（離脱症候群）や痴呆老人の寝呆け（夜間譫妄），幼児の寝呆け（夢中遊行）や催眠状態（トランス）がそうである。

keywords of keyword

意識野，器質精神病☞，離脱症候群☞，解離性障害☞，催眠療法☞，催眠状態

（横山茂生）

イタール（Itard, Jean Marc Gaspard 1870-1952）［心・教］

　「アヴェロンの野生児」の研究で知られる（野生児☞）。人間の社会から隔離されて育った知的に遅れた一人の子どもの教育に挑み，知的障害児の教育の先覚者として道を開いた。この実践を通して，養育環境の遮断がその後の発達に回復しがたいほどの障害をもたらすことを示し，人間形成に環境，経験が果たす役割がいかに大きいかを認めさせたのもイタールである。

　イタールはフランスの医師。1800年，パリの国立聾啞学校の医療を担当していたおりに，アヴェロンのコーヌの森で発見された推定12歳の少年（ヴィクトール，またはアヴェロンの野生児と呼ばれた）が学校に収容された。当時すでに高名を馳せていた精神科医ピネル（P. Pinel：1745-1826，フランス）は，野性的と見えるのは表面だけで，実は重度の知的障害児で教育は難しいと診断していたが，経験説に立っていたイタールは社会的，教育的に放置されていたためと考え，1801年，この少年の実験的教育へと進んだ。

　当初，発話がなく，四足で歩き，動物そのものの行動に留まっていた少年は，指導を開始して5年後には，感覚機能，社会性に著しい進歩を見せ，記憶，基礎的な概念，文字の習得などにも改善の兆しを示した。しかし青年期に入り，情緒の動揺が激しくなったために計画を断念し，5年で中止した。この実践の経過は『アヴェロンの野生児の新たな発達と現状についての内務大臣への報告』として公表され（1807年），フランス科学アカデミーはこの業績を評価し，教育の可能性を実証したものとして絶賛した。のちにこの成果は，門弟のセガン（E.O. Seguin）☞に継承され，今日の知的障害者の教育の方法を築く重要な指針となった。

　耳鼻科医であったイタールは，聴力検査法の開発や，残存聴力の活用（聴能訓練）の研究の分野でも多くの業績を収め，その貢献によって，聴覚障害児の教育界にも名を残している。

main references

Itard, J.M.G.　1894　*Rapports et memoires sur le sauvage de l'Aveyron*, F.Alcan.（古武弥正訳　1958　アヴェロンの野生児　牧書店，1975　福村出版；中野善達・松田清訳　1978　新訳アヴェロンの野生児―ヴィクトールの発達と教育―福村出版）

keywords of keyword

アヴェロンの野生児，野生児☞，E. O. セガン☞

（伊澤秀而）

一試行学習（one-trial learning）［心］

　あらゆる学習はただ一回の試行で生じるという，学習についてのガスリー（E. R. Guthrie：1886-1959，アメリカ，心理学）の見解を表現する術語である。複雑な学習の場合，その成立により時間がかかるように見えるのは，それがいくつもの小成分から成っており，それぞれの成分は一回の試行で学習されるのだが，すべての成分の学習が完了するには時間がかかるからだと考える。

　この術語はまた，生活体が明確に生存価のある（生存する上で有用な）連合を学習するように生物学的に準備されている場合に生じると考えられる迅速な学習についても用いられている。たとえば，ある食物を摂取して激しい吐き気を催すという経験をした後には，その食物を見るだけで胸がむかつくようになることがある。このような場合の食物と吐き気との連合はきわめて強固であって，容易には消去しない（これは「味覚嫌悪学習」と呼ばれている）。セリグマン（M.E.P. Seligman：1942-，アメリカ，心理学）☞はこの現象を研究し，基本的な生存メカニズムによるものと考えた。食物以外でも，ある刺激がとくに外傷的ないしきわめて苦痛な事象を伴うならば，その刺激はきわめて危険なものである可能性があり，したがって，それを回避すればするほどその個体の生存する可

能性が高くなる。そしていずれの場合にも，迅速に学習すればするほど生存の可能性は高くなるのである。このようなことから，生活体は特定の行動的文脈においては特定の手がかりに注意を向けるように生得的にプログラムされていると考えられている。刺激と反応あるいは刺激と刺激の連合的結合の成立のうえで，あらゆる刺激が同等の力をもっているというわけではなく，ある型の学習に関しては他の刺激に比べてある刺激の有効性が圧倒的に高いこともある。そして最も容易に結合する刺激と反応は生活体の生存の助けとなる見込みの最も高いものと考えられるのである。一試行学習はこのような学習の一つと考えられている。

main reference
ヘイズ，N.（岩本隆茂監訳）2000　比較心理学を知る　ブレーン出版

keywords of keyword
E. R. ガスリー，M. E. P. セリグマン☞

（網島啓司）

遺伝子治療（gene therapy）[医]

遺伝子の異常によって起こるさまざまな障害や疾病を治療することで，外来の遺伝子を細胞内に導入したり，特定の遺伝子の働きを抑制したりする方法をいう。

遺伝子治療の対象疾患としては，現況では悪性腫瘍がほとんどで（全体の約70％），その他単一遺伝病，AIDSなどとなっている。人間に最初に本法が応用されたのは，1990年ADA（アデノシンデアミナーゼ）欠損症（アデノシンデアミナーゼという酵素が作れないためリンパ球が減少して重い感染症にかかり，放置すると早期に死亡する遺伝病）の患者で，日本でも1995年に試みられている。癌に対する遺伝子治療としては，腎癌，肺癌，前立腺癌などがあり，今後各種の癌に広く利用されるようになるものと思われ，とくに手術が不可能な進行癌の治療法の一つとして期待されている。

遺伝子導入法にはレトロウィルス（retrovirus：逆転写酵素をもつRNAウィルスで，感染後DNAに組み込まれる。ヒト成人T細胞白血病ウィルス，エイズウィルスなどが含まれる），アデノウィルス（adenovirus：ヒトのアデノイドから分離された，哺乳類と鳥類に感染する多くのvirus群。主として呼吸器感染症，結膜炎などを引き起こす代表的なDNAウィルスの一つ）を用いる方法などがあり，ウィルスの中に目的とするDNAを組み込み，細胞へのウィルス感染の形でDNAを細胞内に導入するものである。

keywords of keyword
AIDS，ADA（アデノシンデアミナーゼ），レトロウィルス，アデノウィルス，DNA（遺伝子）診断

（佐野開三）

意味（meaning）[心]

意味とはことばが表す内容のことである。これには，指示的意味と情緒的意味の二つの側面がある。たとえば，「イヌ」という音もしくは文字は「犬」という対象を指す。これは指示的意味（extensional meaning）もしくは外延的意味（denotative meaning）と呼ばれる。これは辞書的定義に相当し，その内容はその言語社会内では安定しており，個人差はあまりない。「イヌ」と聞けば，誰もがあの生きもののことかという共通の認識をもつ。一方，「イヌ」と聞いて「かわいい」とか「たのしい」といった気持ちになることがある。このような反応は情緒的意味（affective meaning）もしくは内包的意味（connotative meaning）と呼ばれるが，これには個人差がある。上述のようなプラスのイメージや感情の生じる人もあれば，「イヌ」といわれただけで，「こわい」とか「いやだ」といったマイナスの感情が生じ，逃げだす構えさえする人もある。情緒的意味の測定法としてセマンティック・ディファレンシャル法が有名で，広く活用されている。

keywords of keyword
セマンティック・ディファレンシャル法☞，言語☞

（賀集　寛）

イメージ（心像）（imergery, mental image）[心]

友達のことを考えると，その顔が浮かぶように，目の前にない事物や人物について思い浮かんだ感覚像のことをイメージ（心像）という。感覚・知覚像ほど明瞭でなく，曖昧であるが，その性質は感覚・知覚に類似していることが知られており，このような見解は知覚類似説といわれる。このことは，たとえば，Rという文字を提示後，この文字を正立像（R）か鏡像［Я］かで，0°（R）［Я］，90°（⋈）［⋈］，180°（Я）［R］，270°（⋈）［⋈］の方向に傾けて提示し，これが正立像か鏡像かの判断をさせると判断時間は180°が最大であったという，心的回転の実験結果によって立証される。つまり，最初の提示方向と同じ方向に合わせるのに，180°の回転方向はイメージの場合，実際の刺激の場合と同様，最大の回転距離であることを反映しているからである。しかし，知覚的な経験はイメ

ージによるよりも，言語的な命題の形で貯蔵されており，イメージは単なる随伴現象に過ぎないとする命題説があり，知覚類似説との間にイメージ論争がなされている。次に，イメージの生起は他の諸活動に影響を与える。たとえば，イメージを生じやすい（心像価の高い）語は，生じにくい（心像価の低い）語よりも，記憶しやすい。これは，前者はことばとイメージの二重符号化（dual coding）によるからであるとされている。イメージは心理療法（イメージ療法）や運動技能（イメージ・トレーニング）にも関連を有する。また，イメージには，事物や人物に対する印象，好み，態度といった情緒的な意味合いもあるが，これについての研究が広告の領域等，社会心理学の分野でSD法（セマンティック・ディファレンシャル法）等を用いて盛んになされている。

keywords of keyword
命題説，心理療法☞，セマンティック・ディファレンシャル法☞

(賀集　寛)

イリノイ式言語能力検査（ITPA）[心・教]

ITPA（Illinois Test of Psycholinguistic Abilities）は，イリノイ大学（米）でカーク（S.A. Kirk：1904-1996，アメリカ，心理学）らが開発した言語能力診断用の検査である。1961年に実験版が，1967年に改訂版が刊行された。その後，わが国でも三木安正らが翻訳をおこない，1973年に日本版の「ITPA言語学習能力診断検査」が完成し，普及している。

この検査の理論は，オズグッド（C.E.Osgood：1916-1991，アメリカ，心理学）のコミュニケーションモデル（1957）に基づいている。オズグッドのモデルは，人が情報を受け取り，それを解釈し，他に伝えようとする心理言語過程の構図を示したものであるが，この心理言語過程の診断を目指したのがITPAである。

ITPAでは，この内部過程をとらえるのに，聴覚－音声回路，視覚－運動回路の二つの情報伝達の回路（channels of communication）と，情報を認知し理解する受容過程，情報を内的操作する連合過程，言語や動作に表す表現過程の三つの心理言語過程（psycholinguistic process）に注目し，さらに，連合過程で複雑な思考が必要か，すでに習慣化して自動的な処理で済むかで，表象水準，自動水準の二つの機構水準（levels of organization）を設けた。この組み合わせで10箇所の診断ゲートを決め，それぞれに対応する点検用の下位検査として，「ことばの理解（auditory reception）」「絵の理解（visual reception）」「ことばの類推（auditory association）」「絵の類推（visual association）」「ことばの表現（verbal expression）」「動作の表現（manual expression）」「文の構成（grammatic closure）」「絵さがし（visual closure）」「数の記憶（auditory sequential memory）」「形の記憶（visual sequential memory）」の10検査を用意した。なお，原版（1967年改訂版）には，auditory closure（ことばの構成），sound blending（語音完成）も含まれているが，日本版では日本語の性質にそぐわないので省いている。

検査成績は，言語学習年齢（psycholinguistic age, PLA），言語学習指数（psycholinguistic quotient, PLQ），検査項目別の10個の評価点（standard score，同じ暦年齢内の比較値を見る）で表示される。PLAとPLQは総合的な発達レベルを表し，検査別の評価点とその全検査プロフィールとで細部の機能構造を診断するようになっている。

main references
旭出学園教育研究所（編）　1975　ITPAの理論とその活用―学習障害児の教育と指導のために　日本文化科学社

Kirk, S. A., & Kirk, W.D.　1971　*Psycholinguistic Learning Disabilities*. University of Illinois Press.（三木安正・上野一彦・越智啓子訳　1974　ITPAによる学習能力障害の診断と治療　日本文化科学社）

Osgood, C. E.　1957　"A Behavioristic Aralysis," *Contemporary Approaches to Cognition*. Harvard University Press.

keywords of keyword
S. A. カーク，C. E. オズグッド，連合過程，表象水準，自動水準

(伊澤秀而)

インテーク面接（intake interview）[心]

クライエントと臨床家の最初の出会いで，初回面接ともいう。当然のことながら，お互いかなり緊張する。さまざまなワークショップ（体験型の研修会）やスーパーヴィジョン（自分の担当しているケースについて，個人面接の形式で指導を受けること）でクライエント体験をしてわかるのは，初めて会う人に，それが専門家だとしても，自分のことを話すのはとても難しいということである。不安や問題を抱え，この臨床家は信頼できるかどうか，恐る恐る面接にのぞむクライエントの緊張

は，それ以上のものであろう。

インテーク面接の目的について，コーチン（Korchin, 1976）は以下の4点にまとめている。①臨床的な関係（暖かく，信頼できる関係）を確立すること，②クライエントに関する情報を得ること，③クリニックに関する情報を与えること，④クライエントの変わりたいという決意を支えること。より具体的には，たとえばその機関でカウンセリングが可能かどうか判断したり，クライエントの要求を明確にしたり，ここでできることを話し合ったり，しぶしぶ連れてこられた子どもと仲良くなったり，いろいろすることがあって忙しい。忙しいからこそ河合（1970）はインテークの時間に余裕をもたせることを強調し，鑪・名島（1983）は「急いで一回に収める必要はなく，次回を期してゆったりとしたペースで相手の緊張を解きほぐしながら進めるのがよい」と指摘しているのだろう。クライエントの主訴は大ざっぱで観念的なことが多いので，何がどのように問題であるかを明確にすることが必要である。

また筆者が思うのは，ただ聞きっぱなしでクライエントのことを調べるだけ調べて「よろしければ次回もお越しください」というだけではあまり良くないということ。インテーク面接の終わりには，何らかの方針なり提案を伝えるのがプロで，また礼儀でもあるだろう。現代はインフォームド・コンセントの時代であることを忘れてはならない。

main references

Korchin, S.J. 1976 *Modern Clinical Psychology: Principles of Intervention in the Clinic and Community.* Basic Books.（村瀬孝雄監訳 1980 現代臨床心理学―クリニックとコミュニティにおける介入の原理― 弘文堂）

河合隼雄 1970 カウンセリングの実際問題 誠信書房

鑪幹八郎・名島潤慈 1983 心理臨床家の手引 誠信書房

keywords of keyword

ワークショップ，スーパーヴィジョン，インフォームド・コンセント☞

（橋本忠行）

インフォームド・コンセント（informed consent ; IC）［医］

"説明と同意"，"説明・理解と同意"などと訳されているもので，1960年代以降特に米国において重視され，その後各国に広まった医療上の原則で，いわゆるPaternalismを排除し，患者の人権の尊重，自己決定権の確立などを基本とする。

医師は患者にあらゆる情報を提供し，これを十分理解し納得してもらったうえで，患者の自発的意志に基づいた同意（または拒否も可）に従って治療行為を誠実に実行するということである。

ここで，ICにも例外となる対象に注意しなければならない。それは，①正常の判断がつきにくい状態の患者，②公衆衛生や医療上の緊急事態（法定伝染病や事故等），③治療上の特権（癌の告知などの場合も含む）などである。

いずれにしても，患者，家族の心理状態，理解の程度をできるだけ考慮し，医療関係者の総力をあげて診断・治療に当たるべきで，ここでも相互に信頼できるという良い関係を作ることが大切である。

keyword of keyword

パターナリズム☞

（佐野開三）

ウィットマー (Witmer, Lightner 1867-1956) [心]

1888年にペンシルバニア大学を卒業。

彼はキャッテル (J. M. Cattell)☞のもとで心理学の助手として研究にいそしみ、師の例にならって、ヴント (W. Wundt)☞のもとより学位を得ようとヴントのもとに留学した。ヴントの指導により、黄金分割（線分分割の比は大と小の比が1.618：1になると、古代ギリシャ以来最も調和的で美しい比とされた）などに関する美学的主題で論文を書いた。1892年に学位を得てペンシルバニア大学に戻り、そこでちょうど入れ違いにキャッテルがコロンビア大学に転任し、彼が心理学研究室の指導者となる。その4年後の1896年に最初の心理治療クリニックを創設した。

ウィットマーのクリニックでは本来的に学習が困難である子どもの治療をおこなっていた。医師による検査の後、人体測定や眼球テスト（斜視（外斜視、内斜視、上斜視）の程度を計測する）や反応時間などの心理検査をおこない、対象者の訓練法を考えている。今日的には学習障害（知能は正常もしくは軽度の遅れを示すだけであっても特定の教科や学習課題に習熟困難を示す）、微細脳損傷児（就学前には多動、不器用、協応動作の障害がみられる、学童期には知能に比べて学業成績が悪くなる、思春期になるとそれまでの失敗感から性格面での歪みが目立ってくる）、読み書き障害を扱っていた。

ウィットマーは矯正や治療よりも予防と早期診断に重きを置いていた。また個人的症状の診断と治療場面において心理学的技法と原理を適用することを示し、それを実行した点において、臨床心理学的クリニックの出発点と考えられている。

keywords of keyword
J. M.キャッテル☞, W.ヴント☞, 黄金分割, 学習障害, 微細脳損傷児

（島田　修）

ウィニコット (Winnicott, Donald Woods 1896-1971) [心]

1896年、イギリスで生まれる。もともとは小児科医として、臨床現場で面接、治療をおこなっていた。彼が臨床を始めた1900年代は、まだ子どもの情緒的な問題よりも身体面の問題が中心に論じられる時代であった。その中で、彼の優れたところは、情緒的な発達を重視し、メディアを通じて母親に訴えたり、教育をおこなったことである。

彼は精神分析学のフロイト (S. Freud)☞や対象関係論のクライン (M. Klein：1882-1960, オーストリア, 精神分析学)（アンナ・フロイトとともに児童分析の祖）の理論に影響を受けている。そして、自分の臨床での体験をもとに、「独立した赤ん坊はいない、常に母との一対として存在する」という言葉に代表される、母子関係の独自の理論を作りあげ、母親と子どもとの間での正常な発達過程を明らかにした。これは、「部分対象」である母親の乳房が、毛布やぬいぐるみなどの「移行対象」を経て、全体としての母親「全体対象」に移行していくというものである。その中で重要な心理過程として、現実とその子の内的な世界をつなぐ感覚である「錯覚」、現実的な世界を感覚するという「脱錯覚」（乳児が母親の乳房を自分の一部とする心理過程を「錯覚」といい、そこから抜けでる心理過程が「脱錯覚」である）も提唱している。

keywords of keyword
S.フロイト☞, 対象関係論☞, 錯覚

（武井祐子）

ウェルニッケ中枢 (Wernicke's center) [医]

ウェルニッケ (C.Wernicke：1848-1905, ドイツ, 精神神経医学) が、ことばは流暢にしゃべれるのに言語理解が困難な患者の死亡後の脳解剖によって、左大脳半球の側頭葉の限られた領域に損傷があることを発見したことから、その部位が「ウェルニッケの言語中枢」と名づけられた。その後の研究によって、このウェルニッケ領域の損傷は言語全般ではなく、とくに聴覚性言語や言語性記憶の障害が著しいことが明らかになり、「感覚性失語」とか「ウェルニッケ失語」と呼ばれるようになった。これとは対照的に、言語は理解できるのにことばを自由に発することができない言語障害がある。これは「運動性失語」と呼ばれ、ウェルニッケ中枢とは別の領域（ブローカ中枢）の損傷によって生じることが知られている。このように言語は二種類の機能からなり、左大脳半球の異なる領域でつかさどられていることを知ることは老年性痴呆などの精神的機能障害を理解するうえで重要である。

keywords of keyword
運動性失語☞, ブローカ中枢

（金光義弘）

うつ状態 (depressive state) [精医・心]

うつ状態とは抑うつ気分, 興味と喜びの喪失, および活力の減退による易疲労感の増大や活動性

の減少に悩まされる状態である。一般的には集中力と注意力の減退，自己評価と自信の低下，罪責感と無価値感，将来に対する希望のない悲観的な見方，自傷あるいは自殺の観念や行為，睡眠障害，食欲不振，全身倦怠感，易疲労感などの身体症状を伴う。生活上のストレスフルな出来事の直後に続発するうつ状態を抑うつ反応という。

(渡辺昌祐)

ウルトラディアンリズム (ultradian rhythm)
[生・心]

　生命現象の基本的な特性の一つとして，生体リズムがある。その中で，とくに20時間以下の周期をもつ生体リズムをウルトラディアンリズムと呼ぶ。すなわち，20時間以下の時間間隔で周期的に生体現象が変化するものである。たとえば，夢見と関連が深いといわれるREM睡眠のリズムがあげられる。これは，一般にREM周期もしくは睡眠周期と呼ばれる。このリズムは睡眠中だけではなく覚醒中にも持続し，休止期と活動期が約90分周期で交代すると考えられている。その他，心拍数，脳波などの生理機能，知覚－運動作業，高次の認知機能(記憶，言語，思考などの諸機能)にも約90分のリズムが認められている。

keywords of keyword
REM睡眠☞，高次の認知機能

(保野孝弘)

ヴント (Wundt, Wilhelm 1832-1920) [心]

　心理学を学ぶ学徒でヴントの名前を聞いたことがないという人は一人もいないだろう。なぜヴントがこのように名声をとどろかせているのか。とにかく彼は近代心理学の生みの親ともいえる一人なのである。それでは近代心理学とは何なのかということを一言でいうならば「科学的に心を分析することである」といえる。それまで哲学の主観的世界観の中で取り扱われていた心を，客観の世界に連れ出し，実験的に分析しようとし，1879年ライプチッヒ大学に世界最初の心理学実験室を作った。彼は心を意識として考え，その意識がどのような要素で成り立つかを解析していった。だから彼の心理学を要素論と呼び，身体がさまざまな器官で構成されているように，心もさまざまな要素で構成されているとしたことから構成主義(structurism)，または構成心理学と呼ばれるところとなる。確かに心は，知情意といった感覚，感情，表象の寄せ集めのようなものであるかもしれない。ヴントはそうしたものの存在を一つ一つ実験的に明らかにしていった。まさに心の解剖学者のような仕事ぶりであった。彼のこうした仕事ぶりはやはり物事をおろそかにしないドイツ人の血が流れていたせいだろうか。そうしたことでもないだろうが，ヴントのもう一つの仕事が民族心理学であるのもうなずけるところかもしれない。

　ヴントを語るとき，どうしても忘れ得ないのはジェームズのことである。先にも書いたように近代心理学の生みの親のもう一方の旗頭がこのジェームズ(W. James : 1842-1910，アメリカ，心理学)である。ヴントとジェームズは同世代であり，ヨーロッパとアメリカを代表する心理学の両巨頭であることもさることながら，二人の理論，学説は対照的なところが多く見受けられる。共通な点は，心を意識としてとらえ，科学として実験的にみようとしたところであった。しかし，ヴントが要素論的構成主義であったのに対し，ジェームズは全体論的機能主義(functionalism)に立ったということである。心を構成する各要素は確かに重要であるが，そうした要素は常にダイナミックに働きかけ合い，それによって常に流動するとしたところにあった。森を見て一つ一つの草木を語るのがヴントであるならば，草木を見て森の成りたちを語るのがジェームズであった。いずれにしても両巨頭の仕事はその後の心理学に大きな影響を与え，それぞれの教えを受けた弟子達はいずれも現代心理学の旗頭として次々に大きな分野を開拓している。

main reference
ジェームズ, W. (今田　寛訳) 1992 心理学　岩波書店

keywords of keyword
構成主義，機能主義，W.ジェームズ

(三宅　進)

ATI（適性処遇交互作用）［教心］

ATI（aptitude-treatment interaction）は，クロンバック（L.J. Cronbach：1916-1994, アメリカ，心理学）が提唱した概念で「適性処遇交互作用」の訳語がある。学習者の個人差に応じて指導法を変える必要があることを示した。学習についての心理学的取り組みは20世紀の初頭から開始されたが，学習の一般原理の追究が主で，学習と個人差の問題が本格的に検討されたのは半世紀を過ぎてからである。とくに，1965年にピッツバーグ大学であったシンポジウム「学習と個人差」が議論を呼び，この時のクロンバックの講演がATIへの注目を促した。

この背景には，クロンバックがアメリカ心理学会の会長就任演説で示した心理学の軌道修正に対しての提言（1957）がある。それまでの心理学は，一般原理を科学的に探る実験心理学と，心理検査で個人差を追う差異心理学（心理測定学）の二つの流れが，互いに組み入れることがなく進んでいた。実験心理学では個人差は変動として扱って平均的な原理を求め，差異心理学は得点だけに注目して検査中の心理機構には踏み込まなかった。このような状況に対して，双方の統合を求めたのがクロンバックの主張であった。学習と個人差の議論が初まったのも，この提言からの発展である。

とかく，優れた指導法であれば誰にでもよい効果をもたらすはずだと考えたり，学習者が悪ければどのような指導法も有効でないと思いがちだが，指導法の優劣は，学習者の特性に合うかどうかで決まるもので，定評のある指導法でも学習者によっては成果が期待できない場合もある。ATIが投げかけたのはこの問題である。学習指導の成果は，学習者の特性と指導法の組み合わせいかんに左右されるものだとして，クロンバックはこれを適性と処遇の交互作用と呼び，学習者に適った指導法で多様な対応を図ることを提言した。

ATIにもさまざまなレベルのものがある。クロンバックは，これを五つの類型に系統化している。①一つの指導法でのぞみ学習者が不調であれば途中打ち切る場合，②打ち切らずに指導時間を延長する場合，③学習者をグループに分けて指導法を別にする場合，④全員に共通の指導法であたり必要な学習者には補充プログラムを追加する場合，⑤さらに徹底して，学習者ごとに個別のプログラムを用意して個別指導がなされる場合である。

障害がある学習者のための特殊教育（special education）も，ATIの典型的な例と考えることができる。この目的の諸学校や学級を設けているのは③に該当し，一般の学級で学習しながら必要に応じて特別指導を受ける学級に通う，いわゆる「通級による指導」は④に相当する。かつ，近年は，個別の指導計画を重視して⑤に向かおうとしている。

main reference
Cronbach, L.J., & Snow, R.E. 1977 *Aptitude and Instructional Methods : A Handbook for Research on Instructions*, Irvington.

（伊澤秀而）

エクスナー（Exner, John E.）［心］

従来用いられてきたロールシャッハテストの五大体系（クロッパー法：反応領域，濃淡反応など）に関するスコアリングを細分化した。クロッパーはユングとも親交があり，現象学的な事例理解のための方法としてロールシャッハテストを用いた。優秀な教師で，現在のJournal of Personality Assessmentの発起人。ベック法：ベックはコロンビア大学で学位を受け，ロールシャッハテストにおける客観性と実証性を強調した。クロッパー法によるスコアリング基準の曖昧さを批判し論争に。ヘルツ法：形態水準のスコアリングのために，反応の頻度をまとめた精巧な表を作成した。ピオトロフスキー法：脳損傷による神経学的な障害を鑑別するためのOrganic Signs（脳器質疾患指標）で有名。「知覚分析」の立場をとる。ラパポートーシェイファー法：ロールシャッハテストを精神分析的活用について研究。とくに投影のプロセスと思考障害に注目した。ラパポートの「逸脱言語表現」カテゴリーは，分裂病（統合失調症のロールシャッハテスト上の特徴を理解するために有用である）を，①実証性と，②臨床上の有益性，の二つの観点から比較統合した，包括システム Comprehensive systemを1974年に提唱した。包括システムの特徴は，反応の出現頻度に基づいた形態水準のリストが用意されている点，実証的なデータに基づいた解釈を採用している点などであり，実際にはベック法の影響を強く受けている。投影法としてばかりでなく，テストの認知的側面を強調したという意味では，ロールシャッハテストのback to roots（原点に立ち返る）を促した意義が認められる。

エクスナーは1928年にニューヨーク州で生まれた。大学院生の時，存命だったベックとクロッパ

ーにインタビューしたことは，その後の彼のキャリアに大きな示唆を与えている。クロッパー，ベック等，ロールシャッハテストの大家達は，臨床心理学上の養父といえるかもしれない。朝鮮戦争に空軍として参戦したキャリアももつ。

「解釈できるようになるまで10年かかる」といわれたように，伝統芸能的に師匠の技を盗む側面が強かったロールシャッハテストの習得過程を，施行法の標準化やコーディング基準の明確化，クラスター解釈（ロールシャッハの変数を「統制」「感情」「思考」「自己イメージ」などのカテゴリーに分類し，被検者の特徴がよく表れているカテゴリーから解釈を進めていく方法）といった試みによって整備することで，若年者にロールシャッハテストの門戸を広げた功績は大きい。現在でもコーディングや解釈の見直しが続けられており，近年では健康な成人の標準的なデータの国際比較や，治療効果の判定，治療計画の策定など，包括システムならではの研究が進められてきている。

(橋本忠行)

S-V-R理論 （S-V-R theory）［社・心］

人がある特定の他者を好意的に評価する要因は数多くあり，それぞれが複合的に影響しあっているが，他者との関係の進行に伴って魅力の決定因が異なってくる場合もある。マースタイン（Murstein, 1976）は，配偶者選択という場面では，関係の進展によって相手に感じる魅力の要因が変化してくる，としている。

最初は，刺激（stimulus）：顔やスタイルがいいとかファッションセンスがいいなど相手の外見的また身体的魅力が重要な要因となりやすい。つきあいが進むと，価値（value）の比較：趣味が同じであるとか好きなスポーツが一緒であるとかなどの価値観や考え方および態度の類似性などが重要な要因になってくる。さらに関係が進展していくにつれて，役割（role）：相手の期待に応じてどのような働きをしているかという役割の遂行が重要な要因となってくる，としている。これらの要因の頭文字から，S-V-R理論と呼ばれている。この理論は，相手に対する魅力が時間的な経過とともに変化していくことから，交際期間理論とも呼ばれている。

松井（1990）はこのマースタインのS-V-R理論から，恋愛の進展と対人魅力を規定する要因に関するモデルを提唱している。出会いの頃は，相手の外見的魅力や社会的評判，感情的不安定さ（自尊心の低い場合や吊り橋効果また不快などの経験など），近接性などの要因が重要となる。そして，相手の性格的な好ましさや相手との熟知性（単純接触の効果）などの影響によって関係が進んでいった場合，すなわち，恋愛が進展していくと，相手へのまた相手からの好意の表明や態度や性格の類似性などが重要な要因となってくる。さらに，外からの妨害や脅威（ロミオとジュリエット効果）などの影響によって恋愛が深化すると，お互いの役割の相補性や周囲との役割の適合性が重要な要因になってくる，としている。

main references

松井　豊　1993　恋ごころの科学　セレクション社会心理学12　サイエンス社

Murstein, B.I., & Christy, P.　1976　Physical attractiveness and marriage adjustment in middle-aged couples. *Journal of Personality and Social Psychology*, **34**, 537-542.

keyword of keyword

対人魅力☞

(岩淵千明)

エピソード記憶 （episodic memory）／意味記憶 （semantic memory）［心］

私達は数多くの種類と量の事柄を記憶しているが，タルビング（E. Tulving：1927－，エストニア→カナダ・アメリカ，心理学者）はこれを大別して二つに分けた。一つはエピソード記憶であり，もう一つは意味記憶である。エピソード記憶というのは，「昨日，道で久しぶりに中学時代の友人と会った」とか，「小学1年の時，学校へ行くのがいやでよく泣いた」というもので，個人的経験に関するものであり，いつ，どこで，といった日時・場所が特定できる記憶である。一方，意味記憶は単語や記号についての体系化された知識（knowledge）である。「カナリヤは鳥の一種である」とか，「日本の首都は東京である」といったようなもので，時間・場所を超えた，誰もが共有しているものである。そして，意味記憶（知識）の多数の項目は，カテゴリーや属性等の特徴によって，相互に関連しあって貯蔵されていると仮定されており，このことを示すモデルがいくつか提唱され，その検証が試みられている。なお，エピソード記憶と意味記憶には上記のようなちがいが見られるが，どちらも，ことばによる記述ができるという点で共通しており，宣言的記憶（知識）として分類されている。

keywords of keyword
　知識，宣言的知識／手続的知識☞

（賀集　寛）

エビングハウス（Ebbinghaus, Hermann 1850-1909）［心］

　ドイツの心理学者で，はじめて記憶を実験的に研究した学者である。彼の貢献は二つあり，一つは無意味音節（nonsense syllable）の創案である。普通のことばは，さまざまな意味内容をもつので，等質性に欠け条件統制が困難である。無意味音節ならこの欠点を回避できるとした。第2は測定法である。いくつかの無意味音節からなる系列を完全に学習できるまでの試行数と，一定時間後，もう一度完全に学習できるまでの試行数との差（節約回数）を求め，これを，もとの試行数で割った値を百分率で表したのを節約率といい，記憶を示す測度とした。この方法を節約法（saving method）という。このようにして，時間経過と記憶成績（節約率）の関係を表したのが忘却曲線である。彼の研究方法は日常性を欠くという批判がバートレット（F. C. Bartlett）☞等によってなされているが，その伝統は，今日の記憶実験にも受け継がれているのである。また，彼はヴント（W. Wundt）とほぼ同時代にありながら，内省という主観的方法にたよらず，試行数という客観的な行動指標を記憶の指標にしたことは注目に値する。

keywords of keyword
　W. ヴント☞，F. C. バートレット☞，節約法

（賀集　寛）

エリクソン（Erikson, Erik Homburger 1902-1994）［心・精医］

　1902年，ドイツにてユダヤ系デンマーク人の家に生まれ，家庭の事情により，小児科医の養父に育てられる。

　若い頃は，美術の教師をしていたが，ブロス（P. Blos : 1904-，ドイツ，精神分析学）との出会いから，精神分析に魅力を感じるようになった。その後，フロイト（S. Freud）☞の門下に入り，アンナ・フロイト（A. Freud : 1895-1982，オーストリア，精神分析学；フロイトの娘。クラインと袂を分かち，互いに独自の児童分析理論の基礎を作った）に精神分析家としての訓練を受けた。そして，児童精神分析家となったのである。

　彼は「幼児期と社会」で，子どもを発達的な視点で考察している。彼は多大な影響を受けたフロイトの心理性的発達理論を発展させ，対人関係的，社会文化的，歴史的に人間の発達をとらえなおした。それを図式として表し，人生の節として段階的に発達課題を示した。

keywords of keyword
　心理性的発達理論☞，ライフサイクル☞，S. フロイト☞，P. ブロス

（武井祐子）

演繹（deduction）

　一般的な規則から個別的な事例を説明する方法。幾何学が典型的な例としてよくあげられるが，日常的な例としては「（すべての）カラスは黒い」という一般的な法則を述べた文（全称文と呼ばれる）から「このカラスは黒い」という個別的なことについて述べた文（単称文と呼ばれる）を導く推論の仕方が演繹法である。

　この推論法の長所は前提となる全称文が正しければ結論の単称文も必ず正しくなる点にある。すなわち確実性をもっている。しかし短所として知識を増やさないということが指摘される。「このカラスは黒い」という結論は前提の「（すべての）カラスは黒い」という文の中にあらかじめ（論理的に）含まれているのであって，新しい真理が発見されたわけではない。

（林　明弘）

遠刺激と近刺激（distal stimulus and proximal stimulus）［心］

　私達は外界を知覚する時，事物の物理的な変化をそのまま受容しているのではない。たとえば，眼前50 cmにある本を1m離して見た場合，網膜像は2分の1の大きさに写っているにもかかわらず，本の大きさの変化はあまり感じない。このように網膜像での事物の大きさの変化と，私達の見えの大きさの変化とは一対一に対応していない。この現象を「大きさの恒常性（size constancy）」（あるものの印象が物理的な変化にもかかわらず大体同じに感じられる傾向）というが，こうした問題を考える時には，外界の刺激と網膜上の刺激像とを区別しなければならない。前者を「遠刺激」，後者を「近刺激」といい，両者の関係について古くから精神物理学（人の感覚の大きさに関する判断量と物理的刺激量との関係を特定の関数式で表す方法）的な検討がなされている。その専門的知見は別の機会に譲るとして，私達は物理的世界（遠刺激）を心の世界で翻訳して受け入れている不思議さを再認識することが大切であろう。

keywords of keyword

恒常性，精神物理学

(金光義弘)

開眼手術 (sight restoration surgery) [心・医]

ものを見るという視覚機能は生まれながらに備わっていると考えられている。では出産の時から何らかの障害によって視覚が失われた人に，視力が戻ったとしたら？　生まれながらにして，あるいは乳幼児期から目が見えなくなった人が後になって手術を受けて眼が開いた時，初めて見る世界はどのように見えるのだろうか。このような問いを哲学者モリヌークス（W.Molynuex：1656-1698，アイルランド，哲学）の疑問という。その答えは，開眼手術の直後は明暗か少しの色彩がわかるだけで，物の大きさや形などの2次元的なものはもちろん，立体物や奥行きなどの3次元的なものの認識は不可能である。ということは，視覚的機能は生得的に備わっているものではなくて，生後の学習によって形成されていくものであることを物語っている。先天盲の人や幼児期に失明した人は，たとえ開眼手術を受けたとしても，触覚を通して獲得した世界を視覚に対応づける学習過程を経ないかぎり，見れども見えず状態なのである。さらに大事なことは，開眼者が眼で事物を認識できるようになるまでには，いくつかの発生的段階が存在することである。

このように開眼手術は，私達晴眼者には無意識になっている視覚の働きの基本的構成を教えてくれる。瞳孔閉鎖症や白内障，さらには角膜混濁などの盲人の眼が医学的技術によって開かれても，術後の訓練過程に関しては心理学的フォローに依るところが大きいといえる。

main references

鳥居修晃・望月登志子著　2003　視知覚の形成（全2巻）培風館

（金光義弘）

外言 (outer speech)／内言 (inner speech) [心]

私達は人と話をするとき，ことばを声に出す。このように音声を外に出す言語のことを外言という。外言は人と人の間のコミュニケーションのために用いられるとともに，自分の行動を調節する働きもある。ヴィゴツキー（L. S. Vigotsky：1896-1934，旧ソビエト，心理学者）が指摘しているのだが，たとえば，独りあそびをしている幼児が，難しいことに直面した時，よく独り言を言う。そうすると，事がうまく運ぶ。これは独り言（という外言）が行動をうまく調節したからである。つまり，独り言は思考の働きをしているといえるのである。ところが，幼児が大きくなるにつれて，同じ場面に遭遇しても，声に出さず，頭の中でことばを思い浮かべるだけで，問題の解決が可能になることが日常的にも，実験的にも観察されている。このように，心の中に思い浮かべるだけで，外に現れないような言語を内言という。思考という働きは，最初は外言の形をとり，発達するにつれて内言の形をとるという方向をたどるといえる。ヴィゴツキーは以上のように，独り言（外言）の積極的な働きを主張したが，ピアジェ（J. Piaget：1896-1980，スイス，心理学）☞は独り言は自己中心的で，社会性のない言語であるとし，その意義をあまり認めなかった。これが世にいう，ピアジェ・ヴィゴツキー論争であるが，のちに，ピアジェはヴィゴツキーの主張を認めたといわれている。

keywords of keyword

L. S. ヴィゴツキー，J. ピアジェ☞

（賀集　寛）

回顧的記憶 (retrospective memory)／展望的記憶 (prospective memory)

記憶といえば，「小学校の卒業式のこと」や「昨日出会った人のこと」を想い出したり，「イギリスの首相の名前」を度忘れしたり，という具合に過去に経験した事柄や，獲得した知識に関することで，こういう記憶を回顧的記憶という。そして，心理学におけるこれまでの実験の大部分はこの種の記憶を扱ったものである。これに対して，「来週の今日会議がある」「駅前のポストに投函する」「食後に薬を飲む」のような，未来についての予定の行動や計画を覚えておく記憶を展望的記憶という。この種の記憶の日常生活に果たす役割は大きい。こうした記憶を忘れないようにするために，手帳やカレンダーに記入したり，持参すべきものを玄関先に置いておいたり，中には，手にペンで書いたり，指に紐を結んだりするような，外的手がかりに頼ることが多い。最近の心理学の実験では，たとえば，「指定日にハガキを投函してもらう」というような場面を用いた，展望的記憶の実験がみられるようになった。

keyword of keyword

展望的記憶

（賀集　寛）

概念 (concept) [哲・心]

大きくて白い犬を見ても，中ぐらいで茶色い犬を見ても，また，黒い小型犬を見ても，いずれも私たちは「イヌ」と呼ぶ。このように姿形が異な

っていても，同じ名前がつけられるのはどうしてか。これは，これら生きものの間に存在する共通特徴を見出し，それ以外の特徴を無視しているからである。このような働きを概念作用（conception），こうして得られたものを概念という。概念は一般に命名されたり，言語化されることが多い。ところで，これらの各概念（あるいは，カテゴリー）は，それぞれ，これに属するいくつかの事例（メンバー）を有しているが，これらの各事例には，その概念が有するすべての属性が，等しく備わっているわけではないことをロッシュ（E.H. Rosch：心理学者）は指摘した。たとえば，「つばめ」や「はと」は鳥の属性を多く備えており，鳥らしいけれども，「だちょう」や「ペンギン」は鳥の属性が少なく鳥らしくない。ロッシュは，概念は，このようにその概念の属性を十分に備えている典型性（typicality）の高い事例を原型（prototype）あるいは核として，その周辺に典型性の低い事例が位置するという構造になっていると論じ，このことを種々の側面から実証した。

keyword of keyword
E. H. ロッシュ

（賀集　寛）

解離性障害（dissociative disorder）［精］

従来はヒステリーのうち解離型と呼ばれていた症状で，意識野の狭窄を主症状とするが，その原因となるような器質的な病変は存在せず，心理的原因によって起こると考えられている。その症状は周囲を誤認して行動にまとまりがないもうろう状態（解離性あるいはヒステリー性もうろう状態）や，突然失踪して各地をさまよい，その間の記憶を失う解離性遁走や遁走の後にしばしばみられる全生活史健忘がある。全生活史健忘とは，自分の氏名，住所，年齢，職業，学歴など自分のプライバシーに関することがすべて思い出せなくなる状態である。また小児のような舌足らずの言動や甘えた態度（小児症）や質問に対して即座にでたらめの応答をする（的外れ応答）などの仮性痴呆の状態を示すものをガンザー症候群（Ganser syndrome）と呼ぶ。このように意識を中心とする精神活動が解離した状態である。

keywords of keyword
意識変容状態☞，仮性痴呆☞，ヒステリー☞

（横山茂生）

カウンタ・バランス（counterbalancing）［統・心］

一人の被験者に対して二種類のテスト（AとB）をする場合，どちらを先にするか，その順序によってテスト本来の結果の違いが消されてしまうことがある。このような実験に直接無関係な剰余変数の効果を除くためには，被験者によって実験順序などのバランスをとる必要がある。先の例でいえば，半数の被験者にはAからB，他の被験者にはBの次にAという順序でおこなうのが普通である。この工夫は順序に限らず，複数の実験条件を同一被験者に施す場合に用いられ，用意された実験条件群に被験者を無作為（ランダム）に割り当てる手続きをとるのが一般的である。

keywords of keyword
剰余変数☞，無作為，実験計画☞

（金光義弘）

過換気症候群（hyperventilation syndrome）［精］

呼吸器系の心身症の一つで，息苦しくあえぐような激しい過呼吸の発作が数分から数十分にわたって現われるものである。20歳前後の若い年齢層に多く，女性が男性の2倍多いと言われている。症状は胸苦しくて空気が吸えない，足らない感じ（空気飢餓感）で始まり，動悸，不安，四肢しびれ感・硬直にいたるようになる。この発作のときは患者に紙袋をふくらませて鼻と口に当てて呼気を再吸入させる方法（paper bag breathing）が有効である。発作間歇期には症状発現に関与していると考えられる社会心理的因子を明らかにするような心理療法が必要である。

keyword of keyword
心身症☞

（横山茂生）

学習曲線（learning curve）［心］

学習の定義である「経験による行動の変容」のプロセスは2次元的に表すことができる。横（x）軸に独立変数としての経験回数，縦（y）軸に従属変数としての遂行量をプロットすることによって，生活体の行動変化が視覚的に把握できる。行動がレスポンデント反応（古典的条件づけ）の例としてはパヴロフ型の条件づけがあり，オペラント反応（道具的条件づけ）の例としてはスキナー型の条件づけがあるが，いずれも試行回数や時間の経過につれて生活体の学習の様子が見て取れる。その他にも，暗記学習や運動学習など日常生活に密接に関係したものまで，学習曲線を描くことによって学習の進行状態や成立過程の理解に役立つことが多い。とくに，曲線の不連続部分での内的変化には，認知的変容が生じている可能性があり，

学習性無力感

学習を促進させる認知的要因の検出に有効である。たとえば，ハーロウ（H. F. Harlow：1905-1981，アメリカ，動物心理学）☞の「学習の構え（learning set）」（サルが学習の機会のたびに急速に成績を上げる様子から学習のコツを会得すると解釈された）のように，学習の仕方の学習が急激な曲線勾配をもたらせたりすることが多い。

keywords of keyword
学習，独立変数・従属変数，H. F. ハーロウ☞，古典的条件づけ☞，道具的条件づけ☞

（金光義弘）

学習性無力感 （learned helplessness）［心］

学習性絶望などとも訳される。セリグマン（M. E. P. Seligman：1942-，アメリカ，心理学）によって作られた術語である。セリグマンとメイアー（Seligman & Maier, 1967）は，第1群のイヌをハンモックに入れ電気ショックを与えるが，このイヌ達は，運動は制限されているものの，鼻でパネルを押すことによってショックをとめることができた。第2群のイヌは，同じようにハンモックに入れられ，第1群とまったく同様のショックを与えられる（第1群のショック装置と連結されている）が，どんな反応をしても何ら効果がないようにされていた。第3群はハンモックに入れられはしたが電撃は与えられなかった。この処理を施された後，どのイヌもシャトル・ボックス（shuttle box）で回避行動を学習することが要求された（警告信号が提示されている10秒の間に仕切りを越えてボックスの通電していない側に移動しなければ50秒間のショックを受ける）。その結果，第1および第3群のイヌは回避することを迅速に学習できたが，第2群のイヌの2/3は逃げる努力をせず，すぐにあきらめて座り込んだままであった。セリグマンとメイアーは，第2群のイヌは，自分の行動は状況の変化，つまり嫌悪刺激の除去と関連がないということを学習したのであると解釈した。逃れることはできない，無力である，ということを学習したので，逃れることの可能な場面であるシャトル・ボックス場面においても逃れる試みをしなかったのである。このようなことは人間においても示されており，セリグマン達は人間におけるうつ病を学習性無力感によって説明しようとした。

main references
セリグマン, M.E.P.（平井　久・木村　駿監訳）1985　うつ病の行動学：学習性絶望感とは何か　誠信書房
セリグマン, M.E.P.（山村宜子訳）1994　オプティミストはなぜ成功するか　講談社
Seligman, M. E. P., & Maier, S. F. 1967 Failure to escape traumatic shock. *Journal of Experimental Psychology*, **74**, 1-9.

keywords of keyword
M.E.P. セリグマン☞，シャトルボックス

（綱島啓司）

学習性無力感理論 （learned helplessness theory）［心］

セリグマン（M. E. P. Seligman）によってイヌを用いた条件づけの実験から発見された現象で，人の無気力やうつ病傾向の原因が説明される。彼はまず，頭でパネルを押すことによって電気ショックを止めることができる「逃避可能イヌ」と，何をしてもショックを止めることができない「逃避不可能イヌ」の二群を用意した。その後，二群のイヌをランプが点くとすぐ隣の部屋に飛び込むことによって床からの電気ショックを回避できる実験装置に入れたところ，逃避不可能イヌはショックから逃れる学習をせず，ただうずくまって震えながら床からのショックに耐えているばかりであった。そこでセリグマンは，逃避不可能イヌは以前自分の行動は電気ショックの回避と無関係であること，すなわち「～しても無駄」という無力感を学習したために，まったく別の学習場面にもその効果が波及したと解釈し，「学習性無力感理論」を提唱した。この理論は学習心理学においては「非随伴性（反応に強化刺激が随伴してオペラント学習が成立するのに対して，反応しても強化子が伴わない非随伴状況を経験することによって反応しても無駄であることを学習すると考えられる）の学習」として，臨床心理学的にはうつ病傾向やアパシー（本来ならば，人が興味や関心を示したり，感動する状況において無反応となる状態を意味する。大学生がこの症状に陥った場合，ステューデント・アパシーと呼ばれる）の原因を説明する原理として脚光を浴びた。いずれも私達の認知的側面を重視しているところから，最近の認知心理学や認知療法の分野の研究とも密接な関係をもつ重要な理論である。

keywords of keyword
随伴性，無気力，認知心理学☞，認知療法☞，アパシー，M. E. P. セリグマン☞

（金光義弘）

覚醒水準 (arousal level) [生心]

われわれは日常生活の中で,興奮している状態,非常に頭がさえている状態,かろうじて目覚めている状態など,さまざまな状態の変化がみられる。これらの状態の程度を覚醒水準と呼ぶ。覚醒水準は脳波の波形の変化とおおまかには対応することが知られている。一般に,目を閉じて安静にしている時には,α波(8～13Hz)がみられる。これよりも覚醒水準が高まるとβ波(18～34Hz)が見られるようになる。逆に,目を開けていられずまぶたが閉じるような時には,α波の振幅が低下し消失する。この水準を高めたり低くしたりする働きは,脳幹網様体(brain stem reticular formation:脳幹の中央部に位置し,大脳皮質の活動を活発化させる神経細胞の集まり)がになっている。一般に,覚醒水準が高まれば,課題遂行が促進されるが,ある水準を越えると逆に課題遂行が妨害されると言われている。

keywords of keyword
覚醒水準,脳幹網様体,ヤーキース=ドットソンの法則

(保野孝弘)

学生相談 (student counseling) [心・教]

大学生や短期大学生の就学中に起こる,適応上の問題,進路指導,アルバイトの斡旋など幅広い問題が取り扱われる。めぐまれたスタッフを擁した相談室では,個人の精神的成長を目的としたカウンセリング活動により,重篤な自我障害を示す学生を対象に相談活動がおこなわれることもある。

担当する相談員は精神科医,臨床心理士,医療福祉を専門とするものによって,1～2名から10名前後で構成される。多くは非常勤スタッフで構成され,代表者のみが専任者であることが少なくない。

学生相談は学生相談室でおこなわれるが,保健管理センターの流れのもとで設けられたものと,今一つは厚生補導の文脈のもとに設置された相談室がある。最近では,大学入学時に精神健康度を調べる質問紙を施行し,不健康な状態にある学生を呼びだし,援助を開始することがおこなわれている。

ちなみに川崎医療福祉大学では精神科医1名,女性カウンセラー1名の相談員が,月,火,水,金の14:00-17:00まで相談をおこなっている。主な相談内容は,異性友人問題,家庭問題,経済問題,その他修学問題などについてである(2001年現在)。

(島田 修)

仮性痴呆 (pseudodementia) [精]

痴呆を起こす器質的障害が存在しないのに痴呆状態を呈し,原因疾患の改善とともに回復する。うつ病,ヒステリーなどの精神疾患で生じやすい。老年期うつ病などでは,痴呆状態と抑うつ状態の抑制症状が重積することも多い。

(渡辺昌祐)

仮説と帰無仮説 (hypothesis and null hypothesis) [統]

心理学では日常的な場面で,人の行動や思考を事前に推論する際に立てられる命題を仮説といい,その正しさを確かめる仮説検証という作業が重視される。仮説検証の方法には,仮説に適った事例を示す臨床心理学的例証とともに,もっと普遍的な検証法として統計的検定が用いられる。その場合,明らかにしたい仮説(実験仮説または対立仮説:H1)に対して,その逆あるいは無意味な内容を表す仮説を帰無仮説(H0)といい,その仮説のもとで期待される事象の生じる確率を算出する。その結果,5%未満の危険率(仮説が正しいにもかかわらず仮説を捨ててしまう危険の割合のこと。その割合が小さいほど仮説を捨てる誤りを犯した時にこうむる被害は小さい)を基準として帰無仮説を棄却することによって実験仮説を採択するという手続きをとるのが普通である。

こうした手続きは回りくどいようだが,心理学で扱う対象が個人差をはじめとするさまざまな変動要因によって著しい影響を受けることを知れば,それらの偶然性や誤差を疑う帰無仮説的発想こそ不可欠なのである。万一,都合の良い事例集めや,思い込みによる判断が優先される仮説検証がおこなわれるとすれば,取り返しのつかない第一種の過誤を犯すことになろう。特に臨床心理学の領域では心しなければならない。

keywords of keyword
第一種の過誤☞,仮説検証

(金光義弘)

家族力動 (family dynamics) [心]

人格や精神病理の形成には親子関係が影響することは,フロイト(S. Freud)☞の理論から周知の事実であったが,家族全体のあり方や関わり,つまり家族力動から理解を深めるようになったのは1950年代からである。

家族は,互いに影響を与え合う,つまり相互作

用を及ぼし合うメンバーで構成されている。したがって、家族の中で起こってくる出来事に、「私は関係ない」ということはいかない。家族メンバー全員が関係している。

たとえば、子どもが問題行動を起こした時には、その子どもが問題行動を起こしても当然であるという、家族メンバー間の相互作用があると考えられる。家族はシステムであり、必ずまとまりを保つよう、維持しようという力が働く。そのため、問題行動を起こした子どもがいる家族には、そうしないと保てないシステムがあると考えられる。そう考えると、子どもが問題行動を起こさずにすむようにシステムを変えていかないと、子どもの問題行動がなくなることはない。このような考え方から心理療法をおこなうのが家族療法である。

システムは家族のバランスを保つ方向に進んでいくため、どこか一カ所に変化が起これば、家族全体に必ずなんらかの変化が生じてくる。このような家族力動から問題の理解を深め、治療をおこなっていくのである。

keywords of keyword
S. フロイト☞、家族療法☞

(武井祐子)

家族療法　(family therapy)　[心福]

昔から母と子の絆は太く強いとされているが、子がさまざまな問題を抱えて苦しむ時にその原因は母だけではなく、また共に苦しむのも母だけではない。家族全員が影響を与えたり受けたりしているのは当然のことである。心の悩みはその個人を取り巻くさまざまな環境とくに家族との関わりを大きな因子の一つとして考えなければならない。そこで家族とともに問題解決に取り組んだり、家族が自ら回復しようとするのを援助する治療法が家族療法である。すなわち治療対象は問題行動を起こしている人＝identified patient（IP）ではなくて、そのことを相談にくる人＝client（CL）である。とくに母親とか父親とか特定の家族内の人間関係に限定しないで、家族を一単位とみなす家族療法が1950年代から始まり、わが国には1960年代中頃に紹介され、1970年代中頃から臨床適用例が報告されるようになった。

(横山茂生)

カタルシス　[心]

心の中におしとどめ、十分に表現したり体験したりしてこなかった心的内容を、時と相手を得て十分に表出するとき、深い情動があらためて体験され、鬱積していた心的エネルギーが放出される。この時、現実的な事態は進展していないにもかかわらず、一種の爽快感や充たされた感じが得られることがある。このように深い情動の体験がもたらす心の浄化作用をカタルシス catharsis と呼ぶ。良い映画を見て、心の底から笑ったり泣いたりした後、心が洗われた感じをもつのも、カタルシス効果（catharsis effect）によるといえるであろう。

精神分析や心理療法の分野では、抑圧された内容の表出や、個人的な秘密の告白によって、症状や苦悩が軽減するという、カタルシスの治療的意味が重視されている。フロイト（S. Freud）☞の共同研究者ブロイアー（J. Breuer：1842-1925, オーストリア）のヒステリー患者アンナ・Oの症例は、「カタルシス」との関連において有名である。アンナは、ヒステリー症状の極期になると、自己催眠状態に自然に陥り、自分の心情や過去についてブロイアー医師に吐露する結果、症状が劇的に軽快する、という現象を繰り返していたのである。洞察力の高いこの患者は、この現象を自ら「えんとつ掃除」と名づけていたという。

このように、抑圧された外傷体験に伴う情動を解放することは、解除反応あるいは除反応 abreaction とも呼ばれ、初期のフロイトは、精神分析治療においてとくにこれを重視している。ユング（C. G. Jung：1875-1961, スイス）は、分析の四つの局面（段階）の第一にこのカタルシスをあげ、これによって古い心的防衛が崩れ、新たな成長段階への道が開かれるのだ、としている。

keywords of keyword
精神分析、心理療法☞、ヒステリー☞、自己催眠状態、J. ブロイアー、C. G. ユング、心的防衛

(進藤貴子)

価値転換理論　(readjustment theory of values)　[心]

障害の受容は、〈あきらめ〉ではなく、価値の考え方を変更することだといわれる。したがって、障害の受容は、障害を喪失とみなすかぎり、達成されない。障害の受容には、価値観の発想の転換が必要とされる。ライト（Beatrice A. Wright：カンザス大学心理学）（1960）は、価値転換の理論として、①価値の範囲の拡大、②障害の与える影響の制限、③身体の外観を従属的なものとする、および、④比較価値から資産価値への転換、の四つの側面を強調している。

価値の範囲の拡大は、喪失したもの以外にも多

くの価値があることに気づくことを意味している。障害の与える影響の制限とは，障害の事実を受け入れ，自己の存在を劣等であると考えないことである。身体の外観を従属的なものとするとは，外見にとらわれず，自己の内面的な価値に重要性を見出すことをいう。比較的価値から資産的価値への転換とは，精神分析学派のフロム（E. Fromm: アメリカ，心理学）の著書 "To Have or To Be"（1976）に述べられているように，価値観を「所有すること」から「存在すること」に転換することを意味している。

main references

福祉士養成講座編集委員会（編）介護福祉士養成講座 7 老人・障害者の心理

フロム，E.（佐野哲郎訳）いきるということ 1982 紀伊國屋書店

Wright, B. A. 1960 Physical Disability-A Psychological Approach. Harper & Row, Publishers.

keywords of keyword

障害受容，E.フロム

（鴨野元一）

過敏性腸症候群 (irritable bowel syndrome ; IBS) ［医］

消化器系の代表的な心身症の一つで，便通異常と諸々の神経症的精神症状を伴う病態である。便通異常には，下痢を主とするもの，兎糞便と残便感を主とするもの，下痢と便秘が交代するもの，放屁や腹鳴などガス症状を主とするものがある。同時にみられる精神症状には，不安緊張を主とし下痢との悪循環を示すもの，悪性腸疾患を心配する心気症的なもの，乗物恐怖や食物恐怖などの恐怖症的なもの，外出直前に何度も排便を試みる強迫症的なものなどさまざまである。授業中の腹鳴や便意を気にして不登校になった高校生のケースもある。

keyword of keyword

心身症☞

（横山茂生）

過眠症候群 (disorders of excessive somnolence ; DOES) ［精・生心］

過眠症は，睡眠や眠気が過剰になる睡眠障害の一つである。アメリカ睡眠障害センター協会（ASDC）によれば，10種類の症候群に分けられている。たとえば，睡眠時無呼吸過眠症候群（sleep apnea DOES syndrome），睡眠時（夜間）ミオクローヌス過眠症候群（睡眠中，足が意志に関係なく繰り返し動くために，睡眠経過が乱され，日中の耐え難い眠気を訴えるものをいう。とくに高齢者に多い ; sleep-related (nocturnal) myoclonus DOES syndrome) などの器質性のものと，精神生理学的要因による過眠などの心因性によるものがある。この症候群の約85％は器質性で，残る15％が心因性のものといわれている。過眠症候群の診断基準は，①睡眠不足によらない日中の眠気，睡眠発作，または，目覚めて完全な覚醒状態に移行する過程が遷延する，② ①の状態が1ヵ月以上ほぼ毎日続くか，より長期に起こって，そのために仕事や日常生活，対人関係を損なうほどのもの，③睡眠・覚醒スケジュール障害の一経過ではないもの，である。

過眠症の場合，不眠症と異なり，本人自身が異常があると気づかないために，受診する数が少ないと考えられている。また，よく居眠りを繰り返し，眠そうにしていることから，怠けているとか，意志が弱いなどと，他の人から見られることが多い。そのため，そのことが本人にはきわめて大きな精神的負担になっているという例も少なくない。

keyword of keyword

ミオクローヌス過眠症候群

（保野孝弘）

仮面うつ病 (masked depression) ［精］

仮面うつ病はクレイル（Kral, 1958）が初めて記述した，心身症，身体的愁訴をもった心気的反応，神経症的反応に，うつ病がマスクされたものに対して呼ばれた名称である。今日では身体症状という仮面で覆われたうつ病として取り扱うのが一般的で，ICD-10によると仮面うつ病は気分（感情）障害のうち，うつ病エピソードの下位分類として位置づけされる「他のエピソード」の中に含まれる。本症は一般科を受診することが多く，頻度の高い身体症状として睡眠障害，全身倦怠感，身体各部の疼痛などがある。

main reference

Kral, V. A., 1958 Masked Depression in Middle Aged Men. *Canadian Medical Association Journal* **79**.

keywords of keyword

心身症☞，ICD-10（国際疾病分類10版）

（渡辺昌祐）

感覚代行 (sensory compensation) ［生・心］

感覚代行とは，ある感覚系が障害を受けると，他の感覚系がその機能を補償することを意味している。たとえば，視覚障害者の場合，聴覚系，皮

膚感覚系や嗅覚系が鋭敏になり，視覚機能を補償するように機能する。また，聴覚障害者の場合は，視覚系が鋭敏になるといわれている。視覚・聴覚に重い障害をもったヘレン・ケラーの自叙伝では，花の香りや土・空気の匂いなど，嗅覚に関する記述が随所にみられる。これも感覚代行であろう。

中途障害の場合，障害の告知に伴う，障害の否認期（中途失明では，失明恐怖の時期）につづき，障害の受容までには，心理的不適応が生じる。障害直後，感情表出が乏しくなり，閉じこもりがちになる。感情麻痺や抑うつ状態が認められることもある。この時期は，人格感喪失，ショック相，嘆きの時期，葛藤の時期などと呼ばれている。とくに，この時期に残存する諸感覚への信頼感はゆらぐといわれている。感覚代行は，障害者本人が自己を取り巻く環境を認知しようとする意欲に関係する。したがって，感覚代行は，失われた感覚機能を他の感覚機能で補償しようとする意欲と努力が必要となる。

障害受容過程とともに感覚代行への支援のあり方は，より豊かな人間性の回復のために臨床心理学に期待されるところである。

keyword of keyword
障害受容

（鴨野元一）

観察学習・社会的学習（observational learning & social learning）［心］

古くは模倣という概念のもとで広く扱われてきたが，こうした学習は伝統的な学習理論や条件づけの原理では説明が難しい。他者との関わりを通して学習するこの「観察学習」はダービー（C.L. Darby：アメリカ，動物心理学）らによって，サルが自分以外のサルの獲物探しの方法を見て獲物を得る事実として明らかにされた（1959）。その後，バンデューラ（A. Bandura：1925−，アメリカ，認知心理学）☞を中心として，「他人の振り見てわが振り直す」式の学習が社会生活の中では多いことが示された。とくに，子どもがテレビや映画などの視覚媒体を通して社会的逸脱行動や暴力行為を身につける可能性があることを，モデル役による学習効果として実証した。このように，対人的な相互作用に基づいて行動が獲得されるところから「社会的学習」と呼ばれ，モデルの行為に基づく行動変容は「モデリング」と名づけられた。なお社会的学習の学習原理として，学習者の強化効果は他者の行動・強化随伴性（他者が起こした行動に対して強化刺激が随伴する関係性を観察して理解すること）によって代用されるとする「代理強化（vicarious reinforcement）」説が有力である。

keywords of keyword
A. バンデューラ☞，モデリング，強化☞，代理強化，強化随伴性

（金光義弘）

干渉説（interference theory）［心］

人はなぜものを忘れるのか。これにはいろいろな説があるが，有力な説の一つに干渉説がある。たとえば，本を読んでいて，電話がかかったために，本を読むのを忘れてしまうということがよくある。つまり，始めの活動が，後の活動によって干渉されたからである。このような現象を逆向干渉（retroactive interference）という。このように，ある活動の記憶が，別の活動によって妨害されたり干渉されたりするために，悪くなるという考え方を干渉説という。始めの活動が，後の活動の記憶に干渉する場合もあり，これを順向干渉（proactive interference）という。干渉は二つの学習や活動の間の，類似度が高くなるほど大きくなる。たとえば，試験勉強で，英語→ドイツ語の順に準備するよりも，英語→日本史の順におこなう方が効果的だといえる。英語と日本史の間より英語とドイツ語の方が，類似しているからである。干渉説は，いっとき，心理学の忘却理論の中心で，主として，対連合学習（顔と名前や日本語〈空〉とその英訳〈sky〉のように二つの項目を対（ペア）にして覚える方法）の事態で研究され，多くの成果を生んできたが，対連合の状況で説明できる日常の記憶や忘却の場面は，それほど多くないというような批判があり，今は少々下火である。

keyword of keyword
忘却理論

（賀集 寛）

眼電図（electrooculography; EOG）［生心・生］

眼球運動を測定する方法の一つである。眼球はそれ自体が角膜側が正（＋）電位，網膜側が負（−）電位に帯電している。そこで，この電位差を増幅器を介して眼球の動きを増幅記録する。たとえば，左右の目の眼窩外側縁から約10mmの付近に電極を配置し，その電位差を記録すると，眼が右を向くと右側が正に，左を向くと左側が正になる。これによって，眼を閉じていても開けていても眼球運動を記録することができる。睡眠研究で

は，REM睡眠を同定するための重要な指標の一つとして急速眼球運動（rapid eye movements; REMs）があり，それを記録する際にもEOGが利用される。

keyword of keyword
REM睡眠☞

（保野孝弘）

関与観察法　[心]

　観察とは，心理的事象を研究するうえで，素材を収集するための一方法である。一般的には，観察者の存在が被観察者の行動に影響を与えないような距離をとり，被観察者のいる場から身を退いて，客観的な情報収集を目指す。このような非参加型の観察に対して，関与観察では，観察者（実験者）が被観察者（被験者）とのダイナミックな交流の場に身をおきつつ，被観察者の行動を観察し記録するのである。

　関与観察法においては，観察者は被観察者との相互作用の場に入ることによって，自らが被観察者の行動を決定づける一要因となる。このため，実験室研究と比べると，刺激の統制が困難となるが，その一方で，対人関係の場における被観察者の行動を"内から"観察する，すなわち共感的に理解することが可能となる。もちろんこの点は，観察者が被観察者と心理的に同一化しすぎたり，逆に反感を抱くなど，心理的に"あまりにも揺さぶられた"状態となる危険性にもつながる。そうなると，観察者は中立的な態度を保てず，偏った刺激しか提供できなくなり，同時に，客観的な観察眼が損われる。

　したがって関与観察においては，観察者が，自分自身の感情や行動を自覚的にきめ細かくとらえ，それらと被観察者の行動とを，反応の連鎖として理解していくことが必要である。また，被観察者が身構えないで反応を示してくれるよう，観察者がある程度相手に快く受け入れられていることが必要で，ときには被観察者に"合わせる"ことも必要となる。

　実験室研究が「仮説検討型」の性格をもつのに対し，関与観察法では，被験者がより自然にふるまえる場でおこなうことにより，観察者の予期しなかった事実をキャッチすることも可能であり，「仮説発想型」の性格をもつといえる（大西，1977）。

　アメリカの精神医学者サリヴァン（H. S. Sullivan）は，治療関係における治療者の機能について，「関与しながらの観察」participant observationという語を用いている。治療者は客観的な観察者や判定者の位置に留まるものではない。治療者の言動や人格は，患者との対人的な場の一部であって，患者も治療者もともに，相手との相互作用の影響を受けているのである。治療者は，患者との相互関係に関与し，その中で生きるとともに，自分自身も含まれる対人関係の場を外からとらえるような，観察者のまなざしももつ，という，複数の視点をもって，治療の場に関わるのである。

main reference
大西誠一郎　1977　研究法としての観察　依田新監修・大西・山田・鈴木・水山著，観察―心理学実験演習4―　金子書房

keyword of keyword
仮説検討型

（進藤貴子）

記憶術（mnemonics）[心]

3.14という円周率を4万桁まで記憶しているギネスブック・クラスの人がいる。常人とは思えない記憶力なのだが，彼は記憶術を身につけているのである。記憶術と聞くと，この人のような何か特別な能力の持ち主だとか，トリックめいたものを想像するが，実はそうではない。私達も日頃，記憶しやすいように，ゴロ合わせをはじめ，いろいろな工夫や努力をしているが，これは記憶術を用いていることにあたるといっても差しつかえない。以下，その主なものを現在の記憶研究の成果と関連づけながらみていこう。

反復（repetition）：一回見たり，聞いたりしただけで，記憶項目を憶えきれるものでない。反復が必要であることはいうまでもない。では，どれ位反復すればよいか。私達は記憶項目が全部再生できたから，これで十分だと考えがちであるが，学習完成後，さらに練習を重ねる（これを過剰学習という）こと，つまり，駄目押しが必要であり，その回数は，完成に要した回数の50％位プラスするのが効果的であるという実験結果がある。次に，反復を一層効率よくする工夫や操作（記憶方略）をみてみよう。

チャンキング（chunking）：長い材料を憶える時，棒暗記するよりも，いくつかの単位にまとめる（チャンキングする）とよい。実際には，たとえば，"JALNHKNTTUSAKDD" のような場合，"JAL NHK NTT USA KDD" という具合に，3文字ずつにまとめやすいが，"YCFHDRKEWOTMLXN" では，どう区切ってもまとめにくい。しかし，このような場合でも，"YCF HDR KEW OTM LXN" と3文字ずつ区切って，最初の文字にアクセントをつけてリズミカルに発音すると，憶えやすくなる。日本の「九九」の覚え方や，アルファベットを唄にして覚える方法は，その日常例であるとみてよい。

体制化（organization）：「本棚 バナナ イギリス うぐいす つくえ ロシヤ ぶどう………」のようにランダムな順番に提示された語を多数憶える際，これが四つのカテゴリーからなることに気づけば，各カテゴリー（家具，果物，国名，鳥）ごとにまとめて憶えると，憶えやすく，思い出しやすくなる。このように，多数の項目の間に何らかの共通特徴を発見し，これに従って項目をまとめて記憶することを体制化という。

媒介（mediation）：「1192 いいくに作ろう鎌倉幕府」「54-5286 ご用いつやむ」のように，年代や電話番号を憶えるのに，ゴロ合わせをよくする。日本語は1～10を「ヒフミヨイムナヤコト」と読みかえられるので，ゴロ合わせしやすい。このように，ある材料に何かを付加したり，変形や加工することによって有意味化して記憶しやすくすることを媒介という。媒介には他に，頭文字法と物語連鎖法などがある。頭文字法とは，たとえば，お母さんの得意な料理を「カーサンヤスメ（カレー サンドイッチ ヤキメシ スパゲティー メダマヤキ）」のように，頭文字を組合せるような方法である。物語連鎖法とは，たとえば，「映画 主婦 学生 鉄道 空気………」という材料を憶えるのに，「映画を見た主婦が学生さんと鉄道の中で知り合って，空気がきれいなので，………」という風に，多数の項目の間をつなぎ合わせて物語を作り上げる方法である。

イメージ化（imazing）：これまで述べてきた方法は，いずれも，記憶項目の言語的符号化に基づくものであったが，私達は記憶項目のイメージを想い浮かべることが多い。そして，記憶実験で記憶項目をイメージ化させると，記憶が促進されやすくなるという結果がある。また，イメージ化は場所法としてギリシャの時代からよく用いられた方法である。これは，自宅近くなど，見慣れた景色に記憶項目を結びつける方法である。たとえば，「ホットドッグ トマト 洗剤………」の買物をしなければならない場合，「ある家の犬小屋で犬がホットドッグを食べており，その隣の家の玄関のノブにトマトがぶらさがっており，その横の駐車場で車を洗剤で洗っている………」という風にイメージするのである。イメージ化には他に，ペグワード法やキーワード・ピクチャー法などがあるが，基本的には場所法と同じであると考えてよい。

keywords of keyword

反復，チャッキング，体制化，媒介，イメージ化

（賀集　寛）

器官神経症（organ neurosis）[精・医]

心理的ストレッサーは身体のいろいろな臓器に症状を引き起こす。そのなかで持続的な機能障害に留まり器質的障害を認めないものをその症状が固定した臓器の名前を冠した神経症として臓器神経症あるいは器官神経症と呼ぶことがある。たとえば胃の調子を始終気にして一喜一憂する胃神経症，動悸や脈拍にとらわれる心臓神経症，排尿に

とらわれて頻尿に悩む膀胱神経症などが代表的なものである。ただし現在では，このような呼び方が用いられることはほとんどなく，精神医学分野では国際疾病分類（ICD-10）で身体表現性自律神経機能障害に含まれる自律神経失調症である。

keywords of keyword
国際疾病分類，自律神経失調症☞

（横山茂生）

危機介入 （crisis intervention）［精・心］
　世界で最も安全な国の一つとされてきた日本でも，最近は危機と呼ばれる事態が増えているのではないだろうか。ここでいう危機とは，その人にとってそれまでの適応方法では解決しえないような状況のことである。具体的には自殺，家出，パニック，不安・抑うつ，災害，犯罪，非行などである。これらの危機に直面した人に対して，迅速で効果的な対応をして，その危機を切り抜けるとともに，問題を克服して適応を促進させる方法を危機介入という。このような危機介入が組織的におこなわれるようになったのは，わが国では比較的最近のことで，1970年頃から全国各地で活動が広まった「いのちの電話」が代表的なものである。最近では学校でのいじめに対する電話相談や犯罪被害者援助ネットワークなどが各地で活動を開始しつつある。

main reference
斎藤友紀雄（編）1996　危機カウンセリング　現代のエスプリ351　至文堂

（横山茂生）

器質性精神病 （organic psychosis）
　脳組織に何らかの病変が起こり精神症状を現わすものの総称。頭部外傷，炎症，脳血管障害，腫瘍，代謝・変性疾患（脳内物質の代謝が障害されて，または変性して起こるといわれている）による精神病がこれに入る。急性期は意識障害を伴う錯乱，慢性期は人格変化と知能低下を現わす。

（渡辺昌祐）

帰属過程 （attribution process）［社心・心］
　日常生活の中で，なぜあんなことをしてしまったのだろうかとか，どうしてあのような事件が起こったのだろうかとか，われわれは自分自身や他人の行動また身の回りで起こった社会現象や事件・事故またいろいろな事柄について，その理由や原因を探ろうとする。
　このような，なぜ・どうして，とその行動や社会現象の原因を推測しようとする心のメカニズムは，帰属過程（attribution process）と呼ばれている。この帰属は，自分の心の状態や身の回りの事柄を理解し，次に，今後の自分の行動をどうするのかを決定するため，そして，他者の行動を予測してどう対処するべきなのかを知るためにおこなわれるのである。
　この帰属の研究は，ハイダー（F. Heider, アメリカ）（1958）から始まった。行動への原因帰属（因果関係）を，個人的因果関係（personal causality）また非個人的因果関係（impersonal causality）とに分けて考えた。そして，ある行動の結果は，その人の個人的な力（personal force）とその人を取り巻く周囲の環境的な力（environmental force）の両方の力の合成されたものとして推定されるのである。この個人的な力は，その人の能力（ability）と意欲（動機的側面）に分けられ，意欲は意図（intension）と努力（effort）の量とに分けられる。また，環境的な力は，課題の困難度（task difficulty）と運（luck）とに分けられる。どの要因に帰属するのかはその状況と評価する人によって異なってくる，としている。
　この帰属過程が起こるプロセスについて，シェーバー（Shaver, 1975）は，以下の三つを考えている。第1段階は，行動の観察である。行為者の行動とその行動が起こった環境についてのさまざまな情報が集められる。第2段階は，意図の判断である。得られた情報や判断者の過去の経験などから，行動の背景にある行為者の意図を推測する。第3段階は，属性への推測である。行動が環境の要因によるのか，その人の行動特性や特徴といった行為者の属性によるのかを推測する。その属性に帰属した場合に，自分自身や他者の行動を説明したり将来の行動を予測することが可能になるのである。

main references
Heider, F.　1958　*The Psychology of Interpersnal Relations*. Wiley.
Shaver, K. G.　1975　*An introduction to attribution processes*. Winthrop Pablishens, Inc. 稲松信雄・生熊譲二（訳）1981　帰属理論入門　誠信書房

keywords of keyword
帰属錯誤☞，原因帰属

（岩淵千明）

帰属錯誤 （miss attribution）［心］
　自分自身の心の状態や行動，他人の行動，社会現象や事件・事故など身の回りの事柄の理由づけ

や原因を推測することは，帰属過程と呼ばれている。なぜ・どうしてと原因や理由を探ろうとする心の働きであるが，その原因や理由がつねに正確で正当な要因に帰因されないことがある。時には誤った要因に帰因されてしまうことも多くあるのである。

このような原因帰属のズレや誤りは，帰属錯誤（miss attribution）と呼ばれている。同一の行動や社会現象であっても，その行動が起こった状況や解釈する人によってその帰属の要因が異なってくるのである。このような帰属錯誤には，行為者と観察者における帰属の相違（actor-observer bias），自己維持バイアス（self-serving bias），自己中心的バイアス（egocentric bias），防衛的帰属（defensive attribution）などがこれまでの研究で指摘されている。

行為者と観察者の帰属の相違とは，同じ行動でも，行動をおこなった者とその行動を見ていた者とでは帰因の仕方が異なる現象である。行為者は自己の行動を外的・状況的な要因に帰属し，観察者は他者の行動を内的・個人的な要因に帰属しやすい，とされている。

自己維持バイアスとは，成功した場合と失敗した場合の帰属の相違である。自己のポジティブな行動や結果を自分自身の内的な要因に帰属させ，ネガティブな行動や結果は外的また状況的な要因に帰属させやすい傾向のことである。帰属によって自己不安や自己卑下が起こらないように，適切な自己の心の状態を維持しようとする帰属の仕方なのである。

自己中心的バイアスとは，他者と共同で課題をおこなった場合，他者よりも自分の方がその課題の結果に対して多く関与していると認知する傾向のことである。

防衛的帰属とは，自己防衛の機制に基づく帰属の仕方で，自分に関係する危険や脅威を軽減するように他者や状況要因により多く帰属しようとする傾向のことである。

keywords of keyword
帰属過程☞，自己維持バイアス，自己中心的バイアス，防衛的帰属

（岩淵千明）

帰納（induction）［哲］
個別的な事例を多く観察し，そこから一般的な規則を導く方法。演繹☞の項を参照。「このカラスは黒い」「あのカラスも黒い」という個別的な観察文を多く集めて，そこから「（すべての）カラスは黒い」と結論する方法。この方法の長所は知識を増やすことにあるが，短所としては確実性を欠くことにある。明日白いカラスは発見されないとは誰も断言できない。つまりいつまで経っても「（すべての）カラスは黒い」という文が真であると確認されることはありえないのである。このことは科学において使われる文が常に「誤りであったと判明する」可能性があることを示している。

keyword of keyword
演繹☞

（林　明弘）

機能局在説（functional localization theory）［生］
生理学の分野では神経活動を低次とか高次とか呼ぶことがあるが，一般に大脳皮質が関与するものを高次という。高次の精神活動や知的機能が大脳皮質の特定の部位によって支配されているという考え方を指す。現在のところゲシュヴィント（N. Geschwind：ドイツ，精神生理学）（1965）によれば，感覚や運動などの生理的機能は大脳皮質の当該部位によって支配されているという意味で機能局在が認められるが，高次の神経機能に関しては部位間の神経繊維連絡による要素的機能連合によっていると考えるのが妥当である。したがって，心理的な働きと大脳との関係を考える場合，大脳の部位や領域という場所で説明しようとするのではなく，むしろ心理機能をトータルなシステムとしてとらえたうえで大脳生理学的な対応を考える方が合理的であろう。

main references
Geschwind, N.　1970　The organization of language and the brain. Science, 1970, 940-944.
Geschwind, N.　1972　Lauguage and the brain. Scieatific American, 1972, 266, 76-83.

keywords of keyword
大脳☞, N. ゲシュヴィント

（金光義弘）

機能性精神病［精医］
器質性精神病に対峙する名称である。脳に器質性病変をもたない精神病を指す。具体的には，精神分裂病（統合失調症），気分障害（躁病，うつ病），妄想病，従来からいわれている神経症（不安性障害他）がふくまれる。

keyword of keyword
器質性精神病☞

（渡辺昌祐）

気分障害 (mood (affective) disorders)

気分障害（感情障害）は，DSM-Ⅳ および ICD-10（国際疾病分類第10版）に登場した診断名の邦訳である。従来の精神科教科書でいう「躁うつ病」に該当する。「躁うつ病」の概念はその原因として内因を重視したクレペリン（E. Kraepelin : 1856-1926, ドイツ，精神医学）以来の疾患概念であるが，実際の症例ではさまざまな原因や，誘因で起こること，気分障害は「躁」と「うつ」の両相の他に，混合状態や不機嫌状態といえる感情障害などがあり，障害の中心が感情というより気分（mood）の障害であるとする臨床上の有用性がある。「躁」と「うつ」病相が軽症であるが病相を示さず持続する場合を気分循環障害（気分循環病），軽症ないし中等度のうつ病相が反復性に持続する場合を反復性うつ病，特定の季節に限定して気分障害の認められる場合を季節性感情障害という。

keywords of keyword
DSM-Ⅳ☞，ICD-10，E. クレペリン

（渡辺昌祐）

基本的信頼感 (basic trust) [心]

心理学や教育学のみならず，日常的にも母子関係の大切さは叫ばれている。子どもが外界との接点をもつ最初の出会いは母であり，子どもが外界の認知を発達させ，人とのコミュニケーションや活動の範囲を広げていくためには，何よりもまず自分の親を最も信頼のおける仲間だとみなすことができなければならない。エリクソン（E. H. Erikson）☞は人生の最初の1年間で，親に対する「基本的信頼感」がもてるようになることが後の人生にとって重要な意味をもつという。この確かな基本的信頼感は子どもにとっての「心理的基地」となり，安心して行動半径を広げたり仲間を増やしたりできる。逆に，親に対する「基本的信頼感」が形成されない子どもの場合，親の認知や外界認知の発達が遅れ，ことばの理解や使用が不十分になる傾向が強く，情緒障害に基づく言語障害がみられるようになることも知られている。今日の深刻な幼児虐待問題を考えるうえでも，この概念は重要であろう。なお，こうした状況は生物学的な「刷り込み（imprinting）」現象や「初期経験（early experience）」とあい通ずるところがあり，動物を用いた基礎研究の成果も見直される必要がある。

keywords of keyword
E. H. エリクソン☞，刷り込み，初期経験☞

（金光義弘）

偽薬効果 (placebo effect) [心・医]

睡眠薬だと言って与えられた錠剤が実は何の薬効もない顆粒だとしても，それを飲むことによって眠くなったりすることがある。このときの偽の錠剤を偽薬（プラシボ）といい，その通りの効果がみられた場合を偽薬効果が生じたという。この効果の背景には暗示作用が働いているとみられ，受容する側の心理的要因の重要性が示唆される。広い意味での臨床場面では，偽薬的処置を効果的に活用することがある。逆に心理学実験においては，主たる実験変数以外の要素（剰余変数）の介入に留意しなければならない場合が多く，その一つとして偽薬効果を統制したり排除したりする実験計画（デザイン）が求められる。

keywords of keyword
実験計画法，剰余変数☞

（金光義弘）

虐待児症候群 (abused child syndrome) [精・心]

このところわが子に対して血も凍るような虐待を加える親がマスコミにしばしば登場する。実に酷いことである。こうした仕打ちを受けた子の心には深い傷がいつまでも残るに違いない。これは専門的には次のように定義されている。繰り返し意図的な暴力による身体的虐待 physical abuse，養育の放棄・拒否による虐待 neglect，性的暴行による虐待 sexual abuse，心理的外傷を与える emotional abuse の4種類の児童に対する養育者からの虐待を児童虐待と呼ぶ。このような虐待を受けた子どもは，その後に多くの精神医学の問題を起こすことが知られている。その主なものは家庭内暴力を含む種々の暴力行為，家出・放浪・盗癖・放火などの反社会的行動，不登校や言語発達の困難などの学校や学習上の問題，過食・拒食・異食などの食行動異常をはじめ，多動，注意集中困難，低身長，排泄や睡眠の問題など多彩である。また成長して親になった時に，わが子を虐待する傾向があることも報告されている。

main reference
池田由子ほか 1997 特集 児童虐待 臨床精神医学，**26**(1), 5-37.

keywords of keyword
多動，注意集中困難

（横山茂生）

キャッテル　(Cattell, James Mckeen 1860-1944)
[心]

　彼の心理学は意識内容ではなく，人間の能力を対象としていた。

　1880年，ラファイエット・カレッジより学士号を取得後，ゲッティンゲンに行き，その後ライプチヒでヴント（W. Wundt：1832-1920，ドイツ，実験心理学）☞に学ぶ。

　1883年，再びヴントのもとに戻り，助手になると売り込み，研究のテーマは個人差の心理学を選んだ。

　1886年に学位を取得した後にペンシルバニア大学において心理学の講義をしていた。次いで，1888年ケンブリッジ大学の講師となる。その時にゴールトン（F. Galton：1822-1911，イギリス，個人差研究）☞の測定と統計学の考え方について影響を受けた。その結果，彼は数量化と順序づけと評価を強調する最初のアメリカ心理学者の一人になった。彼は後に，品等法（広告の美しさなどを比較するとき美しいと思う順序を，主観的に価値評価して順位をつけさせる方法）を開発し，大学では統計学を教え，調査結果に統計分析を加えることを強調した。メンタルテスト，個人差の測定，応用心理学の発展に精力的に貢献した。

　ヴントよりも，ダーウィンやゴールトンにより強い影響を受けた。

　彼は「心とは何か」ではなく，「心は何をするか」を研究しはじめたのである。

　彼らは心理学を現実の世界たとえば，教育・工業・広告・子どもの発達・臨床・テストセンターの中に取り込み，研究テーマを機能的なものに作りなおした。

keywords of keyword
意識，品等法，W. ヴント☞，F. ゴールトン☞

（島田　修）

QOL　(quality of life；生活（命）の質)[医・福・心]

　ただ生きてさえいればいいという従来の考え方から，現状の身体的関係に鑑みて，日々の生活を最大限快適に過ごすにはどうしたらよいかに力点が置かれるようになった。すなわちQOLとは，疾患とそれに伴いひき続く治療が，患者に与える機能的影響を患者自身が感じるものとして表現したものである。これはいわゆる生存率や腫瘍の縮小率などのように数字で表現しうるものと異なり，患者が受けた治療に対しての満足度が問題なのである。

　QOL全体にもたらす影響の主要な領域としては以下の四つが考えられる：①身体的および職業上の機能，②心理的状態，③社会的相互関係，④自覚症状

　今日ではいかなる診療を進めるにあたっても，その患者自身にとってのQOLを最大限考慮したインフォームド・コンセントが重要で，医師が医学的にみて最良と考える治療法が，必ずしもその患者にとって最善ではないことに思いを致すべきであろう。

keyword of keyword
インフォームド・コンセント☞

（佐野開三）

急性ストレス障害　(acute stress disorder)[精・心]

　現代生活において誰もが避けて通れないストレスは，一過性の体験として心に何の影響もなく過ぎ去ることもあれば，心身にネガティブな影響を与えることも，そして意外にもポジティブな影響を与えることもある。ここでいうストレス障害はそれまで精神的に健康であった人が自然災害，事故，戦闘，暴行，強姦などの外傷体験や肉親との死別が重なったり，自宅の火災など自分の社会的立場や人間関係が突然に変化した場合（危機 crisis）に現われる数時間から数日でおさまる重篤な一過性の障害である。症状は茫然自失の状態から，不安，抑うつ，激怒，絶望，過活動，ひきこもりなどが多彩に出没する。

　このような状況から周囲の援助で（危機介入 crisis intervention）うまく切り抜ければよいが，うまく切り抜けられなかった場合には，その後数週から数ヵ月の潜伏期を経て，当時の状況が繰り返し回想されて外傷を再体験し，独特の感覚鈍麻，孤立，無関心などの症状が出現することがある。この状態を外傷後ストレス障害（post-traumatic stress disorder；PTSD）といい，1995年の阪神淡路大震災の後でもマスコミに多く取り上げられて話題となった。

keywords of keyword
危機介入☞，心的外傷後ストレス障害☞

（横山茂生）

急速眼球運動　(rapid eye movements；REMs)[生・心]

　睡眠中の眼球の動きを観察すると，眼球が速く動く状態が周期的に認められる。たとえば，眠っている人の閉じた瞼を見ていると，ぴくぴくと動

くのが観察できる。これは，瞼の下で，眼球が目覚めている時のように動いているためで，文字どおり，急速（rapid）に眼球（eye）が動く（movement）ことから，この眼球の動きを，急速眼球運動（REM；レム）と呼ぶ。この現象は，1953年に，アセリンスキー（E. Aserinsky：アメリカ，生理学）とクレイトマン（N. Kleitman：アメリカ，生理学）によって発見され，睡眠は急速眼球運動がある睡眠相（REM睡眠）とそれが認められない睡眠相（NREM睡眠；ノンレム）の少なくとも二つの睡眠相で作られていることが明らかになった。

レム睡眠が発見された年から約250年前に，すでに日本でもレム睡眠が観察されていたという。徳川光圀（水戸黄門）の家来が書いた「西山遺事」（1701年）に，「御寝され候時は，御目半眼にて，すきと御閉じなされず，とくに御ねいり候えば，御目の玉くるめき申候」という，光圀の寝姿を描写した一節があるという。「御目の玉くるめき」とは，まさにレム睡眠を示しているといえる。この時，光圀は一体何を夢見ていたのであろうか？

keywords of keyword
E. アセリンスキー，N. クレイトマン

（保野孝弘）

教育相談　（educational counseling）［教・心］

幼稚園から高校までの幼児・児童・生徒とその親および教育関係者を対象として，教育上の問題に対して助言・指導をおこなうものである。助言・相談の領域や内容は健常児に対する，家庭教育のあり方，教科学習法，特別活動や校外生活などの指導や進路指導がある。

一方，治療教育相談として，登園拒否，不登校，いじめなど性格行動上の問題から，食欲不振，睡眠障害などいわゆる小児心身症などが取り上げられる。

近頃では，カウンセリング理論を取り入れて，対象は年少児へと広げられている一方社会性指導，余暇指導，健康・安全指導へと指導領域の広がりをみている。

教育相談にあたっては，問題の所在と問題の発生過程を見きわめる診断的側面と，問題の見立てができるとどのような働きかけ，援助が望ましいかの二つの側面から検討される。

もしも，教育機関で対処しきれない専門的治療が必要なケースの場合は教育相談所，児童相談所，家庭裁判所や民間の相談施設との連携が図られる。

keyword of keyword
小児心身症

（島田　修）

共依存　（co-dependence）［心・精］

1970年代にアメリカのアルコール依存症の臨床現場から生まれた言葉である。アルコール依存症を抱える家族の人間関係の一つで，配偶者や子どもが本人のアルコール依存で苦労して悩んでいる一方で，その本人の暴力や嗜癖を止めないで，むしろ結果的に支え持続させてしまう状態をいう。つまり別れることも入院させることもできず，ひたすら本人の機嫌をとり，本人に服従し，本人がまじめに仕事に打ち込んで一家の柱になってくれることを願って，結果的に本人に依存し，本人に家族の一員ないし柱としての責任をおしつけて，アルコール依存にますます追いやる結果となる。

このような人間関係は，アルコール依存症に限らずギャンブルなどの嗜癖者の配偶者にもみられる他に，受験期の子どもに対してひたすら受験勉強に追込み，本人の能力や志望を無視して上級の学校に合格させようと頑張る母親にも共通の特徴がみられる。また共依存の両親のもとで育った人たちをアダルトチルドレンという。

keywords of keyword
アルコール依存症☞，アダルトチルドレン☞

（横山茂生）

強化　（reinforcement）［心］

学習の成果をあげるためには同じことを何度も何度も繰り返さねばならない。その反復のことを強化というのだが，もともと条件反射学の実験の中で使用され，イヌにメトロノームと唾液の条件反応を形作るのにその二つの刺激（無条件刺激と条件刺激）の組み合わせを何度も何度も反復することを強化と呼んだ。しかし，強化は重ねれば重ねるだけ学習成果があがるかというとそう簡単なものではない。そこには強化制止と呼ばれる部分疲労のようなものが生じるためである。

keyword of keyword
強化制止

（三宅　進）

境界性人格障害　（borderline personality disorder）［精］

多軸診断を採用したDSM-Ⅲのaxisの人格障害の一つで，DSM-Ⅳにも踏襲されている。診断基準には，見捨てられを避けようとする常軌を逸した努力，不安定で激しい対人関係，同一性障害（自己目標を確立することができない），自己を傷

つける可能性のある衝動性，自殺または自傷行為，不適切で激しい怒り，ストレス関連性の妄想様観念または重篤な解離症状などがあげられている。症状の特徴は衝動性コントロールの障害といえる。原因として生得性の強い攻撃衝動や欲求不満耐性の低さあるいは乳幼児期の精神発達上の問題などがあげられている。心的外傷の既往歴をもつ者が多いことが注目されている。女性に多いとされている。精神疾患との関連では，長期経過のうちに気分障害に移行するケースが多い。

keywords of keyword
同一性障害，解離症状

(渡辺昌祐)

共感 (empathy) [心]

共感とは一般に，相手と同じ立場に立って同じように感じとることをいい，相手よりも上位の立場から相手を見て気の毒がる"同情"としばしば対比される。臨床心理学的には，主に来談者中心療法において，重要な治療者の態度として位置づけられている。

治療場面において，共感的理解は知的理解と対比される。共感的理解は受容（「あなたはそのままのあなたでよい」）の基本となる。そして治療者からの受容によって，クライエントの自己受容（自分のもつ特性が一般的に見て肯定的なものであれ否定的なものであれ，それを自己のものとしてありのままに引き受け，承認していることをいう。さらには，自分自身に価値を認め，自己肯定感を感じつつ，自己を受け入れていること）と自己治癒力が促進されるのである，とロジャーズは述べる。セラピストは，はっきりと表明された感情に共感するのみならず，クライエントが言明していない不安や葛藤や欲求に対しても，共感的に理解できることが求められる。

共感とは，相手の立場に身を置いたと想像すること（認知的共感）と，その場に付随する相手の感じ方をあたかも自分のことのように感じとること（感情的共感）との二つの側面に立脚しているとされる。また，共感は自他の感情を混同しての同調や感情伝播（情動伝染）ではない。共感者の個の確立があってはじめて（自分と相手とは違う人間であることを認めた上で）真の共感が成立するのである。ロジャーズは，「あたかも（自分のこと）のようにas if」という性質を失わないことが大切であると述べている。

主に乳児期の自他未分化な中での情動の共有は，成人型の共感（二次的共感）の基礎であるとして，コフート（H. Kohut：1913-1981，オーストリア→アメリカ，心理学）はこれを一次的共感と呼んでいる。一次的共感の段階においては，養育者が乳児の感情状態を共有し，それを乳児に示す（映し返してやる）ことにより，乳児は感情機能や自己という主体を確立する。この一次的共感は相互交流の過程であり，乳児の側も養育者の感情状態をすすんで取り入れ，それに同一化していることがわかっている。この後の発達の中で，脱中心化（ピアジェの概念で，認知的な視点を自分の外（たとえば，相手の立場）に移すことができるようになることをいい，幼児期後期から徐々に完成をみる）と個の確立を経て，認知的，感情的に他者の立場に立ち得るようになった成人型の共感が，二次的共感である。

keywords of keyword
C. R. ロジャーズ☞，内的準拠枠，心理療法☞，自己受容，H. コフート，脱中心化

(進藤貴子)

強迫神経症 (obsessive-compulsive neurosis) [精・心]

強迫観念や強迫行為などの強迫症状に悩み社会生活ができなくなる状態。ICD-10やDSM-Ⅳでは強迫性障害（obsessive-compulsive disorder）と呼ばれている。強迫観念とは自分でもバカバカしいと思う考えが，自分の意思に反して繰り返し頭に浮かんできて，自分で振り払おうと思ってもそれができないもので，強迫行為とはその強迫観念による不安を鎮めるために繰り返し行われる行為である。たとえば何かに触れた手が汚いと思い（強迫観念），繰り返し手洗いを続ける（強迫行為）ようなものでこれを不潔恐怖と呼ぶ。几帳面，完全癖などの特徴をもつ強迫性格の人に起こりやすいが，強迫症状に近いものは健常者にもみられるし，精神分裂病（統合失調症）やうつ病など他の精神疾患にも認められる。治療としては薬物療法としてSSRI（選択的セロトニン再取り込み阻害薬：セロトニン神経の活性化作用がある）の有用性が注目され，生化学的病態として中枢神経のセロトニンニューロン（セロトニン神経）の脆弱性が想定されている。行動療法，認知療法，森田療法，精神分析療法などの精神療法も有用である。

keywords of keyword
強迫観念，ICD-10，DSM-Ⅳ☞，精神分裂病（統合失調症）☞，SSRI，セロトニンニューロン，行動療法，

認知療法☞, 森田療法☞, 精神分析療法

(渡辺昌祐)

恐怖症（phobia）［精］

特定の対象に対する恐れをいう。恐怖心が強迫的に現われるので、強迫症状ともいえる。恐怖の対象によって、対人恐怖（赤面恐怖、視線恐怖、吃音恐怖、会食恐怖）、乗物恐怖、不潔恐怖、疾病恐怖（癌恐怖、梅毒恐怖、エイズ恐怖）、醜形恐怖などがある。治療法としては、精神療法、行動療法、森田療法☞などの精神療法と薬物療法が有用である。SSRI（選択的セロトニン再取り込み阻害薬）の有効性が注目される点では強迫性障害と類似する。

keywords of keyword

精神療法, 行動療法, 森田療法☞, SSRI, 強迫性障害

(渡辺昌祐)

虚偽性障害（factitious disorder）［精・心］

体温計を摩擦して発熱したように見せかけたり、検尿に血液を混ぜたり、上腕をきつく縛って前腕に皮下出血を作るなど、本人の意図的な操作による身体症状や精神症状を示す。ただし詐病（仮病のこと）とは異なり、その目的が患者としての役割を演じることとしか理解できないもので、根底には無意識の欲求や人格障害が潜んでいると考えられている。ちなみに詐病とは徴兵を逃れるとか、刑事訴訟を避けるなど病気と認められることで明らかな利得を得ようとする意図でおこなわれるものである。

この虚偽性障害で慢性的に身体症状を示すものは、その症状によっていくつかの病院に入退院を繰り返し、ときには自分から希望して手術を何回も受けることもあり、「ほら吹き男爵物語」の主人公にちなんでミュンヒハウゼン（Munchhausen）症候群とも呼ばれる。

keyword of keyword

無意識☞

(横山茂生)

筋電図（electromyogram; EMG）［生］

筋肉の動きを電気的に記録測定する方法である。走行する筋繊維に沿って二つの電極を置き、筋収縮に伴う数ミリボルト（mV）の電位変化を、生体アンプによって増幅記録したものである。たとえば、運動生理学などで、腕や脚の関節を曲げたり伸ばしたりすることによって筋活動がどのように変化するかをとらえるのに、この方法を用いる。また、心理学の研究では、顔面の表情筋の筋活動と感情との関連を調べたり、筋緊張性の頭痛をやわらげるために、額部の筋活動をバイオフィードバック（脳波や筋活動など身体の活動を、光や音などの信号に変えて、それをほぼ同時に、その人に提示し返す方法）に応用している。さらに、睡眠研究では、REM睡眠期に入ると顎の筋電図が消失することから、この現象をREM睡眠を同定するための指標の一つとしている。

keywords of keyword

バイオフィードバック, REM睡眠☞

(保野孝弘)

系統的脱感作法 (systematic desensitization)

行動療法 (behavior therapy) の中の治療技法の一つである。恐怖や不安反応は、もともと無関係な刺激と結び付き学習されたものと考える。

ウォルピ (Wolpe, 1958) によるとある刺激状況に対して、不安反応が学習された時、その状況下で、不安反応に拮抗できる反応を作り、強化することができたら、不安反応は完全に、もしくは部分的に制止されると考えた。その結果、刺激と反応との結び付きが弱められるという現象に基づいている。学習理論では拮抗条件づけ (counter conditioning) の手続により、不安反応の消去過程を分析することができる。

ウォルピはこのような方法を逆制止による心理療法と呼んでおり、中でも、系統的脱感作法が広く代表的治療技法として適用されている。

系統的脱感作法は、三つの段階から成り立っている。①弛緩反応の習得、②不安階層表 (hierachy) の作成、③弛緩状態と不安階層表の刺激の対提示による拮抗条件づけ操作である。

①弛緩訓練　弛緩反応として自律訓練法による重感、温感の訓練により弛緩反応を習得させる。

②不安階層表　不安刺激場面を段階的に与えるための準備として不安階層表 (anxiety hierarchy) をクライエントとの面接や質問紙を通して作成する。面接では患者の生活歴、病歴を中心にたずねる。質問紙はウイロビー人格テスト、恐怖調査表などが使用される。こられの情報により不安反応がどのような刺激状況において引き起こされているかを明らかにし、不安反応を引き起こす程度を段階的に並べる。

それぞれの不安場面に対してクライエントが弛緩反応を伴わない状態で、どのような不安場面であるかをクライエントが評価する。何ら不安を感じない平穏な場面を0点、今まで経験した最も強い不安を思い出して100点と自覚的障害単位 (subjective unit of disturbance) を使う (以下SUDと記す)。

理想的には10点段階違いの場面を、10場面用意する。

不安のテーマがいくつかに分かれる時はそのテーマについて、それぞれの不安階層表を作成する。

③弛緩状態と不安階層表との拮抗条件づけ操作　深い弛緩状態にあるクライエントに、前もって作成した不安階層表の項目を、クライエントに不安反応を起こさせる程度の低いものから、5〜10秒間想像させる。想像の開始はクライエントから中指をあげる合図によって知り、治療者の合図で想像を終わらせる。一場面を想像することによって、不安反応を起こさなくなった時に、次の一段階上の場面に移る。最初の場面からSUD10であったのが0となると、次の段階ではSUDが初め20であったものが実質上はSUD10の場面が提示されることになる。一回の練習セッションで、3〜4の不安階層場面を訓練、SUDが10以上の不安を感じた時には、その不安階層の想像をやめて弛緩訓練をおこない、前の不安階層場面が0であることを確認して、その日のセッションを終了にする。次の面接では前回はじめた不安階層よりも1段階進めて開始する。クライエントは、SUD10を段階的に克服することになる。変法として、弛緩反応に薬物や筋弛緩法が併用されることもある。

想像刺激に変わって実際刺激を用いたりすることなどクライエントの症状により適用方法が変えられる。

main reference
異常行動研究会 (編)　1975　脱感作療法　誠信書房

(島田　修)

系列位置効果 (serial position effect) [心]

単語を覚えるのに単語帳や単語カードを作っている時、初めの方と後ろの方のものは覚えやすく、中ほどの単語はなかなか覚えられないという経験を誰もがもっている。10個余りの単語を記憶するとき、初めに見聞きしたものと最後にあったものは簡単に想起できるのに、中ほどにあったものは思い出しにくいものである。同じ順序で数回聞いた場合の単語の順番を横軸に、正解成績を縦軸にとったグラフを描くと、真ん中がくぼんだU字型の曲線になるのが普通である。この曲線のことを「系列位置曲線」といい、単語が提示される順序によって記憶成績が異なる現象を「系列位置効果」という。そして最初の部分の好成績を「初頭効果」、最後付近の好成績を「新近効果」と呼んでいる。系列位置効果の原因としては、次々に提示される単語が記憶の処理に対して干渉作用を及ぼし、中ほどは前進的な干渉に加えて後退的な干渉が重なり想起が抑制されることが考えられている。

keywords of keyword
初頭効果、新近効果、暗記学習、干渉説

(金光義弘)

血縁淘汰 (kin selection) [生]

　進化生物学の術語。特定の生活体の生存のチャンスと繁殖効力は低減させるかもしれないが，その生活体の近親者の生存と繁殖の可能性を増大させるような行動が選択されることをいう。これが最もはっきりしている例が親のおこなう養育行動である。自分達の子どもに食物を与え世話をする親は自然淘汰のうえで有利な行動をおこなっている。そのような行動は後に続く世代への彼らのもっている遺伝子の伝達量を最大にするからである。だが子どもだけが同じ遺伝子をもつ近親者というわけではない。血縁度（2個体が由来を同じくすることによって共有する遺伝子の率）の高さは同胞間の場合と親子間の場合では同じである。その他の近親者の場合には血縁度はこれらよりも低いけれども，近親者を助けることによって自分の遺伝子を間接的に伝えることは，生活体にとってやはり有益なことなのである。血縁淘汰は血縁関係のある生活体の間でみられる利他性の説明としてしばしば用いられる。利他的な生活体は，他者が生存しその後繁殖するのを助けることによって，自分がもっている遺伝子の複製を，自分の直接の子孫だけに伝える場合に比べ，より多く伝えることが可能である。直接適応度という用語は，生活体が自分の直接の子孫から得る繁殖上の利得（自分の遺伝子が伝わる率）のことをいい，間接適応度は直接の子孫以外の近親から得るそれをいう。これらを加えたものが包括適応度である。血縁淘汰の考え方では，生活体が利他的行為をおこなうことにより利得が生じるか損失が生じるかを判断する際にはこの包括適応度が重要であるとする。

main references
　ドーキンス, R.（日高敏隆・岸　由二・羽田節子・垂水雄二訳）1991　利己的な遺伝子　科学選書 9　紀伊國屋書店
　ウィルソン, E.O.（岸　由二訳）1997　人間の本性について　筑摩書房

keyword of keyword
　遺伝子

（綱島啓司）

結果主義 (consequentism) [哲]

　行為の評価を動機よりも結果によっておこなおうとする立場。この立場に立つと「相手のために良かれと思って」やったことであっても結果が悪ければ非難の対象となる。いわゆる「悪気はなかった」という弁明は通用しない。これは「動機」という他者からはみえない曖昧なものを評価の基準から排除する点が長所である。

（林　明弘）

幻覚 [精・心]

　実在しない対象を知覚していると信じるもので「対象なき知覚への確信」（エスキロール　J.E. Esquirol : 1772-1840, フランス, 精神医学）と定義される。
　一般健康人にも体験される入眠時幻覚や出眠時幻覚があるが，精神病状態では幻聴，幻視，幻臭，幻味，幻触などがある。また意識低下状態では幻視，精神分裂病（統合失調症）では対話的幻聴がよくみられる。

（渡辺昌祐）

言語 (language) [心]

　"イヌ"という音声（または文字）記号は「犬」という対象を指示している。このように音声記号と対象の結合したものが言語である（したがって，特定の対象と結びつかない喃語は言語ではない）。記号と対象との間には，自然的あるいは物理的な結びつきのないのが普通である。イヌという音声や文字から犬という動物の特徴は出てこないし，犬がイヌと呼ばれなければならない理由はどこにもない。「犬」をイヌといいdogというのは，その言語社会の約束事である。このように記号と対象との間の関係が任意であり，無関係であることを言語の恣意性（arbitrariness）という。
　ところで，単語を構成する最小の単位は音（言語学的には，音素）であるが，その数は世界のどの言語も 100 前後だといわれている。そして，一つひとつの音には特定の意味がないのである。音に特定の意味がないために，これを組合せて何万もの単語の構成が可能になるのである。たとえば，"ク"という音が，もし「苦しい」という意味合いをもっていたとすれば，"ク"を含んで構成される語の数は限定され，"サクラ"や"カク"といった語は生まれなかったであろう。少数の単位から多数のものが生産されるので，この特質を言語の生産性（productivity）という。次に，いくつかの単語を一定のルール（つまり，文法）のもとに配列して文が構成されるが，文は世の中のあらゆる事柄を表現することが可能で，その数と種類は無限なのである。このように，言語には，音→語と，語→文という二重の生産性がある。
　しかし，単語の中には"ニャーニャー"や"トントン"のように，語形が対象の特性に結びつい

ているものがある。今あげた例のように，対象の音や声を写したようなものを，擬音（声）語，「蝶が"ヒラヒラ"」とか「目を"ギョロギョロ"」のように，音をたてない対象の特性を音によって象徴的に表したのを擬態語といい，両者をあわせてオノマトペ（onomatopoeia）という。オノマトペではないが，音が感情的経験を直接引き起こす現象がある。これを音象徴（phonetic symbolism）という。たとえば，malとmilという音はどちらが大きく感じるかと問うと，malの方だという実験があるが，これは母音のaがiよりも大きく感じることによるといえる。「柿くへば鐘がなるなり法隆寺」という句の冒頭，かきくが柿を口にしたときの感触を表しているといわれるのも，これの一種であろう。次に，"TAKETE"と"ULOOMU"という無意味語を，尖った図形か円い図形に対応させるという実験で，前者を尖った図形，後者を円い図形に対応させるという結果が多かったが，このように，線分や図形が直接何らかの感情を引き起こす現象を視覚象徴（graphic symbolism）という。以上のように，（程度に差があるが）語形が直接対象の特性と結びついている現象を言語の有契性（もしくは，有縁性）（motivation）という。

keywords of keyword
オノマトペ，意味☞，言語の生産性，言語の有契性

（賀集　寛）

言語心理学（psychology of language 心理言語学 psycholinguistics）［心］

スイスの言語学者，ソシュール（F.de Saussure：1857-1913，スイス，心理学）は言語を，社会に存在する普遍化された記号としての言語体系（langue，英語では，language）と，個人の言行為（parole，英語では，speechもしくは，verbal behavior）に区別した。そして，抽象的な言語体系を叙述するのが言語学，言行為を研究するのが言語心理学であるとした。言行為の対象は，言語の獲得，理解，使用である。言語心理学はヴント（W.Wundt）☞がその大著『民族心理学』（1910-1920）で扱っているので，その歴史は実験心理学と同じぐらい古い。その後，行動主義の影響等，幾多の変遷を経て今日に至っているが，その中にあって1950年あたりから，心理言語学という名称が使われるようになった。これはアメリカで，心理学，言語学，文化人類学等の学者が集まり，言語の領域について意見交換しあったのを契機としている。その後，チョムスキー（N. Chomsky）の文法理論が提出されるに及んでからは，文法の問題を考慮にいれたものを，心理言語学と呼ぶようになったが，実際には，言語心理学という用語も使われており，研究内容もほぼ同じである。最近の情報処理や認知科学（知識の諸問題に関係ある，心理学，哲学，言語学，人類学，人工知能，神経科学等を含む学際的な研究領域）の進展により，言語心理学（心理言語学）は認知心理学の一分野として，位置づけられるようになり，言語の知覚，理解，産出（話したり，書いたりする過程），習得（発達と第2言語），文化等を主な研究対象としている。

keywords of keyword
W. ヴント☞，行動主義☞，N. チョムスキー☞，認知科学，F.de ソシュール

（賀集　寛）

言語相対性仮説（linguistic relativity hypothesis）［心］

たとえば，"rice"という英語は，日本語の"こめ"と同じ意味内容を指すと考えられるが，実はそうではない。"こめ"は脱殻したもののみを指すが，"もみ""いね""ごはん"は指さない。一方，"rice"は"もみ"から"ごはん"まで全部を指す。英語と日本語では指示する対象の範囲や区切り方が違うのである。アメリカの言語学者のサピア（E.Sapir：1884-1939，アメリカ，文化人類学，言語学）とワーフ（B.L.Whorf：1897-1941，アメリカ，言語学）はこのようなちがいに注目して，言語が異なると外界を異なってとらえ，ものの考え方や世界観も異なるとする，言語相対性仮説を唱えた。これは，サピア・ワーフの仮説（Sapir-Whorf's hypothesis）とも呼ばれる。この説は，当初，言語は思考を決定するとする強い形で主張されたが，その後，言語は思考に影響するという弱い形に修正された。英語の"brother"や"sister"が日本語では"兄""弟"と"姉""妹"に分けられる。そして，このようなことばの使い方が，日本人のタテ関係を大事にする心性につながっているのかもしれないし，冒頭の「米」の例も「米」文化に結びつくかもしれない。しかし，言語と思考は密接な関係にあり，どちらが先か後は，「鶏と卵」の論争に似て容易に結論を出しにくい。

keyword of keyword
サピア・ワーフの仮説

（賀集　寛）

顕在記憶（explicit memory）／潜在記憶（implicit memory）〔心〕

普通の記憶実験では，たとえば，「べんきょう」「のりもの」……のようないくつかの学習語を提示した後，自由再生法や手がかり自由再生法（たとえば，学習語の最初の2文字「べん」を与えて，学習した語を答えさせる），それに，再認法（学習語をのちにいくつかの非学習語といっしょに提示して，学習語を選択させる）が用いられる。これらの手続では，いずれも，学習語を想起させ，被験者も想い出すのは学習（経験）した語であるという意識や自覚を伴うので，このような記憶は顕在記憶と呼ばれる。これに対して，学習リストの提示後，（たとえば，「べん」という文字を与え，その後をどう続けてもよいからと教示して単語を完成させる）単語完成法（word completion method）の実験をおこなったところ，学習した語を完成するように言われなかったにもかかわらず，学習語の単語完成の度合は促進された。つまり，学習語だという意識や自覚がないのにその影響が示されたので，このような記憶を潜在記憶という。ところで，健忘症患者は健常者よりも記憶が劣ると考えられるが，顕在記憶では，健忘症患者は健常者に劣るものの，潜在記憶では両者に差がないという実験結果が見出されて以来，両記憶の特徴のちがいが注目されるようになった。

keywords of keyword

自由再生法，再認法

（賀集　寛）

抗うつ薬 (antidepressant)

うつ病,抑うつ状態を改善させる薬物の総称である。三環系抗うつ薬 (tricyclic antidepressant, 化学構造で右図のような三つの環状構造をもつ抗うつ薬),非三環系抗うつ薬,MAO (モノアミン酸化酵素) 阻害薬 (脳内モノアミンの酸化を抑制する薬剤),その他の薬剤,気分安定薬,に大別される。1957年にクーン (R. Kunh:スイス,精神科医) により最初の三環系抗うつ薬イミプラミンのうつ病に対する有効性が示されたが,わが国では1959年 (昭和34年) に臨床に供され,以後7種類の薬剤が開発されている。三環系抗うつ薬を投与すると,口渇,便秘,排尿障害,目の調節障害など抗コリン作用 (アセチルコリンを抑制する作用) に基づく副作用がしばしば出現する。非三環系抗うつ薬には,四環系抗うつ薬のミアンセリンやセチプチリン,まったく構造式の異なるトラゾドンなどがある。これらの薬剤は従来の三環系抗うつ薬とほぼ同等の効果があり,副作用は少なく老年期うつ病に使いやすい。副作用の少ない可逆的モノアミン酸化酵素A阻害薬 (reversible inhibitors of monoamine oxidase A (RIMAs)) が開発途上にある。また選択的セロトニン再取り込み阻害薬 (SSRI) が開発され,うつ状態と不安改善作用がみられ,副作用が少ないので世界中で登用され,現在では抗うつ薬のなかでは,第一選択薬となっている。

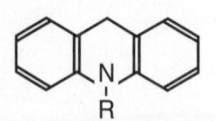

keyword of keyword
三環系抗うつ薬

(渡辺昌祐)

交感神経系 (sympathetic nervous system=SNS) [生]

自律神経のうちの一つの路線である交感神経系は副交感神経とともにホメオスタシスという機能の働きを伝達する。胸のときめき,顔の上気,涙,よだれ,冷や汗などが出るなど末端の効果器に働きかける。交感神経系は主として種々の効果器の興奮を促し,活動の活性化を促す。交感神経系の繊維は脊髄の中間部に位置する preganglionic fiber という交感鎖に入り,postganglionic を経て各効果器につながる。交感神経系のみが支配する効果器には汗腺,末梢血管,アドレナリン腺がある。そして副交感と違う点で交感神経系に働く化学物質はアドレナリンであり,われわれの日常でも会話の中でも怒りやすい人を「あいつアドレナリン系やな」とか「彼奴を怒らせたれ」というような時に「アドレナリン呑ませたろうか」とか言わないかな。

keywords of keyword
自律神経☞,副交感神経,ホメオスタシス☞

(三宅　進)

抗精神病薬 [精・薬]

精神病状態を改善する作用薬の総称である。フェノチアジン誘導体,ブチロフェノン誘導体,その他多数開発されている。抗精神病薬は抗ドーパミン作用 (神経伝達物質であるドーパミンの活動に由来する神経機能を抑制する) が強いのでパーキンソン症状 (筋肉強剛,全身のふるえ,無動状態を起こす症状) を起こしやすく,また抗コリン作用があり,眠気が起こり患者のQOLを下げる可能性がある。

最近ではパーキンソン症状を起こしにくい非定型抗精神病薬 (ドーパミン抑制作用の他にセロトニンの機能をも抑制する作用がある抗精神病薬) といわれる抗精神病薬が5種類開発されている。抗精神薬療法は非定型抗精神病薬を中心におこなわれるようになってきた。

keywords of keyword
抗ドーパミン作用,QOL☞,非定型抗精神病薬

(渡辺昌祐)

向精神薬 (psychotropic drug) [精・薬]

中枢神経に作用して精神機能に何らかの影響を及ぼす薬物の総称である。抗パーキンソン薬やいわゆる抗痴呆薬,精神疾患治療薬として,抗精神病薬 (ハロペリドール haloperidol,クロルプロマジン chlorpromazine など),抗うつ薬 (塩酸イミプラミン imipramine hydrochloride, 塩酸アミトリプチリン amitriptyline hydrochloride など),抗躁薬,気分安定薬 (炭酸リチウム lithium carbonate など),抗不安薬 (ジアゼパム diazepam など),睡眠薬 (ニトラゼパム nitrazepam など),抗てんかん薬 (フェノバルビタール phenobarbital など),他にも有効性の確かめられている精神症状や精神疾患治療薬は少なくない。

(渡辺昌祐)

行動主義 (behaviorism) [心]

1910年ごろから1960年ごろまで行動主義は心理

学を席巻した。この枠組みの中にはまりこみ信奉する研究者は今でも少なくない。心を何によって見つめるかは研究者の立場によって違うが，行動主義の出てくるまでの心理学は大体「意識」を見つめてきた。しかし，1910年ワトソン（J.B. Watson：1878-1958，アメリカ，心理学）☞は科学として心を見つめることこそ心理学という学問を立ち上げる基礎であるとし，漠然とした意識を捨て去り，明確に測定し得る行動に焦点を向けるべきだとした。そこで行動主義が生まれ，刺激（stimuli）と反応（response）という一義的な結びつきの中で心を図式化していった。世にいうS-R理論である。S-R理論に従えば，たしかに明快に人の行為を説明し，実験的に証明していくことができるところもあるが，それで複雑な人の心を知ることができるのであろうか。こうした疑問は行動主義に新たな問題を投げかけ，S-Rのハイフンの部分にこそ心を解き明かすキー（鍵）があるとし，新行動主義が生まれ，ハル（C.L. Hull：1884-1952，アメリカ，心理学），トールマン（E. C. Tolman：1886-1959，アメリカ，心理学）によって，あくまでも科学という立場を崩さず，刺激と反応を結びつけるための仲介変数という概念をもちこんできた。すなわち動機だとか，習慣だとかいったものが行動を操作するとした。ハルは多くの動物実験の結果から心を数的に規定しようとしたが，こうした機械論的な考え方では複雑な人の心を知ることはできないという反省が生まれ，そして現在の心理学は再び意識を取り戻し，その意識を「認知」という概念で見つめてゆこうとする動きになりつつある。

keywords of keyword
認知☞，S-R理論，新行動主義，C.L.ハル，E.C.トールマン，J.B.ワトソン☞

（三宅 進）

行動療法 （behavior therapy）［心・精］

スキナー（B. F. Skinner,：1953，アメリカ，心理学）☞が行動療法という言葉を用いたのが最初とされているが，それまでは学習療法（learning therapy）といわれ，心理学における学習理論を骨子として精神医学的治療に切り込んでいった。その初期にワトソンとレイナー（Watson & Rayner, 1920）のおこなった恐怖症に対する実験（アルバート坊や＝11ヵ月にわたって白ネズミを見せ，恐怖刺激として大きな音を聞かせ恐怖反応を条件づけ，それに対する恐怖消去の手続をとった）は有名である。その後実験的試み，実際臨床現場などで多くの仕事があいついでおこなわれるが，その中でもパヴロフ（I. P. Pavlov）☞，ハル（C. L. Hull：1940年頃から新行動主義を提唱した）の理論を踏襲するアイゼンク（H. J. Eysenck：1916-1997，イギリス，心理学）は1950年代から精力的に実験と臨床を結びつける結果を発表し，行動療法の名前が知られるようになっていった。

心理療法の元祖はやはり心身医学者としてのフロイト（S. Freud）☞を起点とする精神分析学と生理学者パヴロフ（I. P. Pavlov）起点とする条件反射学の源流がある。この二つの流れはまったく異なり，二つの川が合流することは，今後もまずないだろう。何故なら，心を見つめるコンセプトがまったく違うのである。前者は心は無意識の世界にありとし，その抑圧されたものを覗こうとし，後者は心は意識の世界であり，その反応として行動を見つめようとした。前者は観念の世界を，後者は科学の世界を目指しているのである。二つの本流は過去において多くのぶつかりあいをしてきた。いずれが正であるかという結論など出るはずもない。行動療法順奉者は常に叫ぶ。『無意識の世界があるならここに引き出してみよ！』。精神分析学派はいう。『人の心は機械ではない。刺激と反応だけではない』と。いずれにせよこの論争は熾烈で限りがないように思えてくる。

そうです。行動療法はより科学的に，より客観的に問題行動を分析し，不適応な行動を除き，より適応的な行動を学習させ，環境の中で快適な状況で過ごせるようにする療法なのである。といえばとてつもなく素敵な治療法に聞こえるが，実際に治療をおこなっていくうえでは，学習の基礎知識，療法の技術・手法，行動のアセスメント（評定），行動トリートメント（取扱）など学ばなければいけないことがしっかりあることを知っておいてほしい。このキーワード紙面ではとても語り切れない。興味のある人はしっかり学んでくれたまえ。

main references
Skinner, B. F. 1953 *Science and Human Behavior*. Macmillan.
成瀬悟策（監訳）1990 21世紀の心理療法 誠信書房
山上敏子（編）2001 特別企画：行動療法 こころの科学，**99**.
Watson, J. B., & Rayner, R 1920 Conditioned emotional

reactions. *Journal of Experimental Psychology*, **3**, 1-14
keywords of keyword
B. F. スキナー☞, S. フロイト☞, C. L. ハル, H. J. アイゼンク

(三宅　進)

広汎性発達障害 (pervasive-developmental disorders) [心・教]

広汎性発達障害は，発達の質的な歪みを特徴とし，精神遅滞や特異的発達障害と区別されている。かつては，自閉症と呼ばれていたものである。その原因については，諸説紛々でわからないと答えるのが最も正直なところであろう。今日では，自閉症を自閉性障害とか，広汎性発達障害と呼んでいる。

粟田 広（1989，精神医学）は，発達の歪みを，①全体的な精神発達の相応しない社会的相互作用の発達の質的障害，②言語を含むコミュニケーション能力の発達の質的障害，③反復的または常同的な行動，あるいは執着的な行動・興味および活動パターン，の三点をあげている。

行動評価は，CARS (Children Autism Rating Scale), PEP (Psycho-Educational-Profile), CLAC (Check List For Autistic Children) などが用いられる。支援としては，認知・行動理論にもとづくE. ショプラー（Schopler, E. 1985, アメリカ, 心理学）のTEACCHプログラム (Treatment and Education of Autistic and related Communication handicapped Children) の有効性が指摘されている。このプログラムによって，①職業技能，②自律技能，③余暇活動技能，④職業技能，⑤機能的コミュニケーション技能，⑥対人行動，⑦コミュニティ・インテグレイション，といった技能の獲得がはかられる。

main reference
粟田 広　1989　広汎性発達障害研究，11 (1), 1-6.
Schopler, E. et al.　1985　（佐々木正美監訳）自閉症の治療教育プログラム　ぶどう社

keywords of keyword
CSRS, PEP, CLAC, TEACCH プログラム☞

(嶋崎まゆみ)

抗不安薬 (antianxiety drugs) [精・薬]

自律神経にほとんど影響を与えずに不安・緊張・焦燥などの緩和を図る一群の薬物をいう。従来，緩和精神安定薬（精神安定薬），あるいはマイナー・トランキライザー (minor tranquilizers) と呼ばれていた。臨床的には，主として，神経症の不安・緊張，焦燥，抑うつ，心気（体の症状を過度に心配する），強迫（同じ考えが強迫的に繰り返し浮かぶ），離人（感覚・感情の自己所属感や実感がなくなる）など，心身症の身体症状も含む諸症状に対して用いられる。薬理学的特徴は自律神経遮断作用を示さぬことと依存形成（とくに身体依存）（ある物質を摂取したいという強い欲望が統制できない状態）をもつ点で，抗精神病薬，あるいは抗うつ薬とは異なっている。最近，依存性の少ない5HT₁A（セロトニン自己受容体）強化作用をもつ抗不安薬，タンドスピロン（薬品の一般名）が開発されている。

keywords of keyword
心気，強迫，離人，依存形成能，タンドスピロン，マイナー・トランキライザー

(渡辺昌祐)

興奮 (excitation) と抑制あるいは制止 (inhibition) [生]

興奮と抑制という概念はパヴロフ (I. P. Pavlov)☞ が大脳両半球の働きを高次神経活動として考えていく中で，学習の生理学的基礎概念としてもち出されたものである。パヴロフは大脳皮質に生ずる興奮巣，抑制巣（皮膜内に生ずる電気的変化）と比較的大きなとらえ方をしていたようであるが，近年になり電気生理学的な進歩により細胞次元でとらえることができるようになってきた。

われわれが精神，身体の活動を促す時，興奮という細胞単位での変化がある。その変化は情報を伝える信号，すなわち電気的衝撃＝インパルス (impulse) がニューロン (neuron=細胞体，樹状突起，軸索からなる神経の構成単位：中枢神経項目参照）からニューロンに伝わる。ニューロンは通常，制止膜電位に覆われているが，刺激を受けると細胞内の電位が反転し一過性の電位変化，すなわちインパルスが生ずる。このインパルスが次のニューロンに伝わる接合部をシナプスといい，その部分で電気信号により神経化学物質が分泌されて，さらに次のニューロンに電気信号として伝えられていく。

動物が興奮のみに終始することはない。興奮した状況を静めていかねば環境に適応し，生命を維持していくことができない。そこで抑制という細胞単位の働きが存在する。神経生理学的な動きとしては興奮と同じ形となるが，ニューロンの接合部位で生ずる伝達物質（ドーパミン，γアミノ酪酸 (GABA)，セロトニン，アドレナリン）によ

って興奮性シナプス後電位と，抑制性シナプス後電位の二つに分かれることがわかり，ニューロン回路の複雑性と，その部分への積極的な接近が心の問題の契機となるのではないかと神経生理心理学の分野の注目するところである。

keywords of keyword
高次神経活動, I. P. パヴロフ☞, インパルス, ニューロン, 樹状突起, 軸索, シナプス, ドーパミン, γアミノ酪酸, セロトニン, アドレナリン, 神経生理心理学

（三宅　進）

功利主義（utilitarianism）［哲］

行為の善悪の基準を，その行為が快楽や幸福をもたらすか否かに求める倫理学説。ミル（J. S. Mill：1806-1873，イギリス，哲学・経済学）やベンサム（J. Bentham：1748-1832，イギリス，法学・倫理学）が主張した。この考えはそれだけみれば何の問題も生じないようにみえるが，それを個人に適用する場合と社会に適用する場合によって大きなちがいが生じる。個人にとってその時点での最大の快楽や幸福をもたらすことが社会にとっても同様であるとはかぎらない。むしろ社会にとって損害になることが多い。反対に社会にとって最善の利を生み出すことが個々の人間にとっては損害になることも多い。「自分さえ良ければ社会がどうなっても構わない」という考えが危険なのと同様に「お国のために犠牲になれ」と社会が個人に強制することも危険である。

以上はこの説を応用することの難しさだが，このほかにもこの説そのものについて快楽や幸福を「もたらす」とはどういうことかという問題がある。「将来健康を回復するために今苦い薬を我慢して飲む」というような大人なら誰でも同意するようなケースばかりしか人生で出会わないわけではない。「若死にしてもいいから美味いものを食べたい」という人を「まずいものを我慢して食べて長生きしたい」と思う人が功利主義の立場から説得することは（相手も「自分は功利主義者だ」と言えるから）それほど容易ではない。

（林　明弘）

交流分析（transactional analysis）［心］

人と人との間に交わされるやりとり（交流）には，率直でお互いを尊重しているやりとり，挑戦的なやりとり，相手をまるめこもうとするやりとりなど，いろいろな特質のものがある。ある人が他者との関わり合いにおいて陥りやすい（あるいは特定の二者が陥り易い）交流のパターン（とくに，不適応的パターン）を見出す一方法が交流分析である。これは，自己理解のため，また治療のために用いられる。

交流分析は，精神分析理論を学んだバーン（E. Berne：1910-1971，アメリカ，精神分析学）が，サンフランシスコでの自らの臨床経験をもとに発展させてきた。バーンの交流分析は，フロイト（S. Freud）☞をもとにする精神分析理論から，"3層構造である心的装置"と"エネルギー経済論"との概念を受け継いでいる。フロイトは，心的構造を，超自我，自我，エスの3層構造として説明しているが，これにほぼ対応するものとして，バーンは，「親の自我状態」「大人の自我状態」「子どもの自我状態」の3種類を設けて説明した。ここから，交流分析は「精神分析の口語版」とも呼ばれている。無意識の存在を，不適応行動の成因として，また治療の鍵として精神分析では仮定しているのに対し，交流分析は無意識的な欲求には言及しないのが最大の相違点である。

交流分析的観察の一例を示そう。ある弁護士は，職務中は「大人の自我状態」を保って論理的に仕事をこなしているが，配偶者の前では，機嫌をとろうとして表情をうかがったり（順応した子ども），逆に，ふざけて冗談を言ったり（自由な子ども）と，「子どもの自我状態」となることもあるであろうし，部下に対しては，「〜すべきだ」と制限を加えたり（批判的親），逆に，親身に相談にのる（養育的親）などの「親の自我状態」を見せることもあるであろう。このように，交流分析では，客観的に観察可能な態度や対人関係を材料として分析がおこなわれる。

keywords of keyword
精神分析理論, 自我状態, S. フロイト☞

（進藤貴子）

ゴールトン（Galton, Sir Francis 1822-1911）［心］

バーミンガム市の銀行家の家に生まれたが，母の実家はダーウィン家で，進化論を唱えたチャールズ・ダーウィン（1809-1882，イギリス）とは従兄弟にあたる。

彼は人間の遺伝の研究から出発して，個人差の研究，統計的方法の研究をすすめ，その結果，優良なる子孫を残して民族の向上を図る実験施策として優生学を提唱し，主として人間の能力を測定し，その方法や器械を考案したが，単にそれだけに留まらず，本能や社会現象や宗教に関する研究

を発表している。

彼の広範な研究は代表的な二つの著書に紹介されている。その一つは『遺伝的天才』(1869)であり，今一つは『人間能力とその発達の研究』(1883)である。『遺伝的天才』が出版されたのはダーウィンの『種の起源』が発表されてから10年目であった。

彼は人間を研究し，個人差を測る方法を工夫した。心像(現実に感覚刺激が与えられていない場合に生じる感覚類似の経験。心像をことばで正確に定義し指示することは，心像が外面に表れず他者に接近しがたい主観的体験であることから難しいとされている。ゴールトンは質問紙法によって，若い人や女の人に心像が豊かであることを見出している)の研究において人間の心の働きが人によって著しく違うということを主張する。この研究は，大仕掛な質問紙を用いた心理学研究の先駆けとなった。

その他，共感覚(音を聞くと色が見えるといったように，ある感覚が他の領域の感覚を引き起こすことをいう)，色彩連想などについても明らかにされている。

また，テストの先駆者であり，いろいろの能力を測定する方法や道具を案出している。最高可聴音を測定する"ゴールトン笛"，長さの弁別に使う"ゴールトン棒"その他重量弁別，触覚計を作っている。

さらに，個人心理学の手段としての統計的研究は心理学的研究法の礎となっている。正規分布，相関の指数(父の身長と子の身長との相互の一致度の関係を計算する方法として考え出した)，ゴールトンの函数(身長の非常に高い人の子は親より低く，非常に低い人の子は親よりも高く，平均に近づく傾向があることを認めて，これを復帰(reversion)または中庸回帰(regression toward mediocrity)の原理と名づけたが，父の身長と子の身長と相互の一致度の関係を計算する方法を考案して，1886年に相関の指数(index of correlation)を発表し，ゴールトンの函数と呼ばれた)を明らかにした。これは，のちに1892年エッジワース(F.Y. Edgeworth)が相関係数と名づけている。

keywords of keyword
　心像，ゴールトンの函数

(島田　修)

刻印づけ (imprinting) [生]

動物の生後初期に生じる特殊な型の学習である。通常は孵化(トリの場合)あるいは誕生(トリ以外の種の場合)後間もなく生じる。刻印づけの結果，その後の経験によっては変化しにくい自分以外の動物(ふつうは母親)への固定的な愛着が生じる。刻印づけは発達初期のある特殊な時期─臨界期(critical period)ないし敏感期(sensitive period)として知られている─に起こることが多く，幼い動物が自分の刻印づけられた対象の跡を追うという「追従反応(following response)」を特徴とする。この型の刻印づけは一般に子どもの刻印づけ(filial imprinting)といわれる。幼い動物は母親のもつ特定の特徴に刻印づけられるので，自分を攻撃するかもしれない他のオトナには近づかず，母親だけに近づくことになる。性的刻印づけ(sexual imprinting)においては，幼い動物は自分と同種の異性の特徴(配色，羽毛など)を学習するのだが，これは後の求愛と配偶が首尾よくおこなわれるためには重要な課題である。異種の動物と共に育てられた動物は，その種に性的に刻印づけられ，のちに自分の種よりもその種の方を好むようになる可能性がある。人間によって育てられたトリは人間に刻印づけられることがある。性的刻印づけの効果は長く続くため，このことはそのトリが後に自分と同種の個体と配偶するうえできわめて重大な問題となりうる。哺乳動物に刻印づけが見られるかどうかについては議論のあるところである。子ヒツジや子ヤギでは刻印づけがなされるように見える。人間の子どもについてのボウルビィ(J.M. Bowlby : 1907-1990，イギリス，精神医学)の愛着理論(theory of attachment)は刻印づけの理論および研究に大きく依存していた。

main references
　異常行動研究会(編)　1977　基礎と臨床の心理学　1
　　初期経験と初期行動　誠信書房
　ローレンツ, K.(日高敏隆訳)　1987　ソロモンの指輪
　　(改訂版)　早川書房

keywords of keyword
　J.M. ボウルビィ，愛着理論，臨界期

(綱島啓司)

国際障害者年 [教・福]

国際障害者年(International Year of Disabled Persons)は，国際連合が，障害者の理解と施策推進のための国際的な取り組みとして掲げたもの

で，1981年をこの年とした。第31回の国連総会（1976年）でこのことを決め，第34回の総会（1979年）で具体的な行動計画が採択された。「完全参加と平等」がこの国際障害者年のテーマであった。全世界の人々が障害とは何か，また障害がもたらす問題についての理解を深めること，障害者が一般の施設を利用してすべての社会的・経済的・文化的活動に参加できるようにすることを求め，さらに途上国の障害者に対しての特別の配慮を促した。

この精神は，先立って1971年の第30回総会で採択された「障害者の権利宣言」の中に盛られている。この権利宣言には，「障害者は，その人間としての尊厳が尊重される生まれながらの権利を有している。障害者は，その障害の原因，特質および程度にかかわらず，同年齢の市民と同等の基本的権利を有する。このことは，まず第一に，可能なかぎり通常のかつ十分満たされた相当の生活を送ることができる権利を意味する」とある。国際障害者年のテーマがうたっている「平等」とは，「完全参加」とは，この意味である。

国連はこの取り組みにあたって，10年後には成果を見届けること，反省することを方針として掲げ，向こう10年間の推進計画を立てるように各国に要請した。わが国でも，内閣総理大臣を本部長とする国際障害者年推進本部を設けて，前進に向かった。

国際障害者年の行動計画の中に，障害の定義をめぐる提案がある。障害の概念には明細でないところがあって，国連は次の三つを区分する必要があるとした。これは，国際障害分類としてWHO（世界保健機関）も採用することになったが，障害は，人に生じた「身体的・精神的不全（impairment）」と，それによって引き起こされる機能的な支障としての「障害（能力不全）（disability）」，このことが社会的結果としてもたらしている「不利（handicap）」の三つの側面をもつとする。「身体的・精神的不全」があれば必ず「障害（能力不全）」が訪れるわけではなく，そうならない，あるいは軽減するための処置を考えるべきこと，さらには「障害」を「不利」にするかしないかは社会の側の問題であるとして，この流れをいかに断ち切るかが推進課題になると提言している。障害という問題の本質を鮮明にした点で，この区分は説得力に富むものであった。

main reference

八木英二 1980 国際障害者年 青木書店

（伊澤秀而）

国立特殊教育総合研究所 ［教・福］

わが国の文部省所轄の特殊教育の研究機関として，諸科学が連携して総合的・実際的に推進を図る目的で1971年に創設された。2001年4月からは，行政機構が変わり，正式名称を独立行政法人国立特殊教育総合研究所としている。研究のほかに，特殊教育に携わる教職員のための専門的な研修，心身障害児の教育相談や指導，訓練もおこなわれ，また，特殊教育の情報機関の役割もになっている。神奈川県横須賀市にあるが，1973年には隣接して国立久里浜養護学校が設置された。学校では，研究所との相互協力のもとで，障害が重い児童の教育に取り組んでいる。

研究所は，総合政策情報センターと，障害種別の8研究部（視覚障害教育，聴覚・言語障害教育，知的障害教育，肢体不自由教育，病弱教育，情緒障害教育，重度障害教育，情報教育）で構成されている。別に，教育相談センター，分室（東京都武蔵野市）がある。研究の成果は刊行物の発刊のほか，報告や普及のための「特殊教育セミナー」を定期的に実施している。最近は，電子メールおよびネットワークニュースのサービス網もあり情報交換ができる（http://www.nise.go.jp/）。

国際交流事業も盛んである，日本ユネスコ国内委員会との共催で「APEID（アジア・太平洋地域開発計画）特殊教育セミナー」を毎年開催しているほか，国外の諸研究機関との情報交換や研究者の往来も活発である。

（伊澤秀而）

個性記述・法則定立 ［心・統］

「全体から論じるか，個を見ていくか（森を見るか木を見るか）」にたとえられる2概念である。これらはオールポート（G. W. Allport：1897－1967, アメリカ，心理学）が心理学に導入した概念であり，両者は対立的であると同時に相補的な関係にある。

1800年代末ごろから，心理学は意識を科学としてとらえようと努力をし続けた。その心理科学は，意識を人間の行動に置き換え，それを客観的に分析し，そこに予測的な一定の法則を見出すことを目的としたのである。この目的のために，目的に見合う条件操作をおこなった実験状況下で，十分な数のデータを収集し，その中から一定のパターンを抽出していくような研究を，「法則定立

(nomothetic)な研究」と呼んでいる。偏りのないデータを数多く集めることが必要であるのはいうまでもないが，これを統計的（確率論的）に検証することによって初めて，その結果を普遍的事象であると結論づけることができる。

そこでは，サブグループ（一定の特徴をもった下位集団）における平均値が問題とされ，個人差は通常，偏差あるいは誤差として扱われる。ところが，一般的人間から個人へと視点を移した場合，個人差は個人の同一性を成り立たせるきわめて重要な個性であるともいえるのである。また，法則定立的研究では，多くの場合，実験状況下で，単一のあるいは数個の切り口によって普遍的な人間像をとらえようとするが，全体性，統合性をもった個人そのものに直接的に言及することが難しい。これを補うのが「個性記述的（idiographic）な研究」であり，事例研究法（case study）によっておこなわれる。これは主に，臨床心理学，発達心理学，臨床医学など，複合的な行動や症状などを時間の経過に沿って追跡的に観察するという場合や，いわば一症例としての事例性の考察を必要とする場合などに用いられるアプローチである。

事例研究は，それに関わる研究者自身が変数になりえるという困難さ，複合的な状況を有機的かつトータルにとらえる困難さ，また，条件統制がほとんどないために研究者の主観が入りこみ易いという問題点を抱えている。したがって研究者には，複合的で中立的な視点をもち現象を克明に記述していくことが求められている。

これら二つの方法は同時に成立しえるものである。一例として，ABAデザイン（シングルケースでの，最も単純化された反復型実験計画。基礎水準測定期（A）に引き続いて，ある操作を導入した際（B）のパフォーマンス水準（指標となる当該行為の量）を測定し，その後，操作を撤回した際（A）の水準を測定することにより，その操作による効果（の有無）を検出する実験デザイン）などを用いた一事例による法則定立的手法がある。また，個の理解を掘り下げていくことによって人間の普遍に通じる理解を深めることが可能であるという見解もある。

keywords of keyword
G. W. オールポート，意識，偏差，条件統制，ABAデザイン，パフォーマンス水準

（進藤貴子）

固定的動作パターン（fixed action pattern; FAP）［心］

同一種であればどの成員にもみられる，典型的には固定的でステレオタイプ（stereotype：紋切り型）の様式でなされる生得的な行動の継起のこと。よくあげられる例としてハイイロガンの「卵転がし行動」がある。卵が巣の外に転がり出たら，卵を抱いていた親鳥は首をのばしてクチバシでその卵を転がして巣に戻す。この動作のうちの固定的要素であるクチバシの胸への動きは，一度始まると卵とは無関係であり，卵を転がしている途中で卵を取り去っても巣に戻って来るまで動作を続ける。このような動作が同一種の全成員について同じであるように見えるため，昔の動物行動学者はこれらが生得的（innate：生活体に生まれつき備わっていること，すなわち遺伝要因により誕生時にすでに存在しあるいは潜在的にもっていることをいう。生得的なものは，経験により獲得され，学習され，あるいは経験に由来するものとは区別される）なものであると考えていた。しかしこれは単純明解なことではない。固定的で生得的であるように見える動作パターンが同一種の全成員において同じであるように見えるのは，ただ彼らがきわめてよく似た初期環境を共有していることによるかもしれないからである。このようなことから，その後の研究により行動のステレオタイプ性は疑問とされ，ローレンツ（K. Lorenz：1903 - 1989，オーストリア，動物行動学）達過去の理論家が考えていたほどの説得力はなくなった。そういうわけで，現在では固定的動作パターンという用語は好まれなくなり，これにかわって種特異的（species-specific）ないし種典型的（species-typical）行動という用語が用いられるようになっている。

main references

ヘイズ, N.（岩本隆茂監訳）2000 比較心理学を知る ブレーン出版

スレーター, P.J.B.（日高敏隆・百瀬 浩訳）1994 動物行動学入門（同時代ライブラリー 185）岩波書店

ティンベルヘン, N.（渡辺宗孝・日高敏隆・宇野弘之訳）1957 動物のことば：動物の社会的行動

keywords of keyword
ステレオタイプ，K. ローレンツ

（綱島啓司）

古典的条件づけ（classical conditioning）［生心］

あなたのご趣味は？ と尋ねられて「クラシッ

ク音楽でしてね」と答え，いいご趣味ですね，といわれるのは何となく気持ちのいいものである。しかしクラシックでも心理学の古典的条件づけとなるとそう一般の会話の中には出てこない。

失敗すると舌を出したり，頭をかいたりする人はよく見かける。習慣とか，癖とかは日頃のおこないの中で誰にでも見られることだが，少し気取って「それって君，君の条件反射だな」という言い方をする人が時々いる。条件反射ということばは知っていても古典的ということばがつくとこれは専門家の間の話である。しかし専門家でも，なぜ古典的なのかということになるとすんなりと答が出てこない。それは次のようなことからである。

そもそも条件反射という言葉はロシアの生理学者パヴロフ（I. P. Pavlov）☞によって1927年，学習の生理学的な基礎の実験的研究の結果から生まれた。パヴロフは条件づけ（conditioning）の手続きによって獲得された行動を「条件反射」（conditioned reflex=CR）と呼んだ。メトロノームをならしながら餌（無条件刺激＝UCSあるいはUS）を与えるということを繰り返すと，餌を食べるのに必要である唾液が，メトロノームだけでにじみ出てくる。メトロノームは餌がもうすぐきますよという予告なのであり，唾液は餌を食べるための準備なのである。ある刺激（条件刺激＝CS）が特定の反応と結びつく現象（刺激と反応の連合）をさまざまな条件のもとで実験をおこない，学習の基本的概念を大脳皮質の「興奮と抑制」という生理学的な現象に置き換えて説明しようとした。ところが，こうした刺激と反応が明確でない学習が存在する。われわれの勉強での学習はどうなのだろうか？ 何がCSで何がUSなのか？ 同じ疑問がパヴロフと同時代にネコで問題解決箱（problem solving box）を使って学習の実験をしたソーンダイク（E. L. Thorndike：1874-1949，アメリカ，心理学），その後も問題箱で実験をしたスキナー（B. F. Skinner：1904-1990，アメリカ，心理学）☞などの学習にも起こり，これらの様式の学習は，パヴロフのような一義的な刺激－反応連合説では説明できないとし，彼らの様式をヒルガードとマーキス（Hilgard & Marquis, 1940，アメリカ，心理学）は「道具的条件づけ」（instrumental conditioning）と呼び，それ以前からパヴロフの提唱していた様式を「古典的条件づけ」と呼んだのである。スキナー自身は古典的なパヴロフタイプの学習をレスポンデント条件づけ（respondent conditioning）といい，問題解決タイプの学習のことをオペラント条件づけ（operant conditioning）と名づけた。

古典的というと誠に古くさいように思えるが，古典的な条件反射は決してかび臭いものではなく，こうした手法を駆使した最新の実験も少なくないし，臨床心理学の仕事，研究の中にもいろいろと組み込まれている。

main reference
Hilgard, E. R., & Marquis, D. G. 1940 *Conditioning and Learning.* Methuen.

keywords of keyword
道具的条件づけ☞，I. P. パヴロフ☞，E. L. ソーンダイク，B. F. スキナー☞，E. R. ヒルガード，D. G. マーキス，古典的条件づけ，レスポンデント，オペラント，興奮と抑制☞

（三宅　進）

語連想法（word-association method）［心］

「山」といえば「川」，「子ども」に対しては「かわいい」を思いつく。これを連想というが，連想を実験的に調べるためには，普通，単語を刺激語とし，それから思い浮かぶ単語を反応語として答えてもらうので，語連想法と呼ばれる。この方法には，連想内容を指定しない自由連想法（free association method）と，刺激語の，上位概念（たとえば，「はと」→「とり」）や，同じ意味の語（「のぼる」→「あがる」）のように，内容を指定する制限連想法（restricted association method）がある。刺激語から連想される単語の数によって，ことばの有意味度や連想価の指標にしたり，連想される単語相互の結びつき方を調べることによって，意味構造を知る手段にしたりする。日本人と外国人，また，子どもと大人では連想にちがいがあるところから，この方法は文化や発達の領域にも活用される。さらに，連想内容に個人差が認められるので，人格や性格の診断にも利用され，連想診断（association diagnosis）としていくつかの方法が考えられている。

keywords of keyword
語連想法，連想診断，制限連想法

（賀集　寛）

サーカディアンリズム（circadian rhythm）[生心]

人でも動物でも，それぞれ生活リズムをもっている。そうした生体がもつリズム現象を生物リズム（biological rhythms）という。生物リズムは，その周期の長短でウルトラディアンリズム（20時間以下），サーカディアンリズム（24時間±4時間），そしてインフラディアンリズム（28時間以上）の3種類に分類される。サーカディアンリズムは，概日リズムとも呼ばれ，生体リズムの一つである。24時間の周期で変化する。circaは「およそ」，dianは「1日の」を意味し，ハルバーグ（F. Halberg：アメリカ，医学・生理学）によって考案された用語である。

サーカディアンリズムの例として，睡眠と覚醒のリズムや体温リズムがあげられる。本来，このリズムの周期は24時間ではなく，これよりも多少短いか長い周期をもつ。たとえば，明暗や時計などの時間的な手がかりがない洞窟や地下室などで生活すると，睡眠と覚醒のリズムは約25時間になるといわれている。普段は，光や人との関わりなどによって，本来もつ約25時間の周期を社会生活の24時間周期に同調させていると考えられる。このように，本来生体がもっている周期で変化するリズムを自由継続リズム（free-running rhythm）と呼ぶ。先天性全盲者では，生まれつき光による明暗の弁別ができないことから，睡眠と覚醒のリズムが変調し，睡眠障害を伴う場合が多く報告されている。

main reference

Halberg, F. 1959 Physiologic 24-hour periodicty; general and procedural considerations with reference to the adrenal cycle. *Zeitschrift für Vitamin-, Hormon-u. Fermentforsch*, **10**, 225-296.

keywords of keyword

F. ハルバーグ，サーカディアンリズム，概日リズム，自由継続リズム

（保野孝弘）

再生と再認（recall & recognition）[心]

過去の記憶を呼び起こす作業は「想起」というが，想起の程度すなわち記憶の量的評価の方法が確立されていなければならない。記憶心理学では記憶の量的測定法として，「再生法」と「再認法」を用いることが多い。たとえば単語の記憶を調べる場合，覚えたはずの単語をすべて想起させるのが単語再生，覚えたはずの単語とそれ以外の単語を混合提示して両者の区別をさせるのが単語再認である。もっと身近な例でいえば，試験の際に記述式問題は再生法，選択肢の中から正しいものに○をつけるのは再認法といえる。これらの例からわかるように，記憶測定法としても簡便で被験者にとっても易しいのは再認法であり，やや検査法としても困難を伴い被験者にとっても難しいのは再生法である。とくに，被験者にとっての難易の差は測定しようとする記憶の質や量とも関連しており，情報処理領域の議論でいえば，「処理水準」（入力された情報が保持される機構を，処理の深さという階層構造で説明するモデル）の概念とも対応する。すなわち，再認法は処理水準が浅いのに対して，再生法は処理水準が深いことになる。

keywords of keyword

処理水準，再生法，再認法

（金光義弘）

細胞集成体モデル[心・生]

細胞集成体（cell assembly）は，1949年にヘッブ（D. O. Hebb：1904-1985，カナダ，心理学）が示した神経構造のモデルで，感覚経験が神経生理学的に保持される機構としてこのモデルが提出された。視覚の例では，視覚刺激は網膜を経て大脳皮質の1次視覚野（網膜から出る視神経が視野と点対点で結んでいる17野）に達したあと，高次の皮質に投射されるが，投射先で一群のニューロンが連続的に興奮すると，網状の結合回路があるために興奮はニューロン群内を巡回して反響回路（reverberating circuit）を形成し，すぐには消失しないと仮定した。さらに刺激が反復されて，このニューロン群の連結部（シナプス）を興奮が頻回に通過すると，シナプスに構造変化が生じてシナプス抵抗が減り，反響回路が一層強固になる。こうして構造化されたニューロン群をヘッブは細胞集成体と名づけた。細胞集成体ができると，最初，視覚経験をした時と同じニューロン活動パターンが，視覚入力がなくても自発的に再現されるようになる。経験はこのような仕組みで脳内に保持され，これが内的表象にほかならないとした。

この細胞集成体はまず線分，角，曲線などの要素的な感覚入力に対応してそれぞれ成立し，各要素を順に注視しながらまとまった図形を眺める経験を繰り返すと，複数の集成体の間でさらに結合が起こり，上位の集成体へと発展する。こうして上位の集成体が成立すれば，この自発的な活動によって，もはや個々の入力要素に頼らずに図形全

体のイメージが浮かび上がってくるはずで，概念的，洞察的，あるいは随意的と呼ばれる高次の中枢活動は，このメカニズムが支えているのだと説明している。

さまざまな感覚経験を通して基本の細胞集成体が一通り完成するまでの経験過程を，ヘッブは初期学習（primary learning）と呼んでいる。初期学習には高等動物ほど時間がかかる。ニューロン結合の可能性が限られている昆虫などでは，組み上がる集成体の規模も小さく初期学習は早く終わるが，霊長類の脳では相互結合が多く，複雑でかつ冗長度も高いために，集成体のすべてを完成させるのに手間どるからである。しかし，完成したあとでは，高等動物の方がより適応性の広い中枢過程が用意できたことになり，それだけ概念的で効率のよい知的活動が約束される。

発達の初期に感覚経験が遮断されて初期学習の機会を失うと，知的機能が通常のレベルまで達しないという臨床例や動物実験の例がある。初期学習が欠かせないことを示すものだが，ある年齢を過ぎた後は，脳損傷が知能に重大な影響をもたらさないで済むのも傍証になる。初期学習でいったん多重な回路ができたために，同じ機能を果たす短絡回路が生じるようになるので，部分的な切断があっても機能の廃絶が起こりにくいからだとする。

ヘッブのこのモデルは，心理学と神経生理学の間をつなぐ屈指の学説として高い評価を得た。その後，神経生理学の長足の進展があったにもかかわらず，基本的な考え方としてはいまだに有効である。近年は，人工知能の分野でも神経回路網（ニューラルネットワーク）理論の研究が活発におこなわれているが，ヘッブの理論が道を開いたといって差し支えない。

main references
Hebb, D, O. 1949 *The Organization of Behavior*. Wiley.（白井　常訳　1957　行動の機構　岩波書店）
Hebb, D, O. 1972. *Textbook of Psychology*. 3rd edition. Saunders.（白井　常監訳　1975　行動学入門（三訂版）紀伊國屋書店
ミルナー, P.M.　1993　現代神経科学の先駆者ドナルド・ヘッブ　日経サイエンス，3月号．

keywords of keyword
1次視覚野，ニューロン，シナプス，イメージ☞，初期学習

（伊澤秀而）

催眠療法（hypnotherapy）［精・心］

暗示によって誘導された意識変容状態を催眠状態あるいは催眠トランスという。催眠トランスでは，意識野の狭窄，被暗示性の亢進，心身の弛緩，筋肉の強直，カタレプシー（強硬症），カタルシス効果の促進，記憶想起の促進，イメージ出現の促進，幻覚，年齢退行（後催眠性暗示催眠下で暗示によってより若い年齢に誘導する），などさまざまな現象を引き起こすことができる。他者から暗示が与えられる他者催眠と自分で暗示を与える自己催眠があるが，一般に催眠療法は他者催眠を指す。自己催眠の代表的なものは自律訓練法である。

この催眠療法は18世紀末メスメル（F. A. Mesmer : 1734-1815, ドイツ，医師）が始め，フロイト（S. Freud）☞によってその効用が明らかとなった。しかしその後フロイトが催眠療法で治らない患者に自由連想を使用する精神分析療法を開発して，催眠療法はあまり使われなくなった。また催眠に対しては一般にいろいろの偏見や先入観があり，安易にクライエントを催眠トランスに導くと，後でトラブルを招くこともあるので，導入前にはクライエントと十分に話し合いを重ね，実施する時は第三者が立ち会いをするなどの手続きが必要な場合が多い。

keywords of keyword
暗示，カタレプシー，カタルシス☞，幻覚，年齢退行，後催眠性暗示，自律訓練法

（横山茂生）

作動＝作業記憶（working memory）［心］

短期記憶の主な機能は入力情報の一時的な保存（もしくは貯蔵）である。そして，このことは，情報をリハーサルすることによってなされるというのが，一般的見解である。しかし，たとえば，暗算の過程をふりかえってみると，計算することや，その結果を忘れないようにリハーサルしたり，思い浮かべたりしている。このように，短期記憶はリハーサル以外に，計算，読書，推理等の種々の認知活動の作業場としても機能していることが注目されている。短期記憶のもつこのような側面を作動記憶（もしくは，作業記憶）という。そして，このシステムには，音声ループ（言語リハーサルのループ），視空間記銘メモ（イメージ利用のループ），中央制御部（注意のような機能）の三つの要素があるとされている。作動記憶は，短期記憶の延長線上のものではあるが，短期記憶を情報の貯蔵と音声的な処理（リハーサル）に限定する従来

サブリミナル知覚

の見解に比べ，より広範囲でアクティブな見方であるということができる。

keywords of keyword
短期記憶☞，リハーサル☞，音声ループ，視空間記銘メモ，中央制御部

（賀集　寛）

サブリミナル知覚 (subliminal perception)

人がその存在をやっと気づく刺激の強さのことを「閾値」というが，では物理的に存在していても気づかれない刺激はどのように処理されているのだろうか。この問題は閾値下（サブ・リミナル）の知覚と呼ばれる。これと関連し，「閾」という概念そのものが微妙な意味をもっており，刺激の存在の有無を意識する場合はしない時より閾値は低くなるという問題もある。極端な例でいえば，「あるか，あるか」と思っていると，ないものも「ある」ように感じられたりもするということである。つまり物理的に存在するものを感知しなかったり，存在しないものを有ると感じたりする人の心理状態は不思議でおもしろい。こうした心理現象を巧みに操ることを試みる人たちがいる。中でも無いものを有ると錯覚させる手品や宗教ではなく，存在するけれども刺激の大きさが十分でなくて気づかない現象を扱う心理学的アプローチである。代表的な試みとして，連続的な静止画像からなる映画フイルムの数コマごとに，なんらかのメッセージ文字や画像を挿入する方法が知られている。観客の網膜には数コマに1回の割合で挿入画像が映っているにもかかわらずその内容に気づかない。ところが映画が終了するころには，観客は気づかなかったはずのメッセージに誘導されるような行動をとったという。すなわち人は閾値下の刺激を無意識に知覚していたと解釈され，サブリミナル知覚による広告効果が有効であると考えられた。しかし，そのメカニズムは十分に解明されておらず，また人を無意識状態で誘導することの非人道性から閾下広告に関しては禁止されている。

keywords of keyword
閾値☞，暗示

（金光義弘）

三項随伴性 (three-term contingencies) [心]

スキナー（B. F. Skinner : 1904-1990，アメリカ，心理学）によって提唱された行動分析（behavior analysis）は，今日さまざまな心理学の教科書に取り上げられるようになったが，「行動分析」という名称で紹介されることも稀ならず，その根幹をなす「三項随伴性」という用語が登場することはまずない。手元の数冊の教科書をみると，行動分析については，「学習」の章の中の「道具的条件づけ」の節の中に「スキナーのオペラント条件づけ」として記述されていることが最も多い。キーワードとしてあげられているのは，「スキナー箱」「強化」「強化スケジュール」「漸次的接近法（シェイピング）」程度である。

行動分析において，人や動物の自発的行動はオペラント行動と分類され，このオペラント行動は，行動が出現した後に起こる環境変化によって制御される。この行動と環境変化との関係，すなわち行動が生起した後に環境変化が生じる確率を反応－強化随伴性（または二項随伴性）と呼ぶ。この確率は常に一定ではなく，状況によって変化するので，その状況を知らせる手がかりとなるような環境刺激を，弁別刺激と呼ぶ。ある弁別刺激の下では，今生じている行動が強化されるが，別の弁別刺激のもとでは同じ行動が強化されない，という両者を経験することによって，人や動物は，今どんな行動をしたらよいかを学習していくのである。この，弁別刺激による行動の制御を「刺激性制御」といい，特定の行動について記述する際には，これら弁別刺激，オペラント行動，強化子の三者の関係が明らかにされなければならない。この三者の関係を「三項随伴性」と呼ぶのである。

発達臨床においては，しばしば障害児の示す問題行動が治療対象となる。パニックや自傷などの問題行動を制御するためには，従来「どのような状況でその行動が生じるか」に注目することが多かったが，同時に「その行動が生じた直後にどのような環境変化が起こったか」という点にも着目した，三項随伴性による分析（機能分析ともいう）が必要である。すなわち，同一の問題行動であっても，その行動が生じる前後の状況（三項随伴性）が異なるならば，介入の方法も異なることになる。

main references
杉山尚子・島　宗理・佐藤方哉・マロット・マロット　1998　行動分析学入門　産業図書
高田博行・国立肥前療養所児童指導員室　1991　障害児の問題行動　二瓶社

keywords of keyword
B. F. スキナー☞，行動分析，道具的条件づけ☞，オペラント条件づけ☞，スキナー箱，強化☞，シェイピング☞，オペラント行動

（嶋崎まゆみ）

シェイピング (shaping) [心]
　オペラント行動とは，人や動物の自発的行動である。自発的というからには，本人がその気にならなければ行動が起こりえないように思えるが，実際には人も動物も，環境の中のさまざまな出来事に関連して自らの行動を選択し，自発しているといえるだろう。とくに，たまたまある行動が生じた後にどのような環境変化が起こったか，という反応－強化随伴性によって行動の出現頻度が制御されることが知られており，第三者が意図的にそのような制御をおこなうことも可能である。すなわち，この反応－強化随伴性を利用して人や動物の行動の出現頻度を変えたり，さらにはまったく新しい行動を創りだしたりすることができるのである。

　たとえば，スキナー箱に初めて入れられたネズミは，フンフンと鼻を鳴らしてあちこち匂いを嗅いで歩くだけで，壁から突き出しているレバーには目もくれないであろう。しかし，たまたまレバーの方を向いた瞬間に餌皿に餌を出してやるということを繰り返すと，徐々にレバーのある壁のそばにいる時間が長くなる。次に，たまたまレバーに近寄った瞬間に餌を出すようにすると，徐々にレバーに触ることが多くなる。遂には，たまたま自分でレバーを押して餌が出ることを体験するに至って，以後，レバー押しを自発して餌を得ることとなるであろう。

　このようにして，人や動物に新たなオペラント行動を習得させるには，現在自発可能なオペラント行動を強化しながら徐々に目的とする行動に近づけていく。この方法を，「シェイピング」または「暫時的接近 (successive approximation) 法」と呼び，発達臨床の領域では，自閉症やその他の障害児に適応行動を身につけさせる方法として広く用いられている。「動物に芸をしこむような方法で障害児の訓練をするなんて……」という批判が一部にあることは事実だが，イルカやオランウータンの調教師が言うように，「調教師と動物との間に深い愛情と信頼がなければ，訓練は功を奏さない」のである。

　久野能弘 (1993) は愛犬ドンに「ゴハン」という言葉を教えた。初めは声を出しさえすれば餌がもらえたが，やがて餌をもらうためには三音節の発声（「オ，ア，オン」など）をせねばならなくなった。この基準は徐々に厳しくなり，8年近くの歳月を経て，ドンちゃんは空腹時にはいつも「ゴハン」と言って餌を要求するようになったのである。

main references
東　正　1972　ことばのない子のことばの指導　学研
久野能弘　1993　行動療法―医行動学講義ノート　ミネルヴァ書房

keywords of keyword
オペラント行動，反応－強化随伴性，スキナー箱
(嶋崎まゆみ)

自我 (ego) [心]
　広い意味では，認識し，思考する，私という存在（主体我），および，認識された私（客体我）のことを自我と呼んでいる。しかし精神分析理論の中では，自我は，人格の中枢たる心的な一装置，という特別な意味をもつ。

　フロイト (S. Freud) によると，人間の心の中には，エス (Es, イド) すなわち本能的衝動と，これを禁止し罰しようとする超自我 (super ego) との，絶えざる葛藤がある。抑圧，合理化などの防衛機制によって双方の要求をうまくかわし，緊張関係を調整している仮想的存在が，自我である。自我はこの，内的葛藤を処理するという機能と並んで，外界（環境）と自己との仲介役を果たすという機能ももっている。すなわち，現実を認識し，判断し，欲求充足を現実の要請に合わせて延期したり修正したりするのである。

　エスは欲求の充足や直接的満足や緊張の即時解放を欲する快感原則 (pleasure principle) にのっとり，一方自我は，外界適応的な現実原則 (principle of reality) にのっとって動く，とフロイトは述べている。夢，空想など，無意識が関与する過程は一次過程 (primary process) と呼ばれ，そこでは心的表象（心の中にイメージされるもの）が自由に移動し置き換えられ，または圧縮されて，快感原則に見合う形式で体験される。これに対して成人の覚醒思考は二次過程 (secondary process) と呼ばれ，現実原則に従って節度と論理性を保って営まれている。

　自我の機能には，現実検討，知覚，思考，認識などのように，意識化可能なものと，種々の防衛機制のように無意識下でおこなわれ意識化困難なものとがある。自我は，意識野と無意識野との両方の領域にまたがっている。

　このような自我の柔軟さ，統制の具合，衝撃を受けた場合の回復の度合いなど，自我機能の安定性と健全性を，自我の強さ (ego strength) と呼

んでおり，創造的退行（creative regression：心理的な柔軟性と創造性をとりもどすための，一時的で部分的な退行のことであり，全般的で非可逆的な病的退行と対比される），自我境界（ego boundary：自我がエスからの本能的衝動の侵入に耐え，また自己以外の他者と感情的に依存しすぎたり融合したりすることなく，自我が一貫性を保つための，自我の輪郭）などとの関連で論じられている。

エリクソン（E. H. Erikson）☞のいう自我同一性の感覚とは，自己（自分自身）の現実性と一貫性の感覚であるが，上述の自我機能が統合的に働いている状態における感覚ともいえるのではなかろうか。

アンナ・フロイトやハルトマン（H. Hartmann: 1894-1970, オーストリア，心理学）やラパポート（D. Rapaport: 1911-1960, ハンガリー→アメリカ，心理学）など，フロイトの後継者らは，精神分析的治療論とともに自我機能について考察を深め，自我心理学という一領域を形成するに至っている。そこでは，自我の自律的性格がより強調されるようになっており，自我の働きによる複雑な現実適応行動そのものが，本能的な快として動機づけられている，とされている。

keywords of keyword
精神分析理論，S. フロイト☞，抑圧，合理化，快感原則，現実原則，無意識☞，心的表象，防衛機制☞，創造的退行，自我境界，E. H. エリクソン☞　自我同一性，アンナ・フロイト，H. ハルトマン，D. ラパポート

（進藤貴子）

自己愛性人格障害　（narcissistic personality disorder）［精・心］

ギリシャ神話の中の，水に映る自分の姿に恋をして死に，水仙の花になった美青年ナルキッソスに由来する名称で，自分の空想や行動についての誇大性，他者の評価に対する過敏性，自分についての特別意識，業績や才能の誇張，共感性の欠如などの特徴をもつ人格障害の一型である。アメリカでは比較的多くの事例が報告され，アメリカ精神医学界の疾病分類DSM-Ⅳ（1994）から人格障害の一型として分類されたが，国際疾病分類ICD-10（1992）では「その他の人格障害」の中にふくまれる。

keyword of keyword
DSM-Ⅳ☞

（横山茂生）

自己意識　（self consciousness）［心］

人が自分自身のことを意識する働きのこと。自己概念（self concept）が意識の内容，つまり「自分は正直だ」「ラクロスが好きだ」「恋人をつくるのがうまい」といった自己イメージの特徴を扱うのに対し，意識が外界に向きやすいのか，それとも自分に向きやすいのかといった，意識の方向性を問題にする。実験心理学の全盛期には科学的な操作になじまないものとされていたが，デュバル（S. Duval：アメリカ，心理学）とウィックランド（R. A. Wicklund：アメリカ，心理学）によって注意の単一焦点仮説（複数の対象に同時に注意を向けることはできない）が提唱されたことにより，研究の展望が開けてきた。自己に注意を集中し焦点づけている時が，自己意識が働いている状態である。

自己意識はフェニングスタイン（A. H. Fenigstein：アメリカ，心理学）やバス（A. H. Buss：アメリカ，心理学）らによって，私的自己意識（私的SC）と公的自己意識（公的SC）に整理された。私的SCは，感情や動機などのプライベートな自己で，公的SCは他者から観察可能な外見や行動などの自己である。内省をしたり日記を書いたりすると私的SCが，他者に見られたり視線をそらされたり，ビデオで自分の姿を見たりすると公的SCが高まることがわかっている。また，公的SCが高まると社会的不安が強くなることも知られている。辻（1993）による自己意識理論を用いた森田神経質の研究は，心理学の基礎研究と臨床研究を結びつけるモデルとして，高く評価される。

main references
Buss, A. H.（大渕憲一監訳）　1991　対人行動とパーソナリティ　北大路書房
辻平治郎　1993　自己意識と他者意識　北大路書房
梶田叡一（編）　1994　自己意識心理学への招待　有斐閣

keywords of keyword
自己概念，森田神経質，S. デュバル，R. A. ウィックランド，私的SC，公的SC，A. H. フェニングスタイン

（橋本忠行）

視交叉上核　（suprachiasmatic nucleus）［生］

視交叉上核は，視神経が交叉する箇所の上部に位置する神経細胞の集まりをいう。ラットやマウスなどでは，この核に生物リズム（生物があらわす周期的な現象・活動で，生まれつき備わっていると考えられている）の座があることが確かめら

れている。正常な睡眠－覚醒リズム（眠りの状態と目覚めの状態が周期的に現われるリズム現象）を示しているラットの視交叉上核を破壊すると，その正常に機能していた睡眠－覚醒リズムは障害される。視交叉上核を破壊され，睡眠－覚醒リズムが異常に機能しているラットに，視交叉上核を移植すると，元の正常な睡眠－覚醒リズムを回復することが知られている。

keywords of keyword

生物リズム，睡眠－覚醒リズム

（保野孝弘）

自己開示（self-disclosure）［心・社心］

打ち明け話をする，腹を割って話す，胸の内を開かす，本音でしゃべる，悩みを相談する，などといわれるように，他の人と接していくときに，自分の心の中を他の人に語ろうとすることがある。このように自己の内的側面を他者に表出しようとする心の動きは，自己開示（self-disclosure）と呼ばれている。

この自己開示に関する研究は，ジュラード（S. M. Jourard，アメリカ，臨床心理学）（1958）から始まった。彼は，この概念を，他者が知覚できるように自分自身をあらわにする行為と定義した。そして，重要な他者に自己開示できることは健全なパーソナリティに必要な条件であるとしている。この後，フィッシャー（D. V. Fisher，アメリカ，心理学）（1984）は，自己に関する新奇でプライベートな情報を，一人あるいはそれ以上の他者に正しく誠実に意図的に伝達する言語行動，としている。

対人関係において，この自己開示という行動が果たす機能には次のようなものがある。まず個人的な機能として，①感情の浄化：自分の問題や葛藤のもとになっている考えや感情また衝動などを開示することによって精神的健康を促進する，②自己の明確化：開示する際には自己の状態に注意を向けるため自分の意見や態度が明確になる，③社会的妥当化：開示することによって相手から何らかの反応があるため自己の妥当性を確認できる，などである。次いで対人的な機能として，④対人関係の促進：開示することによって相手も同程度の開示をおこなう（これを，自己開示の返報性:reciprocityという）ことがありこれによってお互いの親密感が高まっていく，⑤社会的コントロール：開示の仕方によって自己に対する印象を操作できるため他者との関係をコントロールできる，⑥親密感の調整：開示する量や内面性の程度を変化させることによって相手との親密度を調整することができる，などである。

main references

Fisher, D. V. 1984 A conceptual analysis of self-disclosure. *Journal for the Theory of Social Behavior*, **14**, 277-296.

Jourard, S. M. 1958 A study of self disclosure. *Scientific American*, **198**, 77-82.

keywords of keyword

自己呈示☞，S. M. ジュラード，D. V. フィッシャー

（岩淵千明）

自己実現・個性化（self-realization, individualization）［心］

一般的には，自分に対するマイナスの条件を克服して，個人的な高次の欲求を実現していくことをこう呼んでいる。しかし臨床心理学的には，単に欲求や願望の実現あるいは社会的望ましさの実現，という文脈のみで取り上げられてきたわけではない。

ユング（C. G. Jung：1875-1961，スイス，分析心理学）☞は，自己のもって生まれた可能性を十全に発揮し生きるようになるための道のりを指して自己実現の過程と呼んでいる。これと同じような意味で，その人が他のどの人とも異なる，独自でその人らしい存在となっていく歩みを，個性化の過程と名づけている。悩みを抱え，心理療法家を訪ねる人々の中で，人生前半期にある人々が取り組む問題は，社会適応や技能や力の獲得である。一方，傍目からは社会的成功を収めていると見える来談者，とくに人生中盤～後半期にある人々が突き当たっている問題は，"自分は自分らしく生きているか"の問題であるという。このような対比から，ユングは，自己実現の過程を歩むことは人生後半においてとくに重要となる課題であるとした。そして，治療は限られた期間のみおこなわれるが，自己実現は，"これで完成した"などということはできない，一生を通じての課題であるとしている。

ユングは，タイプ論として，心的な主機能と劣等機能について述べている。思考，感情，感覚，直観，という，外界を認知し判断する四つの心理的機能のうち，その人が最も得意としてよく用いる機能を「主機能」という。これは，本人にとって，最も洗練された形式となっている。一方，上の四つの心理的機能のうち，ほとんど用いられず，無意識的なまま残っている機能を「劣等機能」と

自己中心性

いう。劣等機能を用いる本人の能力は低いままに留まっているが，本人がそれを認識し，意識に統合することは，バランスのとれた人格への成長（自己実現）のために大きな意味をもつ。

keywords of keyword
C.G. ユング☞，タイプ論，主機能，劣等機能

（進藤貴子）

自己中心性 (egocentrism)

ピアジェ（J. Piaget）☞のいう自己中心性とは，幼児が自分自身を他者の視点に置くことができず，自分の立場からしか物事が理解できない認知的発達過程の段階を意味している。しかし，一般的な理解としての利己主義や自分本位という意味との混同を避けるために，幼児の注意が対象の特定の次元に限定される状態として「中心化」という概念に置き換えられた。したがって，さまざまな視点から対象をとらえることができる認知過程を「脱中心化」と呼んだ。

keywords of keyword
J. ピアジェ☞，視点，中心化，脱中心化

（金光義弘）

自己呈示 (self-presentation)

いいところを見せる，キメていく，かっこよくふるまう，かっこをつける，つっぱる，無表情を続ける，などというように，特定あるいは不特定の他者に対して意識的あるいは無意識的に自分のことをより良くあるいは悪くみせようとして行動するあるいはしてしまうことがある。このような行動は，自己呈示（self-presentation）と呼ばれている（自己提示と表記されることもある）。

他者に自分のありのままの姿を示す，どのような結果になるのかを問題としないで特定の他者に対して自分の内面を主に言語的手段を用いて素直に表出する行動は自己開示（self-disclosure）と呼ばれる。これに対して，自己呈示は，他者から自分がどう見られているのかを考慮してある特定の印象を与えようとする，自分が望むイメージを言語的また非言語的な手段を用いてある程度意図的に操作して他者に表出しようとする行動のことである。

ジョーンズとピットマン（Jones & Pittman, 1982）は，この自己呈示行動を，自分の特性に関する他者の帰属を誘発あるいは形成する目的のためにおこなわれる行動の側面，と定義している。これは，他者にある印象を与えるために自己の言動をコントロールするように自己表現する行為であることを示している。また，自己呈示の仕方や，これに関するさまざまな心理過程も含めて，他者に対する自己の印象をコントロールするという意味から，印象管理とか印象操作（impression management）とも呼ばれている。

このような自己呈示行動を起こす動機として，①功利的動機：自分にとって都合がよくなるように相手を動かして社会的あるいは物理的な利益を得ようとする，②自尊心維持動機：自分の肯定的なイメージを他者に表現し肯定的な自己評価を下げないようにする，③自己確立動機：ある目標を達成しようとする際に有効と思われる自己イメージを想定して行動を表出する，④社会的承認獲得動機：他者に認められたい，⑤社会的否認回避動機：他者から悪く思われたくない，などが指摘されている。

main reference
Jones, E. E. & Pittman, T. S. 1982 Toward a General Theory of Strategic Self-presentation. In J. Suls (Ed.), *Psychological Perspective on the Self*, Vol.1. LEA.

keywords of keyword
自己開示☞，セルフ・モニタリング☞，印象管理，功利的動機，自尊心維持動機，自己確立動機，社会的承認獲得動機，社会的否認回避動機

（岩淵千明）

事象関連電位 (event related potentials; ERPs)
[生・生心]

たとえば，横断歩道を渡る時，赤色から青色になったのを確認して横断する。その時，脳はそれぞれの色をとらえて，止まれか進めかを判断して行動する。このように脳は，外界からのある刺激を選択的に処理し，行動する。この時，脳波を記録すると，それぞれの刺激，この例の場合，信号機の色に合わせて脳が反応し，脳波に反映される。しかし，これらの刺激に対する反応はきわめて小さい電位変化として現われるため，通常の脳波変動に埋もれてしまい，直接観察することはできない。そこで，刺激を何回も与え，それぞれの刺激に対する脳波の反応を刺激を与えた時点でそろえて足し算をして平均する（加算平均）と，脳波に埋もれていた刺激に対する脳波変化が観察できる。このようにして得られた電位変化を，一般的に事象関連電位という。つまり，ある事象に関連して生じる脳電位といえる。従来は，光や音などの感覚刺激に誘発された脳の電気活動であるという点

から，誘発電位（evoked potential; EP）と呼ばれていた。しかし，認知や記憶などの心理的な過程に関連した電位もあることから，誘発電位を含めてERPと呼ばれる。

　ERPをさらに細かくみると，初期成分と後期成分の二つに分類することができる。すなわち，ある刺激が与えられてから数ms以内で発生するものと，それ以降に発生する電位変化である。一般に，初期成分は，音や光などの物理的な要因を反映するものと考えられ，それらの刺激の強さなどの物理量の変化に応じて電位も変化する。一方，後期成分は，一般に注意や期待，意思決定などの心理的な要因によって変化する電位である。心理学では主に後期成分が注目され，注意や期待などの認知活動をERPで検討する研究例が多くみられる。たとえば，いくつかの刺激の中からある刺激を検出する時に，大きな陽性電位（positive potential）（電池にもプラス＝陽極とマイナス＝陰極があるように，脳波でも電位がプラスのほうをいう）の変化がみられる。これは，P3と呼ばれる。また，反応しなければならないある刺激に対しては，その刺激が出てくるのを期待して待っている時にみられる緩徐な陰性の電位変化（電位が高かった状態から低い状態に変化したことをいう）を随伴陰性変動（contingent negative variation; CNV）という。

　keywords of keyword
　注意，陽性電位，P3，陰性の電位，随伴陰性変動，誘発電位

（保野孝弘）

自助グループ （self help group）［精］

　障害者の社会復帰には，法律や施設だけでなく患者同士やその家族や一般市民の協力が必要である。また障害者は自分が自然につきあえる仲間を求めている。このような状況からソーシャルクラブ，回復者クラブなどさまざまに名づけられた患者会，家族会などの集まりが，診療所，病院，保健所，精神保健センター，共同作業所や有志の仕事場や自宅などで多数組織され活動している。またアルコール依存症者の「断酒会」，神経症では「生活の発見会」，てんかんの「波の会」などの全国的な組織もある。

　これらの自助グループに共通している点は，①共通の課題をもった人々が自発的に構成した集団であること，②その解決のために共に支えあうことを目的としていることである。

keyword of keyword
アルコール依存症者

（横山茂生）

肢体不自由 （cripple）［教・心］

　肢体不自由（身体運動障害）は，高木憲次によって提唱された用語で，「肢体の機能に不自由なところがあり，そのままでは，自活が困難な状態」と定義される。肢体とは，四肢と体幹をいう。不自由という用語は，かつて，本人が自分の運動障害を不自由と感じるか否かという，主観的な判断で使用されてきた経緯がある。上田敏（1983）は，「疾患によって起こった生活上の困難・不自由・不利益」と定義している。

　成瀬悟策（1993）は，肢体不自由を二つに分けている。一つは，外傷性の欠損，サリドマイド児などの生来的奇形，脊髄性マヒ，筋ジストロフィー（筋の進行性萎縮）などの身体運動に直接関わる筋・骨格系の障害で，生理的欠損や形態異常を示すものである。今一つは，脳性マヒ，脳炎後遺症，二分脊椎（背柱が垂直方向に破裂している），ダウン症，水頭症（脳髄液が脳質にたまり皮質を圧迫する）などのように，脳神経系の障害で，結果的に運動障害が認められるものである。いずれにしても，肢体不自由は多様である。したがって，肢体不自由児・者の心理学的理解には，①脳障害に起因するか，②障害の発生時期はいつか，③合併する障害の有無，④ADL（日常生活動作：食事，衣服の着脱，排泄，清潔，移動等，日常生活に必要とされる動作）の状況，および，⑤環境条件などの把握が必要である。とくに，脳障害に起因する場合，障害部位（巣症状：脳領域のある特定部位に障害をもつ）によって，その部位を司る機能が障害を受ける。

　main references
　成瀬悟策　1993　身体運動障害児の心理臨床　臨床心理学大系12　金子書房
　上田　敏　1983　リハビリテーションを考える　青木書店

　keywords of keyword
　二分脊椎，ダウン症候群☞，障害部位（巣症状），ADL

（鴨野元一）

実験計画 （experimental design）［統］

　科学としての研究法の中で実験には最も重大な意義がある。心という不確定な要素や因子の多い対象を科学的にとらえるためには，どうしてもしっかりした実験計画を立てなければならない。心

理学における実験の多くは，ある変数がある行動変数に及ぼす効果を確かめ，行動における因果関係を知ることを目的としている。ある変数は「独立変数」と呼ばれ，実験者によって厳密に操作される。独立変数を操作する場合の厳密さとは，限られた要因以外は一定に保たれていることである。独立変数の操作によって変化が期待される変数を「従属変数」といい，両者の関数関係が求められるのが普通である。次に，「偽薬効果」のような「剰余変数」を排除するために，独立変数の操作を施した場合（「実験群」）と，そうでない場合（「統制群」）との比較をしなければ確かな因果関係が得られないことに留意する必要がある。さらに独立変数が一つとはかぎらない場合には，複数の変数を組み合わせた実験計画が立てられなければならない。二つ以上の独立変数の従属変数に対する影響を決定するために，考案された計画を「要因計画（factorial design）」という。そして要因計画による複雑な結果を，合理的かつ統計的に処理する方法として「分散分析（analysis of variance：ANOVA）」が用いられる。実験計画を立てる際には，少なくとも以上の考え方と手続きを知ったうえで，因果関係を求めなければならない。

keywords of keyword
独立変数・従属変数，実験群・統制群，偽薬効果☞，剰余変数☞，要因計画，分散分析：ANOVA

（金光義弘）

実存主義 （existentialism）［哲］

個体間に共通する普遍的なものではなく，個体のもつ特殊性に着目する立場。本質主義の反対の立場。ハイデッガー（M. Heidegger：1889-1976，ドイツ，哲学）やサルトル（J.-P. Sartre：1895-1980，フランス，哲学）の主張。何であれ存在するものは一方で性質については同種のものと質的同一性をもち，他方では個体としての特殊性をもつ。とくに人間の場合，「自分だけは特別だ」という考えと「自分も他の皆と同じだ」という考えを状況に応じて使い分けているが，このような使い分けは自己認識の時だけではない。他人に対して「あいつは特別だ」「あいつも同じだ」と使い分けたり，あるいは他人から自分をみられるときに「お前は特別だ」「お前も同じだ」という他者からの判定を受ける際には，さまざまな問題が生じる。

keyword of keyword
本質主義☞

（林　明弘）

児童相談所　［福・心］

児童福祉法によって都道府県と政令指定都市に人口に応じて設置されている公的な機関である。0歳から18歳まで，場合によっては生まれる前からの子どもに関するあらゆる相談を受けている。

医師，児童福祉士や心理判定員，保母，家庭相談員などがスタッフとして配置されており，それぞれが専門性を生かしてチームを組んで対応している。

児童相談所がもつ機能としては措置機能，相談機能，一時保護機能の三種類がある。
・措置機能　子どもを児童福祉施設に入所させたり，里親に委託する。
・相談機能　子どもに心理検査，心理治療をおこなったり，保護者に助言，指導，面接をおこなう。
・一時保護機能　一時的に保護者から子どもを離すことが適当と判断される時や，施設入所の前段階として日常生活をともにすることで子どもをよりよく知るために利用される。臨機応変な対応を迫られることが多い。

児童相談所に特徴的な機能は措置機能と一時保護機能である。しかしこの両者が効果的に生かされるのは，もう一つの機能である相談機能が十分に機能した時である。

児童相談所での相談内容は，子どもが育てられないあるいは児童虐待というような深刻な問題を含む養護相談，乳幼児期の排尿自立をはじめとしたしつけの相談，脱毛やチックというような子ども心の問題についての相談，児童期以降になると増える不登校，非行と多種多様である。もちろん，知的障害，身体障害などの障害児の福祉制度や療育についての相談も多い。

このような多種多様な相談を受けるために，スタッフには柔軟な対応，専門的な知識も幅広く求められる。

keywords of keyword
チック，措置機能，相談機能，一時保護機能

（武井祐子）

社会化不全症候群 （socialization dysfunction syndrome）［社・心］

最近の日本社会では，むかつく子，すぐキレる子，公共の場所で大声でしゃべり続ける若者，あたりかまわずどこでもゴミを置く若者などと，例をあげたらきりがないほど，社会的におろかな子どもや若者を目にするようになってきた。かつてのような陰湿ないじめっ子や非行少年ではなく，

普通のあるいは知能や学力が高いとされる若者でさえもばかげた行為をする者が少なくない，といわれている。

現代の子どもや若者に多くみられるような行動基準の相場感覚のないすなわち社会的に歪んだ社会現象を木下（1988, 1999）は，社会化不全症候群（socialization dysfunction syndrome）と呼んでいる。そして，浅くて軽い人間関係，質・量ともに貧弱になった社会的相互作用，これらを通じて学ぶべき社会規範やルールの未習などが，相互に重なりあって複合的な社会的汚染になっている，としている。この社会化不全症候群の子どもや若者には，社会的ルールの未習，制御能力の欠如，内的世界の狭さ，大局観の欠如・視野狭窄，共感能力の欠如，状況への非適合性などの，社会的「おろかしさ」があるとしている。

これらのことから木下は，かしこさを備えた社会的に成熟した大人として必要な五つの社会的「かしこさ」についても言及している。それは，①大局的発想：部分的に物事を見るのではなく全体をシステムとして把握できる能力。バランスや見通しのよさ。②状況適合性：一般論でなく具体的および個別的状況との関係で自分の力を最大限に引き出すことのできる能力。臨機応変に対応できる，応用問題への強さ。③相対化の能力：自己中心的な発想でなく他者との関係において対象を相対化する能力。共感性や感受性の能力。④内的世界の広がり：他人に甘えず孤独に耐えて想像力や洞察（見とおす，見抜くこと）力を引き出す能力。自我（自分自身に対する各個人の意識や観念）の豊かさや強靱性と関連する。⑤感情の制御：どのような状況でも感情に溺れず冷静に対処できる感情の統制力。感情が豊かであってかつその感情を制御できる能力，などである。

main references
木下冨雄　1999　IQから社会的「かしこさ」へ　日本心理学会　心理学ワールド5　実務教育出版
木下冨雄　2000　社会的「かしこさ」について—社会化不全症候群とその背景—　詫摩武俊ら（編）性格研究の拡がり　シリーズ・人間と性格第5巻　ブレーン出版

keywords of keyword
社会的知恵☞，洞察力

（岩淵千明）

社会的知恵　（social intelligence）［社・心］

かつて，子どもは三つの場所で一人前になる，といわれていた。それは，家庭・家族，学校，山や川また街頭や路地裏といった近所の遊ぶ場所，の三つである。家庭・家族では祖父や祖母また親や兄弟姉妹が子どもにしつけ（躾）をし，学校では先生が勉強を教えていた。これらの場所では大人がいて子どもにある種の教育をおこなっていた。また，近所の遊び場は大人が存在しない子どもだけの空間で，子どもは自分たちでいろいろな工夫をして遊んでいた。しかし，最近では，家庭内で家族がしつけをすることは稀になり，学校では暗記力のみを強調するような受験勉強を重視するようになってしまい，さらに，近所の遊び場にも大人が入ってきて，子どもだけで遊んで過ごす時間を奪ってしまったようである。

昔あった子どもだけで遊ぶ集団のことを，ギャンググループ（gang group）と呼び，この集団は，①地理的に近くに住んでいる，②年齢が異なる異年齢集団である，③メンバーは主に同性で固定している，④集団内の地位と役割が明確化している，⑤集団としての固有の文化をもっている，⑥遊びを通してまとまりのある行動をする，などといった特徴があり，ここにはガキ大将と呼ばれるリーダーがいたのである。

この集団は，小型の大人社会であり社会のミニチュア版であった。この中で子ども達は群れて遊びながら，①情緒のコントロール：自分勝手でなく協同という社会的行動の必要性，②タテ—ヨコの人間関係：同年齢の友人だけでなく先輩後輩といった異年齢とのつきあい方，③社会のルール：子どもだけでつくったルールは大人社会のルールと共通項があり，これを守ることの必要性，などの人間関係の技術を学んでいったのである。このような技術は，社会的知恵（social intelligence）と呼ばれている。最近の日本社会では，子どもに学力（academic intelligence）のみをつけることを重視しすぎる親や教師が多いようである。

keywords of keyword
社会化不全症候群☞，ギャンググループ

（岩淵千明）

集団心理療法　（group pschothera PY）（SST, エンカウンターグループ）［心・精・福］

集団の機能・過程・ダイナミックス（集団を構成している個人の総和でなく，相互作用）を用いて，治療・教育・心理的成長を図ろうとする。

1905年に，ボストンの内科医プラット（Pratt, J. H.）による結核患者のための教育的集団療法が

本法の初まりとされている。

以来，モレノ（J. L. Moreno：1892-1974，ルーマニア，精神医学）の心理劇（よく似た疾患の患者を集めて，寸劇を演じさせ，患者の内面が表現されるようにする。精神療法をおこなうものも劇に加わり，患者を分析し指導する），スラブソン（S. R. Slavson：1890-1981，アメリカ，精神）の精神分析的な集団療法などの発展をみている。

その他にカウンセリングの流れを汲むものとして，グループカウンセリング，グループガイダンス，グループワークが実用に供せられるようになった。

産業界や看護集団の中間管理職が部下の理解を図るために，感受性訓練（sensitivity training：社会的感受性や行動の柔軟性を高めるための小集団による訓練方法である），T（training）グループ（人間の相互影響関係を学ぶためのラボラトリートレーニングのことである），ロジャーズ（C. R. Rogers：1902-1987，アメリカ，カウンセリング）のエンカウンターグループ（encounter group；集中的グループ体験を，人間関係の改善を目標に健康な一般人を対象に実施したものである）などの実践が活発になされた。

わが国では1950年代から，グループアプローチが実践され，1983年には日本集団精神療法学会が設立されて，医療，福祉領域中心に研究業績が蓄積されつつある。

精神科領域では統合失調症患者の陰性症状（無為，無欲など）の解決に，社会生活技術訓練（social skill training；SST）が広く適用されるようになっている。

日常的なコミュニケーション技術，服薬の習慣，買い物行動などの形成，学習を目的として，デイケアプログラムが精神病院で実行され，患者の社会復帰に資している。

一方，老人の痴呆状態の改善または痴呆の進行を予防するために，老人保健施設や養護老人ホームなどで，さまざまな集団活動（身体活動，ゲーム，回想法）を取り入れ，痴呆を中心とした，老化現象を予防するために集団療法が適用されている。

keywords of keyword
ダイナミックス，J. L. モレノ，S. R. スラブソン，グループカウンセリング，グループガイダンス，グループワーク，感受性訓練（sensitivity training），T（training）グループ，デイケアプログラム，C. R. ロジャーズ☞

（島田　修）

集団の形成（group formation）［社・心］

ある目的のために何人かの人が集まり，そこで何らかのやりとり（相互作用：interaction）がおこなわれている状況は，集団（group）と呼ばれている。ただ単に人が集まっているといった状態の集合（aggregation）とは区別される集団には，自分と他者という二者関係にはない独自の心理的プロセスが働いていることが報告されている。

集合状態から集団へという集団の形成（group formation）には，さまざまな要因が影響してくるが，ハートレイとハートレイ（Hartley & Hartley, 1952）は，時間的要因すなわち時期的なプロセスに注目して興味深い指摘をしている。

始めは，①探り合い（exploration）の時期で，恐怖や不安感また警戒心や構えをもっていてお互いに相手の出方をうかがう状態。次いで，②同一化（identification）の時期で，お互いの緊張が解け，所属の感情が増大していき集団への同一視が起こってくる。また，③集団目標設定（emergence of collective goals）の時期で，集団としてのまとまりが高まってきて集団の目標が設定される。そして，④集団規範発生（growth of group norm）の時期となってくる。この時期には，集団凝集性（group cohesiveness：個々人が集団に感じる魅力）の発達に伴ってメンバーの行動を規制する集団規範が生じてくる。さらに，⑤内集団－外集団態度（in-group out-group attitudes）形成の時期で，自分の所属する集団に「われわれ意識」が発生すると同時に他の集団には「かれら意識」がでてくる状況となってくる。そして，⑥集団雰囲気（group atmosphere）形成の時期で，集団化された状態が維持されてくるとその集団に特有の雰囲気が形成されてくるようになる。最後には，⑦地位と役割分化（differentiation of status and role）の時期である。集団内の相互作用が進むにつれてメンバー間に「地位」と「役割」の分化が生じてくる。

以上のようなプロセスで集団になっていくのであるが，集団になってもその状態が固定化し決まったものになるのではなく，流動的なものであり，集団自体も変化や発達また発展および崩壊という過程を示していく，とされている。

main reference
Hartley, E. L. & Hartley, R. E.　1952　*Fundamentals of*

Social Psychology. Knopf.

keywords of keyword

集団の構造☞，集団凝集性，集団規範

（岩淵千明）

集団の構造 （group structure）［社・心］

　ただ人が集まっている状況でなく，集団というためには以下のような条件が備わった状態でなければならないと広田（1963）は定義している。まず，①対面的熟知性：集団を構成するメンバーが限られていて対面的な関係にあり個人的な印象や知覚があること。また，②一体感の知覚：メンバー自身に集団を構成しているという自覚および一体感があること。さらに，③目標の共有：メンバーがお互いに共通の目標をもっているという実感があること。集団には固有の課題と目標が存在する。そして，④相互活動：メンバー間に何らかの相互作用があること。ある種のやりとりがあり，相互に影響しあい欲求や行動の相互依存性がみられる。最後に，⑤地位と役割の分化および規範の共有：メンバーにある地位に伴った役割が決められていること。メンバー間に行動の基準や許容範囲に関する規範が存在すること。

　このように集団化された状態，メンバー間にある種の相互作用がおこなわれ集団内部でのメンバー間の関係が明確になってくると，集団が構造化されたと表現される。

　これまでの研究の中で扱われてきた集団の構造（group structure）に関する側面には，次のような三つのものがある。まず，メンバー間における好き－嫌いといった感情的および心理的な側面，これを，ソシオメトリック構造（sociometric structure）という。また，主として言語的な相互作用過程に注目したコミュニケーションの側面，これを，コミュニケーション構造（communication structure）という。さらに，集団内の地位や役割などで示されるある種の勢力関係の側面，これは，地位役割構造（state-role structure）とか勢力構造（power structure）といわれている。これら三つの側面については，ショー（Show, 1976）が，それぞれの構造は他の構造を発展させるための規定因になるとしているように，それぞれが独立に存在するのではなく，相互に影響しあう関係にあるとされている。

main reference

Shaw, M. E. 1976 *Group Dynamics : The psychology of small group behavior,* 2nd. ed. McGraw-Hill.

keyword of keyword

集団の形成☞，ソシオメトリック構造，コミュニケーション構造，地位役割構造

（岩淵千明）

出生前診断 （prenatal diagnosis）［医］

　母の子宮内にある胎児（いわゆる胎児診断，fetal diagnosis）のうちに，遺伝子に異常があるかないかを診断しておこうとするもので，羊水診断（羊水の一部を採取）と絨毛診断（絨毛の一部を採取）の二法がある。本法は誤診が少ないこと，また変化の有無のみで診断が可能であるため，第一子や近親者に遺伝性の異常がみつかった場合や，高齢者出産でリスクが高い時などの対処法としてもおこなわれている。倫理上の問題として考えておくべきは，大半の遺伝性疾患は現状では治療方法がないことで，障害のない元気な子どもの出生を願う親の心情は理解できても，この診断が障害者の存在を否定することにつながるのではないかとの批判も厳として存在することである。障害の有無といっても，それは紙一重の差にすぎないのだということへの配慮が必要である。

　着床前診断とは，受精卵から1～2個の割球を採取し，性別判定，単一遺伝病の診断，染色体異常などの診断をおこなうものをいう。

　遺伝カウンセリングによる問題対処の体制づくりが急務であり，望ましい解決へのコンセンサスが待たれる。

keywords of keyword

単一遺伝病，染色体異常

（佐野開三）

順位制 （dominance hierarchy）［心］

　互いに頻繁に接触する一群の動物における，重要性ないし優位性による集団成員の相対的序列。これにより多少なりとも長く続く社会的秩序が確立する。1922年，シェルデルップ－エッベ（T. Schjelderuppe-Ebbe：ノルウェー，動物学）がニワトリの直線的な「つつきの順位」を発見し，順位制の考えを初めて提唱した。いくつかのタイプの順位制がみられる。最も単純な，直線的な順位制においては，動物Aは動物Bよりも優位であり，動物Bは動物Cよりも優位である。三角形の関係もみられ，この場合，動物Aは動物Bよりも優位であり，動物Bは動物Cよりも優位であり，動物Cは動物Aよりも優位であるという具合である。このようなパターンは通常，家族集団内での地位が群れ全体の中に反映されない場合にみられる。

さらに複雑なタイプは個体間で連携がなされる場合である。2匹の動物（BとC）が連携して，通常は彼らのどちらよりも優位な動物（A）よりも優位に立つという場合である。連携した動物と1匹の動物との間でひとたび優位性が確立した後は，資源をめぐる争いの際，その1匹の動物は連携した動物のどちらにも譲るようになる。順位制の存在は十分実証されてはいるが，だからといって決して普遍的というわけではない。種によっては順位性がほとんどあるいはまったくみられない場合もある。自然状態ではなわばりをもっている動物が，捕獲され過密の状態におかれると，順位制を示すようになることもある。

main references

ヘイズ, N. 岩本隆茂（監訳） 2000 比較心理学を知る ブレーン出版

スレーター, P. J. B. 日高敏隆・百瀬 浩（訳） 1994 動物行動学入門（同時代ライブラリー 185） 岩波書店

（綱島啓司）

障害児教育（education of handicapped children）（特殊教育）［教］

心身に障害があるために通常の学校教育では十分な教育効果を上げることが難しい子どもに対して，障害に応じた特別な指導がおこなわれる教育を総称していう。高等学校年齢までが対象になるので障害児（者）教育ということも多い。わが国の学校教育法では特殊教育と呼んでいる。特殊教育に相当する英語は special education，もしくは education of exceptional children であるが，アメリカではこの用語に知的優秀児の教育も含めていて，特別な教育的対応のすべてを指して使用している。障害がある子どもの教育だけに限る場合は education of handicapped children の英語が用いられる。

わが国の障害児教育は，1878年（明治11年）に京都盲啞院が創立されて盲・ろう教育が始まったのを最初とする。この時から120年余を経たが，この間の経過については文献として紹介した『特殊教育120年の歩み』（文部省刊，1999）などを参照して欲しい。

現在の障害児教育の制度は，第二次世界大戦後1947年（昭和22年）に制定された学校教育法が定めている。その後，何回かの改正があって，細部にはさまざまな進展があったが，教育機関としては，特別の諸学校（盲学校，ろう学校，養護学校）と，一般の学校に設置されている特殊学級がある。養護学校は，障害種別に知的障害，肢体不自由，病弱の三種の学校が用意されている。盲学校，ろう学校，養護学校には幼稚部，小学部，中学部，高等部を置き，小学部と中学部は義務制である。このような教育体制とは別に，小・中学校の通常の学級に在籍しながら必要な内容のみ特別の教育の場に通って指導を受ける制度（通級による指導）もある。これは障害が軽度の場合への対応で，1993年（平成5年）に学校教育法施行規則の改正によってこの制度が設けられた。

盲・ろう・養護学校の教育課程は，基本的には小・中・高等学校がとっている編成と同じだが，別に「自立活動」（平成10年度までは「養護・訓練」と呼んでいた）を加えているのが特徴である。これは，障害がもたらす機能的な制約に対処できる力を育成する領域で，健康の保持，心理的な安定，環境の把握，身体の動き，コミュニケーション面での特別指導がおこなわれている。

障害児の教育は，「一人ひとりの教育的ニーズに応えて特別な支援をする」という理念に立たなくてはならない。この考えに沿って，国の施策も，これまで特殊教育としてきた用語を特別支援教育と呼び変える方向を示し（2001年），教育判定についても新しい転換を図ろうとしている。

main reference

文部省初等中等教育局特殊教育課（編） 1999 特殊教育120年の歩み 文部省

（伊澤秀而）

障害受容の過程（acceptance processes of disorders）［心］

障害の克服は，障害を受容することにある。障害の受容とは，日常生活にあって，自己の障害を，身体的，心理的および社会的にあらたな自己として現実的に認知することである。障害受容の過程は，①ショック期，②回復への期待期，③混乱と苦悩の時期，④適応への努力期，および⑤適応期に分けられる。中途障害の場合，突然，これまでの適応様式が無効となってしまう。そうした現実を認知し，あらたな適応様式を習得しなければならない。障害受容の過程は，再適応への道程を示している。道程は，ゆきつもどりつで，決して直線的なものではない。

ショック期では，救急的な処置を受けている時の心理状態で，回復後の日常生活をこれまで通りと考えている。肢の切断を伴う場合では，幻肢痛

（存在しない身体部位に感じられる痛みやかゆみ）への配慮が必要とされる。回復への期待期では，障害否認期とも呼ばれるように，障害の事実が否定される。したがって，回復の可能性を求めて医師巡りがなされる。混乱と苦悩の時期では，障害の現実に直面し，まさに喪失体験であり，価値転換理論☞の気づきの時期でもある。適応への努力期では，価値転換の実践を通して，また，ピア・カウンセリング☞などの実践を通して，適応への方向づけがなされる。

keywords of keyword
幻肢痛，価値転換理論☞，ピア・カウンセリング☞

（鴨野元一）

消去（extinction）［生］

条件反射の実験で強化☞を十分におこない条件反射が確立された場合でも，強化をおこなわないと条件反射は弱まり，消えてゆく。それはほうっておけば忘れてしまうということではなく，積極的に反射を抑制しようという働き（内制止）があると，パヴロフ（I. P. Pavlov）☞はいう。また，条件反射は外的な働きかけによって弱められることもある（外制止）。さらにいったん形作られた条件反射が消えた後，少し間を置くと再びその反応が復元することがある。これを自発的回復（spontaneous recovery）と呼ぶ。こうした現象をパヴロフは大脳皮質に生ずる興奮と抑制☞の過程として説明した。われわれの記憶の多くはほうっておくと忘れてゆくし，ふとまた思い出すこともあり，こうしたことを説明する概念として興味深いが，そう単純に実験的に検証することは難しい。

keywords of keyword
強化☞，内制止，外制止，自発的回復，興奮と抑制☞，I. P. パヴロフ☞

（三宅　進）

症状精神病（symptomatic psychosis）［精］

脳以外の身体疾患に随伴して起こる精神障害の総称である。脳に主病変のある器質精神病や，アルコール・薬物の中毒に基づく中毒性精神病はこれより除外する。本疾患を起こす基礎疾患としては，感染症（ウィルスや細菌の感染によって起こる脳疾患），内分泌代謝疾患（内分泌疾患によって起こる慢性の精神病状態），膠原病（全身の膠原線維組織が変性して起こる疾患）などがある。症状精神病の概念はボネファー（K. Bonhoeffer：1868－1948，ドイツ，精神科医）が身体疾患の種類，原因が何であれ，共通の精神症状が現われるとしたことに端を発しており，これを外因好発型ないし外因反応型としてまとめた。外因反応型の好発病像は，譫妄，もうろう状態，アメンチア（急性精神障害，ことに感染や中毒によって起こる精神病の精神的統一を失った状態をいう）などの意識障害を中心とする症状であり，幻覚症，過敏性情動衰弱状態（光や音に対する感覚過敏，不機嫌やいらいらなど感情の刺激性，情動不安定，不眠，頭痛など自律神経系の不安定な状態），コルサコフ症候群（健忘症候群と同義。失見当識，記銘障害，健忘，作話を中心症状とする症候群）もみられる。

keywords of keyword
感染症，内分泌代謝疾患，膠原病，K. ボネファー，譫妄，もうろう情態，アメンチア，幻覚症，過敏性情動衰弱状態，コルサコフ症候群

（渡辺昌祐）

情緒・情動性（emotion／emotionality）［生心］

喜怒哀楽が人の感情，情緒を代表する一般的ことばになっている。環境状態の変化に伴って生まれる一時的な心の変化は千差万別であり，心理学という学問的立場でこれをとらえようとするとなかなか厄介な現象である。だから多くの研究者が情緒という定義に対して歯切れが悪い。喜怒哀楽って感情なんですか，情緒なんですか。情緒（emotion）に似通った言葉は日本語でも，外来語でも変化に富む。感情はaffection，気分はmood，気持ちはfeeling，情操はsentimentなどいろいろ英語を当てはめたり，それなりの定義らしきものを述べる辞書などもあるが，それでいいのかな，という気持ちになるのは，情緒・感情の定義の曖昧さにあるように思える。一般概念として，それぞれの情緒に関わる言葉を定義づけるには研究的な裏づけが乏しいようにも思える。それにしても日本語で情緒と書くと甘ったるい語感をもつ。一方感情となると少し喜怒哀楽といった心の働きをもつ響きとなる。いずれにせよこれらを心理学的に研究しようとすれば一筋縄ではいかない。

研究という立場からみると情緒，感情は二つに分かれる。一つは認知心理学的な方向であり，もう一つは精神生理学，生理心理学的な方向である。認知心理学の立場に立つと環境の変化を，対人関係をどのように受け止め，それに伴って心はどう変化していくかを知ろうとする。個人の心の動きを知るためにはいろいろな形の調査，質問などに頼ることとなり，情緒，感情の実態を浮かび上がらせようとする。これらに関しては認知心理学を

参照していただきたい。本項目ではもう一つの立場の生理心理学的な情緒というものを示しておこう。

対人関係にあって，情緒にせよ感情にせよそこに喜怒哀楽があると知るのは他者の行動によってである。そこで情緒を研究するにあたって，情緒行動を統括するべき生理学的基礎をみることが必要となる。情緒の座はごく大ざっぱにいうと，間脳（視床，視床下部，扁桃核，脳幹網様体など）あたりにあるといわれ，そこを起点として生ずる神経刺激（インパルス）が自律神経系の交感神経，副交感神経へ伝わり各末梢器官（心臓とか，胃とか，肺とかの臓器，筋肉，骨格）に送り込まれ，その器官独特な動きをみせ，それが統合されて情緒，感情の行動となる。悲しい時には涙し，怒れる時には手に汗し，苦しい時には胃が痛むといった身体の動きがみられる。ここで注意しておきたいのは，生理心理学ではemotionを情緒といわず情動，あるいは情動性とすることが多い。あくまでもあいまいな概念を捨て刺激によって動かされる反応を全面に打ち出すためである。先に情緒を起こす神経刺激の起点が間脳にありと述べたが，その刺激を喚起するのはあくまで大脳皮質であると考えるべきであろうし，この大脳を含む中枢部位と末梢の行動とについて有名なJames-Lange（情緒末梢起源説）説（1884, 1885），Cannon-Bard（情緒中枢説）説（1927, 1928）がある。

keywords of keyword

自律神経☞，認知心理学☞，精神生理学☞，生理心理学，間脳，視床，視床下部，扁桃核，脳幹網様体，インパルス，自律神経系，交感神経，副交感神経☞，James-Lange説，Cannon-Bard説

（三宅　進）

剰余変数（residual variable）

心理学の実験やテストをする際に，計測される従属変数に研究者が意図した独立変数以外の要因が強い影響を及ぼしたならば，期待される因果関係は求められないことになる。たとえば，暗記学習（記憶）に及ぼす不安動因の効果を調べる時に，若い人とお年寄りとでは学習成績にちがいが出ることが予想される。この場合，不安動因という独立変数以外の年齢という要因が剰余変数となっている。そこで研究者は求める因果関係を確実にするために実験計画を立てるが，その原則は剰余変数の影響を除去することであり，独立変数以外の条件を恒常に保つという手法をとる。つまり，剰余変数を統制群にも実験群にも等しく配置することによって，独立変数の効果を浮き立たせるというものである。このような剰余変数に対する配慮は実験場面だけでなく，臨床場面でも要請される心理学者のセンスでもある。

keywords of keyword

実験計画☞，従属変数，独立変数

（金光義弘）

初期経験（early experience）［心］

動物も人間も生まれた後の行動発達は生得的に決まっているという考え方に対して，生後の初期段階でどのような経験をするかによって，その後の発達の過程が異なるという見方が重視されるようになった。このような「初期経験」と発達過程との関連の研究は主にヘッブ（D.O.Hebb：1904-1985，カナダ，行動心理学）によって動物を用いて進められた。たとえば，ネズミの生後の飼育条件が明室か暗室か，すなわち初期にものを見る経験の有無によってその後の弁別学習成績は著しく異なることを明らかにした。その後もヘルド（R. Held：アメリカ，動物発達心理学）らの動物心理学者によって，視覚要素も含めたさまざまな環境条件における初期経験と認知や運動の発達との関係が研究され（1963），ますます初期経験の重要性が認識されるようになった。なお，類似する文脈で，ゲゼル（A. Gesell：1880-1961，アメリカ，発達心理学）などによる「野生児」研究も，生後間もない時期に動物によって育てられた子どもが人間らしさを失う様子を明らかにしており，初期経験の心理学的意義を示唆するものと思われる。

main references

Held, R. 1965 Plasticity in sensory-motor systems. Physiological Psychology. pp.272-279. W. H. Freeman and Compary.

Gesell, A. 1934 Infant behavior : Its genesis and growth McGrow-Hill.（新井清三郎訳　1958　小児の発達と行動　福村出版）

keywords of keyword

D. O. ヘッブ☞，野生児☞，弁別学習，A. ゲゼル

（金光義弘）

徐波睡眠（slow wave sleep ; SWS）［生・生心］

睡眠ポリグラフ記録法によって記録されたデータは，一般的にレヒトシャッヘン（A. Rechtschaffen：アメリカ，生理学）とカレス（A. Kales：アメリカ，生理学）の判定基準（1968）に従って，睡眠

段階（sleep stage）に分類される。

具体的には，段階覚醒（stage wake），段階1（stage 1），段階2（stage 2），段階3（stage 3）段階4（stage 4），段階REM（stage REM）に分けられる。このうち，段階3と段階4をまとめて徐波睡眠（slow wave sleep, SWS），あるいは深睡眠（deep sleep）という。この時期の脳波は，最も振幅が高くなり，ゆっくりとした大きなδ波が観察できる。この時期に，眠っている人に音などの刺激を与えてもなかなか目覚めない。通常の夜間睡眠では，睡眠経過の前半3分の1の時間帯で最も多く出現し，朝方になるに伴い，その出現はほとんど観察されなくなる。また，この前半の徐波睡眠の出現に合わせて，成長ホルモンの出現がピークを迎える。このことは，「寝る子は育つ」という諺の科学的根拠といえる。

main references
Rechtschaffen, A., & Kales, A., 1968 *A manual of standardised terminology, techniques, and scoring system for sleep stages of human subjects*. USA: National Institufe of Health.

日本睡眠学会（編）1994 睡眠ハンドブック 朝倉書店

keywords of keyword
睡眠段階☞，δ波

（保野孝弘）

処理水準説（levels of processing theory）［心］
今仮に，全然知らないある外国語のいくつかの単語の読み方を覚えたとしても，2,3時間も経つと忘れているだろう。これは，意味がわからないからである。つまり，この材料を音韻処理はしているが，意味処理はしていないのである。このような処理の仕方と記憶との関係に注目し，処理水準説を唱えたのが，クレイクとロックハート（Craik & Lockhart, 1972）である。処理水準説とは，記憶すべき項目の処理が深いほど，記憶されやすいというのである。たとえば，「くろい　勝利　空　いきる　夏」という単語のリストを提示し，漢字か仮名かを問うのが形態処理，さ行の音を含むか否かを問うのが音韻処理，反対語をあげさせるのが意味処理で，形態，音韻，意味の順番に処理が深くなるというのである。このような（記憶教示なしの）方向づけ課題の後，提示項目の再生を求める（この手続を偶発記憶という）と，記憶成績は形態，音韻，意味処理の順に上昇した。つまり，処理が深くなればなるほど記憶の持続性が高まるのである。なお，この説に対しては，処理の深さの決め方が問題であるという批判がある。また，項目を同じ意味処理という水準で処理しても，その項目に付加する情報の量が多いほど記憶しやすいということ（精緻化）の指摘など，処理水準説を補う考え方が提唱されている。

main references
Craik, F. I. M., & Lockhart, R. S., 1972 "Levels of Processing : A framework for memory research", *Journal of Verbal Learning and Verbal Behavior*, **11**.

keywords of keyword
音韻処理，意味処理，F. I. M. クレイク，R. S. ロックハート，偶発記憶

（賀集　寛）

自律訓練法（autogenic training）［心・精］
ドイツの精神医学者シュルツ（J.H. Schultz）によって編み出された心理・生理的自己コントロール法である。

シュルツは他者催眠による催眠状態の心理・生理的治療効果を研究していて，被験者から他者催眠によって四肢の重い感じ，ついで温かい体感の報告を受けた。

そこでシュルツは自己暗示によって導きやすい重感，温感の公式暗示を工夫し，他者催眠と同じような効果の得られることを明らかにした。このことから自己催眠法ともいわれる。

自律訓練法は次の段階にそって，訓練公式が用意されている。基本公式：気持ちがとても落ち着いている。標準練習公式：右手が重い→左手が重い→両手が重い→両手両足が重いと身体全体に般化するように公式を広げる。次いで，四肢の温感の練習をおこなう。心臓調整の練習（心臓がとても静かに打っている），呼吸調整（らくーに呼吸をしている），腹部温感の練習（胃のあたりが温かい），額の涼感（額のあたりが涼しい）などの標準訓練公式が用意されている。

こうした自律系末梢（自律神経系による種々の内臓器官の機能を制御する遠心性線維）の暗示効果は心的な安息感をもたらし，抗不安反応として，不安の強い患者，不眠症の患者に用いられて効果をみている。また行動療法の系統的脱感作療法の弛緩反応の習得に自律訓練法が用いられる。

セールスマンが客の説得に，またスポーツ選手のあがり防止，学習態度，能率の効率化を目指して単独にこの自律訓練が適用されている。

keywords of keyword
催眠状態，自律系末梢，行動療法，系統的脱感作療法
（島田　修）

自律神経系 (autonomic nervous system) [生]

情緒，感情によって活動する自律神経系は二つの支線に分かれ，中枢神経系から出て，さらに細かい神経線維を伸ばし身体の各末端の効果器（心臓，胃，生殖器といった末端臓器）にたどり着く。一つは交感神経系（sympathetic nervous system=SNS），今一つは副交感神経系（parasympathetic nervous system=PNS）と呼ばれる。交感神経系の働きと構造はなかなか複雑であるが，SNSとPNSは大体同じ効果器に至り，別々の競いあう働きをするものとしておこう。すなわち，SNSが興奮を高める働きをすれば，PNSは興奮を鎮める抑制の働きをする。こうした働きは何のためにおこなわれるのか？　それは生活体が環境の中にあって，よりよき身体の状況を保とうとするためなのである。環境の中で襲いかかる危険に遭う時，その危険から「逃げるか戦うか」を決断し，それに応じた身体の各部の働きを整えてゆかなければならないし，そうした緊張を解きほぐし，やすらぎの時をもたねばならぬことも必要であろう。そうした環境の中での身体バランスを保つことをホメオスタシス（homeostasis）という。自律神経系の働きは一口でいうならホメオスタシスということである。身体のこうしたホメオスタシスを保つことは，ひいては心の安定を保つことにもつながる。ただし，ホメオスタシスをつかさどる自律神経系の働きは自分の意思で自由にコントロールすることが難しい。このことから自律神経系のことを植物性神経系と呼ぶこともある。

keywords of keyword
交感神経系☞，副交感神経系☞，効果器，ホメオスタシス，植物性神経系
（三宅　進）

自律神経失調症 (autonomic (vegetative) dystonia) [精・心]

全身倦怠感，めまい，頭痛，頭重感，動悸，胸部圧迫感，下痢などの不安定で消長しやすい自律神経性身体的愁訴を訴えるが，器質的変化がなく，顕著な精神症状のないものを自律神経失調症と呼んでいる。発生基盤は自律神経中枢の失調にあり，自律神経機能検査で異常が認められる。体質的素因が重視される。自律神経失調症では，心理的・社会的ストレスが絡んで自律神経失調を呈するものも多く，これらは心身症としての自律神経失調症といえ，臨床上遭遇する機会が多い。

keyword of keyword
心身症☞
（渡辺昌祐）

事例研究 (case study) [心・福]

臨床心理学の分野でおこなわれる研究方法の中心となっている。他の研究分野の方法と比較すると，研究の際に用いるデータが少数であり，数量的な問題で，一般化するのに困難が伴う点が問題点として指摘されている。

臨床心理学の分野で論じられている事例研究の問題点は，それが単なる症例報告なのか，研究なのかというところにある。何を報告とするか，何を研究とみなすかは，研究者によって異なるところであり，明快に区別することはできない。しかし，「こんな珍しいケースがありました」では研究とはいえない。最近の学会などでの発表では，事例研究が少なくなってきているという。つまり，事例を通して新しく理解されること，そのオリジナリティーが報告されるようなことがなくなってきているのである。事例にあたって，その報告を重ねることで症状の様相，因果関係への理解を深め，研究者が臨床家として学びとってゆくところは多い。しかし，それだけではこれからの臨床心理学の発展には十分な寄与を望むことは難しいのではないだろうか。

とかく臨床心理学の分野は，心理学の中でも研究と実践を分けることが難しい分野である。しかし，臨床での実践がそのまま研究につながったり，研究が臨床実践に即役立つということは確かに多いのが事実である。

このことからも，これから臨床心理学が発展していくためには，事例を通して学んだことに，従来の理論的枠組みをふまえ，新しい考え，理論を組み立てていくことが必要だと考えられる。

（武井祐子）

人格障害 (personality disorder) [精・心]

1927年シュナイダー（K.Schneider：ドイツ，精神医学）が「人格の異常性のために本人自身が悩むか，あるいはそのために社会が煩わされるもの」を精神病質人格 psychopathic personality（精神病質 psychopathy）と呼び，非体系的に10種類の類型をあげた。以後このタイプが基本になって現在に引き継がれている。現在の人格障害をDSM-Ⅳ（1994）では以下の三群に分類している。

A群は奇妙で風変わりにみえることを特徴とするもの（妄想性，分裂病（統合失調症）質，分裂病（統合失調症）型人格障害），B群は演劇的で情緒不安定で移り気にみえることを特徴とするもの（反社会的，境界性（対人関係，自己像，感情が不安定で衝動的），演技性，自己愛性人格障害☞（共感性が欠如し，賞賛されたいという欲求が強い）），C群は不安と恐怖を特徴とするもの（回避性（不適応感が強く，否定的評価に過敏で，重要な対人接触や就学的活動を避ける），依存性（世話されたいという過剰な欲求のために他者にしがみつく行動をとり，分離に不安を感じる），強迫性人格障害（完全主義で柔軟性・効率性が犠牲にされる特徴をもつ））である。

　これらの人格障害の特徴は，その個人の属する文化から期待されるものから著しく偏った行動パターンが持続し，固定し，柔軟性を欠くものである。また幼児期から青年期にかけて出現し，成年期へと持続する。何らかの疾患に基づいて，あるいはその後遺症としての人格変化とは区別される。なお人格障害と精神病質は臨床的には同義語である。

keywords of keyword
精神病質人格，分裂病（統合失調症）型人格障害，自己愛性人格障害☞，回避性人格障害，強迫性人格障害，DSM-Ⅳ☞

（横山茂生）

心気症　［精］

移り変わる身体的懸念や症状に対する先入観によって，重篤な身体疾患を有すると確信する。そして，環境に不適応な形態となる。DSM-Ⅳでは身体化障害（somatization disorder：身体表現性障害の一型）として分類されている。

keyword of keyword
DSM-Ⅳ☞

（渡辺昌祐）

神経系の型　（types of nervous system）［生］

パヴロフ（I. P. Pavlov）☞は，組織的な実験を通じて，高次神経活動（大脳皮質活動を必要とする）の一般的法則性を確立してきた。一方，彼は，一般的法則性にあてはまらないイヌの存在にも気づいていた。おとなしくて落ち着いたイヌは，実験に好都合で条件反射の形成も良好である。一方，非常に臆病でパヴロフのことばを借りれば「温室的雰囲気」を作りださなければ実験できないイヌもいる。このタイプのイヌの条件反射の形成は，非常に緩慢である。

　興奮過程と制止過程との特殊性と相互関係のあり方，すなわち，①神経過程の強さ，②それらの均衡性および，③それらの易動性によって，パヴロフはイヌの個性を分類しようと試みた。彼は，その類型を神経系の型と呼んだ。

　神経系の型は，四つのタイプに分けられる。まず，興奮と制止過程の強さに基づいて，「強い型」と「弱い型」とに分けられた。ついで，「強い型」は，興奮と制止との均衡性に基づいて，「均衡のとれた型」と「不均衡な型」とに分けられた。さらに，「均衡のとれた型」は，興奮と制止の易動性に基づいて，「易動的タイプ」と「不活発なタイプ」に分けられた。

keywords of keyword
I. P. パヴロフ☞，高次神経活動，興奮過程と制止活動☞

（鴨野元一）

神経症　（neurosis）［精・心］

生物学的精神医学（精神症状や精神疾患の原因を脳の生理・生化学的病変に求めて研究する分野）の台頭によって，アメリカ精神医学会では1980年のDSM（米国の精神医学会が決めた精神科診断基準）分類からは「神経症」という言葉が除外されてしまった。しかしこの概念は依然として臨床家の間では生き続けている。まず定義としては以下の点を満たすことが求められる。①心因性の障害であること，②機能的な障害であること，③障害は心身両面に現われること，④特有のパーソナリティが認められること，⑤病識があり，現実検討力を備え，疎通性（気持ちの通じ合えること）があり，人格も保たれている，⑥可逆性（精神症状が現われても，いつかは元の状態になること）である。しかし精神的葛藤とは無関係に起こる場合も多く，その発生因として不安や抑うつ感情に対する耐性の脆弱性が問題であることが明らかにされてきたので，DSM-ⅣやICD-10（国際疾病分類10版）では「神経症」を除外し，不安性障害としてまとめた。治療には薬物療法，特にSSRI（選択的セロトニン再取り込み阻害薬）の有用性が注目されている。

keywords of keyword
生物学的精神医学，DSM分類，可逆性，ICD-10，SSRI

（渡辺昌祐）

信号検出理論　（signal detection theory；SDT）［心］

私達が外界を知覚するときの鋭敏さを記述する

場合，最もポピュラーな概念は「閾値」である。一方，刺激の最小可知差異（やっと知覚することができる刺激の差異という意味で，弁別閾ともいわれる。just noticeable differenceを略してjndと記すことがある）を問題にするのではなく，その人にとって大事な信号（signal）を雑音（noise）の中から検出する能力こそ知覚の鋭さを示すという考え方がある。すなわち視力（閾値）が優れていても，集中力や注意力が欠如している人は外界知覚能力は劣っていると考えられるからである。1960年から1970年代にかけてグリーンとスウェッツ（D. M. Green & J.A. Swets：アメリカ，精神物理学）（1966）らによって，人の知覚能力の，判断の正確性という面からの数量化が試みられ，確立した理論が「信号検出理論（SDT）」である。

SDTによると，外界環境はノイズの海であり，その中に必要な信号が埋もれていて，われわれはその信号を検出しながら適切に処理して生きていると考える。車の運転場面でいえば，刻々変化するフロントガラス越しの刺激（ノイズ）の中から，標識や赤信号，横断者や飛び出しなどの安全に必要不可欠な情報刺激（信号）を発見しなければならない。つまりノイズ刺激には反応する必要はなく，重要信号刺激には適切な反応が要求される。その関係は次の表に示すことができる。

		判断・反応	
		信号あり・yes反応	信号なし・no反応
刺激事態	信号あり・signal	正しい判断・反応 Hit	間違い判断・反応 Miss
	信号なし・noise	間違い判断・反応 False Alarm	正しい判断・反応 Correct Rejection

上記の表の意味するところは，正しい判断および反応と間違い判断および反応とにそれぞれ二通りあり，場面に応じた知覚特性を記述できることである。一般的に知覚の鋭敏性は，Hit率とFalse Alarm率とによって算出される"d'（ディープライム）"と，その時の判断基準"β（ベータ）"という二つの指標によって表される。たとえば初心者のドライバーは，危険ありの判断をしすぎることによってHit率も高い反面，False Alarm（FA）率も高くなる。一方ベテラン運転手は，刺激事態での危険の有無を見分けることができるから，Hit率は高くFA率は低くなる。このように同じHit率であっても，FA率との相対的関係性（ディープライム：d'）によって人の知覚特性の差異を示すことができる。また，この特性はその人が刺激事態にどれ程の重きを置いているかという判断基準（ベータ：β）によって異なることも知られている。なお，d'やβの算出方法については専門書（感覚・知覚ハンドブックなど）を参照されたい。

main reference
Green, D. M., & Swets, J. A. 1966 Signal Detection Theory and Psychophysics. Wiley.
keywords of keyword
閾値☞，最小可知差異，Hit率，False Alarm率

(金光義弘)

人工臓器 (artificial organ) [医]

人の手によって作られたもので，人間の身体の一部の機能もしくは形態を，一時的または半永久的に代用することのできる器材をいう。今日では使用材料の発達によって，古くは第二次世界大戦中に始められた人工腎臓から，戦後は人工心臓，人工肺（人工心肺といって心と肺の両機能を一時的に代用する装置もある），人工肝臓，人工膵臓などのハイテク器機から，人工血管，人工弁，人工ペースメーカー，人工呼吸器などその進歩も目覚ましく，人命救助に多大な貢献をなしてきた。ここでまた一つ考えなければならないことは，人工臓器を用いた時のQOLは果たしてどうかの問題で，インフォームド・コンセントの重要さはもちろんのこと，臓器移植との関連についても慎重な考慮を払う必要がある。

keywords of keyword
QOL☞，インフォームド・コンセント☞

(佐野開三)

心身症 (psychosomatic disease) [精・心]

精神医学，心理学などの臨床部門の会話の中で「サイコゾマ」とか「PSD」という言葉が出てくる。これはpsychosomatic disease（心身症）のことである。日本心身医学会では心身症を「身体疾患の中で，その発症や経過に心理社会的因子が密接に関与し，器質的ないし機能的障害が認められる病態をいう。ただし神経症やうつ病など，他の精神障害に伴う身体症状は除外する」と定めている。このように心身症は独立した疾患単位ではなくて，高血圧や気管支喘息などの疾患をもった患者のうち，その症状に心理社会的因子の関与が認められたものを心身症とする。したがって心身症とされたものに対しては，その病態が身体病の

形を示していても心理療法的アプローチ（カウンセリング，行動療法，精神分析療法）が必要である。

〈代表的な心身症〉
循環器系：本態性高血圧症，狭心症，低血圧症候群
呼吸器系：気管支喘息，過換気症候群
消化器系：胃十二指腸潰瘍，潰瘍性大腸炎，過敏性腸症候群，摂食障害
内分泌代謝系：甲状腺機能亢進症，糖尿病，肥満症
神経系：偏頭痛，緊張性頭痛，自律神経失調症
骨・筋肉系：関節リウマチ，書痙，腰痛症，チック
皮膚領域：蕁麻疹（じんましん），円形脱毛症
眼科領域：緑内障，眼精疲労，眼瞼けいれん
耳鼻科領域：メニエル症候群，耳鳴，乗物酔い，吃音
泌尿生殖系：夜尿症，勃起不全，過敏性膀胱
婦人科系：月経困難症，月経異常，更年期障害
小児科系：起立性調節障害，心因性発熱，夜驚症
外科系：ダンピング症候群，頻回手術
口腔領域：顎関節症

keywords of keyword
神経症☞，うつ病，心理療法的アプローチ

（横山茂生）

心身相関（mind-body correlation）[精・心]

　精神的葛藤や不安，恐怖などの情動体験や行動様式が，身体機能に影響を与え，逆に身体の状態が心の動きに影響を与えることを心身相関という。心身相関の例としては，生体が緊急事態に直面すると情動の興奮，意識の覚醒，交感神経の強い興奮状態が起こるキャノン（W. B. Cannon：1871 – 1945，アメリカ，生理学）の緊急反応（emergency reaction）がよく知られている。臨床的にはタイプA行動パターンと虚血性心疾患（狭心症，心筋梗塞など），情動ストレスによる高血圧，消化性潰瘍，過敏性腸症候群などが心身相関の代表的なものである。心と身体を別々に考える心身二元論ではなくて，心身相関による心身一体の心身一元論の立場に立つのが心身医学である。

keywords of keyword
W. B. キャノン，虚血性心疾患，心身症☞，過換気症候群，過敏性腸症候群☞，タイプA行動パターンおよびタイプB行動パターン☞

（横山茂生）

心的外傷後ストレス障害（post-traumatic stress disorder（PTSD））[精・心]

　阪神淡路大震災以来昨今のアメリカ多発テロまでマスコミに登場しない日はないほど著名な流行語になったこのPTSDは災害，事故，他人の変死の目撃，拷問，テロリズム，強姦あるいは他の犯罪の犠牲になることなどの極度に苦痛な外傷体験の遷延した反応として，数週間から数ヵ月経過した後に生じる。

　典型的な症状は感情の鈍麻と周囲への無関心，他人からの離脱，楽しみの感覚の喪失，事故と関係あるような状況の回避および，それにもかかわらず当時の体験の記憶が再現され（フラッシュバック）恐怖，パニックに陥ることがある。通常，過剰覚醒，不眠，不安，抑うつ，自殺念慮もみられ，アルコール依存や薬物依存を併発することもある。

keywords of keyword
自殺念慮，アルコール依存症☞，薬物依存，急性ストレス障害☞

（横山茂生）

心理アセスメント（psychological assessment）[心]

　心理療法と並ぶ，臨床心理士にとって重要な業務。アセスメント（assessment）という用語はもともとは税額や資産などの評価を意味している。臨床的なアセスメントという場合，個人のパーソナリティ，資質，病理などについて「有効な諸決定を下す際に必要な，患者についての理解を臨床家が獲得していく過程」とコーチン（Korchin, 1976）は定義した。たとえばどういった機関で援助を受けるのがよいか，どのような心理療法を導入するのがよいのか，家族を含めた援助を考えるのがよいのかといった点を配慮し，ケースマネージメントや治療計画を立てる際の基礎的な過程となる。形式面からいえば，一般的な面接によるインフォーマルなアセスメントと，心理テストや構造化された面接によるフォーマルなアセスメントに分類される。

　心理アセスメントの難しい点は，単純化しすぎるきらいはあるが，あえて記述すると「クライエントにある程度の動機づけがないと，意味のある情報が得にくい」という点である。ロールシャッハテストでも被検者が防衛的（自己を開こうとしない）だと反応数の少ない表現の乏しい記録になって，解釈の妥当性に耐えられないものになる（Exner, 1986）。クライエントの主観的な体験に

寄り添い適度なラポール（クライエントとの人間的交流）を形成しながら，その資質を客観的に判断していく。この点，著名なスポーツジャーナリストやフィールドワーカーの切り口は，取材/調査対象への接近と客観性のバランスをとるという意味で，もっと参考にしてもよいのではないだろうか。

main references

Exner, J.E. 1986 *The Rorschach: A Comprehensive system vol. 1: Basic Foundations* (2nd ed.) Wiley-Interscience.（高橋雅春・高橋依子・田中富士夫監訳）1991 現代ロールシャッハ・テスト体系（上）金剛出版

Korchin, S.J. 1976 *Modern Clinical Psychology: Principles of Intervention in the Clinic and Community.* Basic Books.（村瀬孝雄監訳）1980 現代臨床心理学―クリニックとコミュニティにおける介入の原理― 弘文堂

keywords of keyword

ロールシャッハテスト☞，防衛的，ラポール，心理療法☞

（橋本忠行）

心理士の資格 ［心］

心理臨床の領域において，専門技術の質を保証し，職業的責任を社会的に明確にする免許資格制度が必要であるとの認識は高まっているが，わが国では法的な裏づけのある公的な資格はまだできていない。一方で，諸学会や諸法人の認定する民間資格が用意されてきた。学会認定の心理学関連資格としては，日本カウンセリング学会が1986年に発足させた認定カウンセラー，日本行動療法学会による認定行動療法士（1995年発足），日本学校教育相談学会による学校カウンセラー（1995年発足），日本教育心理学会による学校心理士（1997年発足）など，さまざまなものがある。いずれも登録者数は数十から数百名と多くはないが，地道な活動が続けられている。比較的知名度が高く，社会的に広く認知されつつあるものとしては，省庁の認可する法人などによる資格がある。これには，文部科学省認定の日本臨床心理士資格認定協会による臨床心理士（1988年発足，2003年現在の登録者数7,846名），文部科学省認定の日本心理学会による認定心理士（1990年発足，1997年末現在の登録者数2305名），厚生労働省認定の日本産業カウンセラー協会による産業カウンセラー（1992年発足，2001年3月現在の取得者数は初級13,419名，中級399名，上級20名）がある。

この中で，臨床心理士と産業カウンセラー中級は，心理学または心理学隣接諸科学専攻の修士修了以上であること，また，産業カウンセラー上級では，心理学または心理学隣接諸科学専攻の博士を有することが，実務経験年数と並んで認定基準の一つとなっており，大学院における専門的職能教育が重視されてきた。臨床心理士資格認定協会では，認定審査の省力化のためのみならず，職能教育の全国的な質の向上をねらって，新たに大学院指定制を導入し，2002年9月現在，第1種，2種あわせて86校が指定校となっている。

心理士の資格を設置するにあたっては，さまざまな条件がクリアされていなくてはならない。たとえば，どのような専門教育が求められるかが明確になっていること。倫理規定，研修規定が整っていること。職能分野において実際に求められる職務内容と，資格の定める内容とが合致していること。さらに，資格が設けられることによってその専門的職業の利用者（クライエントや患者）が保護されるとともに，登録者である専門家も社会的に認知され，保護されること。以上のようなことが考えられる。既存の資格体系では，医療分野の心理士に対して十分に保護的な役割が果たせておらず，これをどのように改善してゆくかが，議論されているところである。

main reference

日本臨床心理士資格認定協会 2001 臨床心理士になるために 誠信書房

（進藤貴子）

心理性的発達 ［心］

フロイト（S. Freud）☞の発達理論の骨子となる考え方である。フロイトの理論は解剖学と別名があるほど，身体的な発達をもととして，人の心の発達を考えている。その中でどの部位にリビドー（フロイトが考えた，精神エネルギー）が集中するかによって，次のような発達の段階を考えた。

・口唇期（oral phase）：外界との接点は口。乳房を吸う，噛む，食べるなどの行為によって快感を得る。ここで充分満たされることで，基本的な信頼関係を形成することができるなど人格形成の基礎となる時期である。

・肛門期（anal phase）：排泄に関係する筋肉コントロールが身についていく時期。溜めたり，出したりということで快感を得る。トイレットトレーニングの時期とも重なり，自分の力を感じつつ，

相手の要求にどう応じていくかが問われる時期である。
・男根期（phallic phase）：別名，エディプス期ともいわれる。自分の性別を意識し，異性の親への愛着から同性の親への敵意を感じるようになる（男児の場合；エディプス・コンプレックス　両親をめぐる三者関係で，異性の親に対して愛着をもち，同性の親に対して敵意をもつという無意識の葛藤）。この時期に葛藤を残したままで成長すると，神経症の原因となるとする。
・潜伏期（latency period）：エディプス・コンプレックスが同性の親への同一化（他者の属性を自分の中に取り込んで同じようにふるまうこと）によって解消され，欲動は低下していく。第二次性徴発現前の穏やかな時期である。
・性器期（genital phase）：第二次性徴が発現し，欲動は性器愛として統合される時期である。

　潜伏期までは性愛の対象は自己の身体部位であり，性器期になると，相手を見出した対象愛となる。それぞれの期に葛藤を残すと，そこに固着し，その期に特徴的な人格特性になったり，その後の発達で何か障害が起こった時にその固着があった部分までに戻ってしまう。

keywords of keyword
S. フロイト☞，神経症☞，同一化，無意識☞，口唇期，肛門期，男根期，潜状期，性器期，エディプス・コンプレックス

（武井祐子）

心理療法　[心精]

　心身の病的状態あるいは不適応状態にある人，また，それらへの悩みや心理的な苦痛や葛藤をもった人に対して，一定の技能と資格をもった心理療法家（サイコ・セラピスト）が，心理学的仮説・理解と心理学的技法に基づいて，行動，感情，思考に働きかけ，症状や苦悩や葛藤を軽減しようとするいとなみを，心理療法という。

　精神療法と心理療法とはほぼ同じ意味であるが，医師がおこなう場合には精神療法という語を使い，心理士は心理療法という語を使う場合が多いようである。

　心理療法にはさまざまなヴァリエーションがあり，分類もさまざまな観点からおこなわれる。個人療法と集団療法（家族療法，社会生活技能訓練＝SST（ソーシャルスキルトレーニングの略語），モデリング（観察学習）とロールプレイ（役割劇）を用いた系統的な学習訓練によって，自己主張や対人行動などの社会技能の改善を図る技法。集団でも個人でもおこなわれる），トレーニンググループ（Tグループ。7～10名程度の参加者と2名程度のファシリテーター（トレーナー）とで構成されたグループにおいて，あくまで参加者の主導により自由な話し合いをおこなう中で，「今，ここ」での相互の影響関係に気づき，自分の心理的反応への気づきを得ることを目的としている。合宿形式でおこなわれることが多い，グループカウンセリングなど），言語的療法と非言語的療法（芸術療法や遊戯療法など），訓練的心理療法（行動療法，自律訓練法など）と洞察的心理療法（精神分析的心理療法など），などと分類される。ユング（C.G. Jung）☞は，顕著な神経症やボーダーラインの精神病的状態の事例を扱う『大心理療法』と，暗示，良き助言，あるいは説明が十分に役立つ『小心理療法』との区別をおこなっている。このほかにも，わが国で生まれた森田療法，内観療法は，独自の位置を占める心理療法として，実践，研究ともに広くおこなわれている。

　「心理療法」と呼ぶ上での共通点は，人間関係を基礎としておこなわれる治療であるという点と，どれにも，支持，訓練，表現，洞察という，心に働きかける四つの要素が，さまざまなバランスではあるが含まれている（前田，1985）という点である。来談者の個性と問題に応じた技法が選択されることが望ましい。

　心理療法の対象は，従来の心因性の障害や不適応や神経症から，精神病圏の対象，心身障害，発達障害，教育現場での問題，また，犯罪や災害の被害者，加害者への，救済的あるいは教育的介入などへと，広がりをみせている。また対象者の年代も，幼児から老人までと幅広い。身体病や死を扱う分野への積極的な参入も要請されている。

　応用される範囲が広いだけに，心理療法家は，それぞれの対象に必要とされる専門性はそれぞれに異なることをよくわきまえて，知識を補充し，研鑽に努める必要がある。

　実際には，どの治療者も，ある程度折衷的な方法を取り入れている。用いる技法は流派により異なるが，治療者の態度は熟練するにつれて似通ってくるともいわれる。ユングは，心理療法を，「来談者と治療者とが相互に応答しあう弁証法的なプロセスである」と述べている。この意味でも，治療者の技能には，治療者の人格が大きく関わっているのである。ロジャーズ（C. R. Rogers）☞は，

判断力，協調性，謙虚，統合性，安定性，倫理的な感覚，自学する態度，ユーモアの感覚など，専門家としてのカウンセラーに望まれる資質を述べている。

main references
コーチン, S. J.（村瀬孝雄監訳）1980 現代臨床心理学 弘文堂
ユング, C. G.（林 道義訳）1989 心理療法論 みすず書房
ザロ, J. S.・バラック, R.・ネーデルマン, D. J.・ドレイブラット, I. S.（森野礼一・倉光 修訳）1987 心理療法入門―初心者のためのガイド 誠信書房
河合隼雄 1986 心理療法論考 新曜社
前田重治 1985 図説 臨床精神分析学 誠信書房

keywords of keyword
分類軸，SST，精神分析的心理療法☞，C. G. ユング☞，神経症☞，ボーダーライン，森田療法☞，内観療法☞，心因性，弁証法的，モデリング，ロールプレイ

（進藤貴子）

睡眠時無呼吸症候群 (sleep apnea syndrome ; SAS) [医]

　ごう音を響かせていたいびきが，突然，停止する．しかも，呼吸も止まっている．そして，沈黙の後，再び苦しそうないびきが鳴り響く．睡眠無呼吸症候群は，睡眠中に無呼吸（呼吸ができなくなる）の状態が繰り返して起こり，その度ごとに睡眠経過が乱れ眠りは浅くなり，夜間は不眠，昼間には強い眠気を感じる．これは，閉塞型と中枢型に二分することができる．閉塞型は，一般的に肥満の人や首の短い体型の人，下顎が小さい人に多い傾向にある．また，年をとると気道周辺の筋緊張が弱まってくるため，仰向けに寝ると無呼吸が起こりやすくなる．自分では呼吸しようとする意志はあるが，気道が狭くなるために呼吸ができなくなる．一方，中枢型の場合は，呼吸する命令が脳からでないために，呼吸運動ができないものである．つまり，中枢神経系の働きがうまくいかないために起こるものである．
　1956年，バーウェルら (Burwell et al.) は，ピックウイック症候群 (Pickwickian syrdrome, PWS : 肥満，睡眠発作，極度の眠気で急に数分眠る呼吸不全の三つの徴候を示し，呼吸を起こす）の基本的な病態が，睡眠中の無呼吸に起因することを明らかにした．その後，ギレミノールトら (Guilleminault et al., 1976) は，必ずしも肥満を伴っていない場合でも無呼吸がある症例を報告し，sleep apnea syndrome (SAS) と呼ぶことを提唱した．一般に，無呼吸とは，10秒以上の口と鼻での気流の停止と定義し，この無呼吸が一晩の睡眠中（7時間以上）に30回以上出現し，かつREM睡眠とNREM睡眠の両方に出現するものと定義される．欧米での報告によれば，全人口の1～3％程度に認められ，高齢になるに伴い，増加傾向にあるといわれる．日本では，全人口の約0.7％という報告がある．

main references

Burwell, C. S., Robin, E. D., Whaley, R. D., & Bickelman, A. G. 1956 Extreme obesity associated with alveolar hypoventilation. A Pickwickian syndrome. American Journal of Medicine Annual Review of Medicine., **21**, 891-824.

Guilleminault, C., Tilkian, A., & Dement, W. C. 1976 The sleep apnea syndromes. *Ann. Rev. Med.*, **27**, 465-484.

keywords of keyword

中枢神経系，ピックウイック症候群，REM睡眠☞，NREM睡眠☞

(保野孝弘)

睡眠段階 (sleep stage) [生・生心]

　一晩の眠りをより客観的にとらえる方法として，睡眠ポリグラフ記録（睡眠中に脳波，筋電図，眼球運動などの生理指標を同時かつ連続的に記録する方法をいう）がおこなわれる．その際，記録された脳波像を基に，いくつかの段階に分類することがある．この段階を，睡眠段階 (sleep stage) という．現在，最も利用されている分類法は，1968年に公表されたレヒトシャッヘン (A. Rechtschaffen：アメリカ，生理学）とカレス (A. Kales：アメリカ，生理学）の判定基準である．この判定基準に従えば，睡眠は段階覚醒 (stage wake) を含めて，段階1 (stage1)，段階2 (stage2)，段階3 (stage3)，段階4 (stage4)，段階REM (stage REM) の6段階に分類される．

keywords of keyword

睡眠ポリグラフ記録，脳波像，REM睡眠☞

(保野孝弘)

睡眠麻痺 (sleep paralysis) [精・生心]

　いわゆる「金縛り」の状態を指す．これは，入眠時幻覚と同時に体験する場合が多く，全身が脱力し，声を出そうとしても出ず，身動きもできない状態になる．過眠症の一つであるナルコレプシーの重要な症状の一つである．

keyword of keyword

ナルコレプシー☞

(保野孝弘)

睡眠薬 (hypnotics) [医・精・薬]

　催眠作用を有する薬物の総称である．旧来はバルビツール酸誘導体や臭化物であったが，これらの薬物が耐性や習慣性を生じやすく，また治療用量が中毒量と近いことから臨床ではほとんど使用されなくなった．現在では主としてベンゾジアゼピンおよびその類似化合物の誘導体が用いられる．しかしベンゾジアゼピン系の化合物も依存を生じ，中止時に反跳性不眠（睡眠薬の中断によって逆に起こる不眠）や離脱症状（薬物の急速な中断によって起こる精神神経症状）をきたすこともあり，漫然と長期にわたって投与することは厳に慎む必要がある．また乱用に陥る可能性が存在することについても考慮しておくべきである．

keywords of keyword

反跳性不眠，離脱症状

(渡辺昌祐)

スーパーヴィジョン・スーパーヴァイザー［心］

一般的に，スーパーヴィジョンという語は，「管理，監督」などと訳される。しかし，心理臨床の訓練の領域では，通例，実際の事例に即しておこなわれる治療者への指導を，スーパーヴィジョンと呼んでいる。スーパーヴィジョンを与える指導者をスーパーヴァイザー，これに対応する生徒の治療者をスーパーヴァイジーという。

訓練生が心理臨床を適切におこなえるようになるには，まず，基本的な治療態度，治療技法に関する知識を得る必要がある。これらの準備が整うと訓練生は実際の事例を担当する。その時に，個別の対応に関わる指導と援助を，治療関係（治療者とクライエントとの関係）から一歩下がって臨機応変に与えるのがスーパーヴィジョンである。したがってスーパーヴィジョンとは事例に応じた実地研修であるともいえる。これには，①初心者がおこなう治療を背後から経験者が支えることにより，クライエントの利益を守る，②スーパーヴァイジーの実践的な能力を高め，知識の理解を深める，という二つの意味がある。

スーパーヴィジョンでは，原則的に，スーパーヴァイジーが，自分のおこなった面接や検査について，記録（逐語録やテープレコーダーなどによる記録）を持参して報告し，スーパーヴァイザーの助言を得る。このような指導の場では，スーパーヴァイジー自身が報告のために面接内容を振り返ること，面接のおこない方や自分の解釈に問題意識をもつこと，また，それらをスーパーヴァイザーに聞いてもらうこと，などの要素の中に，スーパーヴァイジーを成長させる力がある。また，良いスーパーヴァイズで得られる支え（より俯瞰的な解釈や見通しを得ること，また，指導上の信頼関係による支え）は，スーパーヴァイジーがクライエントを支え，尊重する力へと還元されてゆくのである。

スーパーヴァイジーに固有のクセや偏りは事例経過上に現われるので，スーパーヴァイズではスーパーヴァイジーの人格が間接的に扱われることになる。したがって，これと教育分析との境は明確ではないが，スーパーヴァイズはあくまで，スーパーヴァイジーの人格の探索よりも，技術を高めること，そしてその事例をより治療的に遂行してゆくことのほうに，力点が置かれる。

スーパーヴィジョンにおいて留意すべきであるのは，この指導関係の中にも，転移（患者から治療者に向けられる，合理的な域を超えた個人的感情），逆転移感情（治療者から患者に向けられる同様の個人的感情）に類似した，依存や理想化や反発や服従などの過程が生じえる点，また，本来治療の場は，クライエントと治療者との間の一つの信頼関係によって成り立つが，スーパーヴィジョンが介在することで援助関係が輻輳的になりえる点，などである。したがって，クライエント，スーパーヴァイジー，スーパーヴァイザーという三者関係のありようは，必要に応じて整理され，明確化されねばならない。

keywords of keyword
転移，逆転移感情

（進藤貴子）

スキーマ（schema）［心］

「3人の女性はテーブルの上になにがしかのお金を置いて，レストランを出た」という文を読んで，お金はチップ，レストランはおそらく欧米であろうと理解する。「欧米」や「チップ」という語はこの文のどこにも記されていないのに，このことがわかるのは，私たちがもっている知識による。このような知識は構造化された一群の概念からなっているが，事物や出来事についてのこのようなまとまった一般的知識をスキーマという。私たちの理解や記憶の過程は，与えられた材料をコピーとしてとらえる（ボトム・アップ）のでなく，その材料に対して個人が有するスキーマという枠組みにあてはめてとらえる（トップ・ダウン）というのが，最近の認知心理学の基本的な考え方である。なお，これに類した見解はすでにバートレット（F. C. Bartlett : 1886 - 1969，イギリス，心理学）☞によって主張されているので，バートレットのリバイバルであるといえるかもしれない。スキーマのうち，一連の系列的な出来事に関するものを，スクリプト（script）という。たとえば，レストランというスクリプトではその内容は，入店（店に入り，席につく……）→注文（料理を頼む……）→食事（料理を食べる……）→退出（勘定を払って，店をでる……）である。また，物語文にはそれを構成している一定の規則や構造があるが，これを物語スキーマ，もしくは，物語文法（story grammar）という。たとえば，桃太郎の話では，設定（おじいさんとおばあさんの登場），テーマ（桃太郎の誕生），展開（鬼退治へ出発），解決（鬼退治の成功）である。「起承転結」もこれに類したものである。

ところで，ピアジェ（J. Piaget：1896-1980, スイス，心理学）☞もその認知発達理論の基礎に，スキーマ，もしくは，シェマという用語を用いているけれども，その意味合いは少々異なる。彼は，乳幼児が感覚運動的活動を通しておこなう，環境認知の働きである感覚運動的シェマ（たとえば，いろいろなものを口にいれる〈唇のシェマ〉）から始まって，（イメージの働きによる）表象的シェマ，（概念や論理のような）操作的シェマへ進むという具合にその理論を展開しているが，彼のいうスキーマ（シェマ）はより行動的，活動的な基盤を強調しているのである。

keywords of keyword

認知心理学，F. C. バートレット☞，スクリプト，J. ピアジェ☞，認知発達理論，表象的シェマ，操作的シェマ

（賀集　寛）

スキーナー（Skinner, Burrhus Frederic 1904-1990）［心］

心理学の入門書をひもとくと，恐らくほとんどの本にスキナーボックス（Skinner box）の図が出ているはずである。それほどスキナーは心理学，特に学習というジャンルで大きな意味をもたらす実験をおこなった研究者なのだ。学習理論は心理学の源流ともなるべき一つであるが，一義的な刺激と反応という連合によって実験的に学習を解明したのがパヴロフ（I. P. Pavlov：1849-1936, 生理学）の条件反射学であったのに対し，一義的なこの考え方では解決のつけようのない学習の形が存在することをスキナーが解き明かしたのである。それはソーンダイク（E. L. Thorndike：1874-1947, アメリカ，心理学）のおこなった問題箱（problem box）から脱出を図るネコの試行錯誤（trial and error）学習様式についてである。この箱に閉じ込められたネコは，外にある餌を食べるためにレバーを引くか（ロープを押すか）しなければならない。レバーが扉を開けるキーであることを知るまでには，偶然のきっかけから何度かの試行錯誤を経て，やがてそのレバー（ロープ）が扉を開けるキーでありそれを押すという行動操作を強化し学習していかねばならない。こうしてソーンダイクは個体にとってプラスになる行動は残り，マイナスになる行動は排除されるという効果の法則を打ち立てたが，のちに必ずしもマイナスになる行動が排除されるとは限らないことが明らかになった。スキナーボックスもこれと類似し，ライトがつきバーを押すと餌が出てくるというからくりである。スキナー（Skinner, 1935）は個体のもっている自発的行動の特定なパターンを強化していくことを考えた。これはメトロノームが餌のサインであり，メトロノームが鳴れば唾液が自然に出てくるというパヴロフの学習様式とは明らかに異なる。スキナーはこのパヴロフ型の学習をレスポンデント条件づけ（Respondent conditioning）といい，ソーンダイク，スキナー型の学習をオペラント条件づけ（operant conditioning）と名づけた。レスポンデント条件づけは応答型，オペラント条件づけは操作型と名づけた。またスキナーはパヴロフの学習様式を条件刺激－条件反応とが直接的に関係しているという意味で「S型」と呼び，もう一つの学習様式を行動の強化を意味するものとして「R型」とも呼んだ。この「S型」をヒルガードとマーキス（Hilgard & Marquis, 1940）は「古典的条件づけ」と呼び，「R型」を「道具的条件づけ」と呼んでいる。

main references

今田　寛　1996　学習の心理学　培風館

Skinner, B. F. 1938 *The behavior of organisms*. Appleton-Century-Crofts.

Thorndike, E. L. 1898 Animal intelligence. *Psychological Review*, No 8.

Hilgard, E. R., & Marquis, D. G. 1940 *Conditioning and learning*. Appleton-Century.

keywords of keyword

スキナーボックス，I. P. パヴロフ☞，E. L. ソーンダイク，試行錯誤，レスポンデント条件づけ，オペラント条件づけ，S型，R型，古典的条件づけ☞，道具的条件づけ☞

（三宅　進）

スターン（Stern, N. Daniel）［心］

乳幼児精神医学の分野でとくに注目されている。彼は精神分析と発達心理学を専門にしており，今までの精神分析理論と異なり，乳児自身にかなり早期の段階から自他の区別のついた一個の存在を認めている。その中でキーワードとしてあげられるのが自己感（自分の体験を自分のものだとする感覚）である。出生から2カ月までの新生自己感，2カ月から6カ月までの中核自己感，7カ月から9カ月までの主観的自己感，生後2年目からの言語自己感の四つの自己感があり，これらの自己感は一度形成されると衰えることなく一生作用し続ける。新生自己感の期間には，乳児は外界の出来事

を活発に取り入れるが，各体験の関わり合いはまだ存在していない。その関連性に気づくために中核自己感をつくり，母親と自分が別個の存在であること，自分が母親と共に存在していることに気づく。行動としての外見だけでなく，背後にある心がわかるようになると主観的自己感の期間になり，周囲にも心があることに気づき，自分と周囲の心のずれを経験することで自分の体験が他者と共有することができることに気づく。言葉が話せるようになると言語自己感に入り，乳児は願望を抱いたり自分を客観的にみる力を身につける。

　自己感は他者との関係の中で発達していく。代表的なものとして母－子関係があげられる。乳児が母親とどのように情動状態を共有するかについて，主観的自己感の期間にみられる母子の間の情緒的なやりとりのパターンは情動調律と呼ばれている。これは乳児が表現した感情行動を母親が真似てかえすだけでなく，母親が共有した感情状態を表現するような行動をとることである。これは日常の母子関係でみられることであり，それは自分以外の他者と気持ちを共有するという感情を学ぶのに欠かせないものである。

keywords of keyword
精神分析，自己感，情動調律，母子相互作用☞，母性☞

(武井祐子)

スチューデント・アパシー（student apathy）
［心・精］

　1961年ウォルターズ（P.A.Walters：アメリカ，精神医学）が提唱した語で，大学生の情緒的ひきこもり，競争心の欠如，空虚感などの状態を示す。わが国でも1970年頃から各地の大学でみられるようになり，男子学生に多い。その生活態度は生活全般からの退却ではなくて，大学生活以外の活動，たとえばアルバイトなどには強い関心を示し，時にはそれに熱中することもある。心理的特徴は，脱大学願望と大学への依存との葛藤，成長への不安，性的同一性（男性であれば男らしさ，女性であれば女らしさの感覚）の希薄，無趣味，卒業恐怖などである。

main reference
笠原　嘉　1977　青年期　中公新書

keywords of keyword
空虚感，性的同一性

(横山茂生)

生活技能訓練 (social skill training (SST))
[精・心・教]

　精神障害の増悪・改善は障害者の生活と深い関係があり，生活の改善がリハビリテーションとして有効であるという基本的立場に立って，1985年リバーマン (R. P. Liberman: 1937-, アメリカ, 精神医学) は精神障害の経過を説明するために「ストレス-脆弱性-対処技術モデル」(ストレスの原因とそれに対する個人のもともとの脆さ, 弱さとストレスによって起こる対処を弱めようとする能力の三要素の相互関係で精神障害の経過を説明しようとする説) を提唱した。それによると患者に内在する「脆弱性」(その個人がもともともっているストレスに対する弱さ) と「環境からのストレッサー」とその環境に有効に対処する患者の「対処技能」(ストレス状態に陥らないようにする適応能力) の三要素の相互作用によって, 精神障害の増悪あるいは改善が決定される。そして病状の増悪に対する防御因子として抗精神病薬の服用, 段階的リハビリテーションのための移行的プログラム, 対処技能の修得, 周囲からの援助があり, 障害者の生活技能は, この防御因子と密接な関係がある。精神障害者の生活技能上の問題としては, ①食事, 金銭, 服装などの問題を含む「生活技術の不得手」, ②挨拶, 人付き合いなどの「対人関係の問題」, ③作業などでの技能修得の遅さや手順への無関心など「職業技術の問題」, ④「安定性, 持続性の乏しさ」などがある。

　生活技能訓練はロールプレイ (ある状況を設定して, その中で学習者が一定の役割を演じるシミュレーション学習) を用いて, これらの生活上の困難を生じる問題に一定のプログラムに従って学習しながら訓練するものである。わが国では1995年から医療保険診療報酬の精神科専門療法として認められたので, 入院患者を対象に臨床心理技術者の指導で広くおこなわれるようになった。

main reference
宮内　勝 (編)　1995　わかりやすい生活技能訓練　金剛出版

keywords of keyword
ストレス, 脆弱性, ロールプレイ, 対処技能

(横山茂生)

脆弱性X症候群 (fragile X syndrome) [医]

　特殊な培地を用いて培養すると, 染色体の中に, これまで見過ごされてきた染色体の脆弱部位をみつけることが, 近年, 可能となった。葉酸欠乏培地や葉酸拮抗剤を加えた培地で, 細胞培養をおこなうと, 染色体の切断部位が見出される。脆弱性X症候群は, X染色体の長腕の末端に脆弱部位をもっている。知的発達障害の男児の30%が脆弱性X症候群を示唆する調査結果も報告されている。

　脆弱性X症候群は, 血友病やデュシェンヌ型筋ジストロフィー (最も高齢で認められる筋ジストロフィーの型。筋ジストロフィーとは, 筋繊維の変性・壊死を主病状とする進行性の筋力低下をみる遺伝的疾患) と同様に伴性劣性遺伝であることから, 男児が大勢を占めている。脆弱性X症候群は, マーチン-ベル症候群 (Martin-Bell syndrome) とも呼ばれ, 知的発達障害をもたらす。身体的特徴として, 細長い顔, 眉間の突出, 大きな耳, 目立つ額や顎が報告されているが, きわだった特徴ではない。また, 間質 (器官を維持する組織体をいい, 基質とも呼ばれる) の浮腫による睾丸の肥大が認められる。行動特性として, 身体接触の逃避, 反響言語, 些細な変化に対する激しい抵抗, 儀式行為 (ある種のこだわり行動), 奇妙な手つき, 情緒的不安定性, 自傷行為, 身体揺すり, 抜毛行為などが, 報告されている。最近では, 自閉性障害に脆弱性X染色体が見出されることから, とくに, 関心が寄せられている。

keywords of keyword
デュシェンヌ型筋ジストロフィー, マーチン-ベル症候群, 間質, 自閉性障害

(鴨野元一)

精神科デイケア [精・福]

　精神科デイケアは通院治療の一つである。精神障害者に昼間 (6時間, 多くは9時から3時) の一定時間, 集団精神療法 (多くの患者を一堂に集めて行う精神療法), 作業療法 (精神病を治療する際に作業をおこなわせることによって治療効果をあげようとするもの), レクレーション活動, 創作活動, 生活指導, 療養指導がおこなわれる。

　医師の指示, 提案のもとに, 一定の医療チーム (臨床心理技術者, 作業療法士 (精神病の治療に有効な作業刺激を処方する専門家), 看護師, 精神科ソーシャルワーカー (精神病の発症や回復に関係する社会的因子を扱う専門家) による) が組まれそれらのケアにあたる。

　デイケアの対象は統合失調症から神経症までの多種の障害者の回復過程に導入される場合が多い。

　施設基準として大規模なもので, 施設の広さが60㎡以上, スタッフは医師の他に3人の専従する

従事者が用意される必要があるとされている。1日約50人を限度として指導し，一人あたり660点診療報酬が払われ，給食を用意すると48点加算される。

小規模施設は医師の他2名の要従者で，施設の広さは40㎡以上であることが求められ，一度に指導する患者は約30人が限度とされ，小規模の診療報酬は550点とされている。

main reference
岡上和雄（編） 1984 精神科デイケアのすすめ方 牧野出版

keywords of keyword
集団精神療法，作業療法，作業療法士，精神科ソーシャルワーカー，精神分裂病☞，神経症☞

（島田　修）

精神生理学 （psychophysiology）［生・心］

今までの心理学辞典などによると，精神生理学と生理心理学とはほぼ同じものと考えられているが，厳密には方法論的なちがいがあることを知っておこう。確かに生理心理学と重複する点も多く，概念としては生理心理学を上位の概念におくことになる。では方法論といってどこが違うのか？ 1966年，スターンバック（R.A.Sternback：アメリカ，医学）は精神生理学を「行動の生理学的側面と心理学的側面との関係を研究するもので，主として人間を対象として用い，精神的，情動的，または運動的行動に影響を及ぼす刺激が提示された時，その生体反応を普通ポリグラフによって記録する」と総括定義した。この定義にもあるが，人の体内に電極を埋めたり，薬物を投与したりすることなく，人間に自然な生活状況の中で環境の変化を与え，それに伴う末梢系（心拍，血圧，手のひらの発汗，緊張感，脳波活動といった外部から客観的に測定し得るもの）との関係をみることによって心との関係を提供してくれる。この分野の研究として睡眠－覚醒，ストレス，情緒，うそ発見など心の基礎分野の仕事が多く見かけられる。

main reference
スターンバック，R.A.（中川・古閑等訳） 1969 精神生理学入門　医学書院
Grings, W. W. & Dawson, M. E.　1978　Emotions and Bodily Responses. Acodemic Press.

keywords of keyword
R.A.スターンバック，生理心理学☞，ポリグラフ☞，睡眠－覚醒☞，ストレス☞，うそ発見☞

（三宅　進）

精神病 （psychosis）［精］

精神医学，臨床心理学の領域で最も親密度の高い言葉でありながら，その実体はまことにつかみにくい。なぜならばこの言葉はさまざまの精神疾患の総称であるが，その考え方は大別すると次の二つの立場に分けられる。その一つは，身体医学の疾患概念に準じて，精神症状の背後に器質的変化が確認あるいは想定できる場合だけを精神病とする立場で，主としてドイツ精神医学の考え方である。これによると，明らかな身体的基盤のある精神疾患いわゆる器質性精神病と，いずれは明らかにされるであろう精神疾患いわゆる内因性精神病（精神分裂病（統合失調症），躁うつ病）に分けられて，神経症，反応性（心因性）異常体験反応（心理的影響が主因となって発症した精神病状態），人格障害は精神病に含まれない。

もう一つの立場は，症状の程度によって精神病と非精神病に分けるもので，アメリカ精神医学や国際疾病分類は，こちらの立場を採用している。これによると精神病は幻覚，妄想，異常行動など精神機能の障害の程度が強く，病識が多少なりとも失われ，現実検討能力も障害されて日常生活に支障がみられる状態である。そして非精神病性障害には神経症，人格障害，器質的疾患に伴う軽度の精神障害などが含まれる。一般には精神病とは，この後者の考え方が採用されている。

keywords of keyword
器質性精神病☞，神経症☞，反応性（心因性）異常体験反応，人格障害☞，幻覚☞，妄想，機能性精神病☞

（横山茂生）

精神分析とその療法 （Psychoanalytical Psychotherapy, 精神分析的心理療法） ［心・精］

フロイト（S. Freud）が始めた精神分析の標準的な方法は，寝椅子での自由連想法による，洞察志向的な分析（治療者が課題を与えるのではなく，患者が自ら考え，自ら気づき，自己洞察を深めることを主たる目的としている精神分析）を週5日おこなう，というものである。ところが治療対象によっては，このような方法のみならず，より支持的，教育的な接近が用いられたり，より頻度の低い面接がおこなわれることもあり，こういった治療は，「簡易型分析療法 brief analysis」や「精神分析的精神療法（心理療法）psychoanalytical psychotherapy」と呼ばれている。これらは今日の

精神科，心療科治療においても頻繁に用いられている概念である。

心理療法が「精神分析的」であるための条件として，前田（1985）は次の三点を挙げている。①無意識過程を取り扱い，患者がそれまで抑圧していたものに気づくようにさせることをねらったもの。②抵抗と転移の意義を重視するもの。③技法としては（自由連想法を用いても用いなくても），直面，明確化，解釈を用いて，何らかの洞察へ導くもの。

このように正統派の分析のエッセンスは，患者が抑圧していた真実の自己に出会い，より自然で統合的な人格となるために，転移と抵抗の解釈を重視する点である。小此木（1990）らは，寝椅子仰臥自由連想法（フロイトが設定した治療の第1原則にのっとり，頭に浮かんできたことを，頭に浮かんできたままの順で，治療者に報告し，それを素材として治療者が解釈する方法を，自由連想法という。寝椅子仰臥自由連想法では，これを，患者は寝椅子（カウチ）に横になり，治療者は患者から見えない位置に座っておこなうので，患者の退行や転移がうながされやすい）の特性の一つを，「治療の場の不平等性が，エディプス状況を再燃させやすい。それに患者がどう対応するかも明確になる」と述べ，愛着と超自我不安（罪悪感）との混在の様相を示す幼児期の親子間葛藤の転移が，標準的分析の治療状況においてとくに生じ易いことを述べている。精神分析的精神療法では，90度法（患者と治療者とが90度の位置に腰掛け，顔と顔とが直接向き合う形にならないよう，自由度を増した着席の仕方をいう。対人不安の強い患者に向いている）や対面法（患者と治療者とが向かい合って座り，互いに互いの姿がよく見えるようにして対話をおこなう着席法。対話への意識的な関与が強まり，退行や依存は比較的抑制される）での対話がおこなわれ，また，面接頻度も週1～数回と低いため，正統的な精神分析療法の場合よりも転移形成が緩やかなものになる。しかしながらここでも（とくに患者の情緒的な問題に接近するとき），転移と逆転移（患者が治療者に向ける転移に対応して，治療者の中に生じる個人的感情反応）への気づきと理解が治療に利用される。

患者の情緒的な問題，中核的な問題に接近する時に，もう一つ問題となってくるのが，「（治療）抵抗」である。症状や苦悩からの解放を求めて治療を受けに来ているにもかかわらず，患者の心の中には，変化を怖がり（厭い）現状を維持しようとする動きがあり，これが治療への抵抗としてさまざまな形で現われる。抑圧してきたものを明るみに出すことに対する，無意識的・前意識的な恐れが治療抵抗となる，ともいえる。洞察志向的で探索的な精神分析では，患者は「痛い腹」を探られるわけで，これに対する抵抗が必ず生じてくるが，その他の精神療法においても，治療を休む，時間に遅れて来る，話が深まらない，治療者の出した課題を遂行しない（忘れる），などの形で，治療抵抗が表される。抵抗の解釈では，抵抗が生じているという事実を指摘するのみならず，患者の心に生じている不安（治療的前進に対する不安）を，共感的に理解することが重要であると思われる。

main references
前田重治　1985　図説臨床精神分析学　誠信書房
鑪幹八郎（監修）　1998　精神分析的心理療法の手引き　誠信書房
小此木啓吾・成瀬悟策・福島　章（編）　1990　臨床心理学体系　第7巻　心理療法①　金子書房
ギャバード，G. O.（著）　権成　鉉（訳）　1998　精神力動的精神医学①理論編　岩崎学術出版社

keywords of keyword
S. フロイト☞，自由連想法，洞察志向，精神分析的，無意識☞，抑圧，抵抗，転移☞，寝椅子仰臥自由連想法，エディプス，超自我不安，90度法

（進藤貴子）

精神分裂病（統合失調症）（schizophrenia）
[精]

特有の精神症状（幻覚，妄想，滅裂思考などの陽性症状と感情の平板化，意欲の欠如，会話・思考の貧困などの陰性症状）が一定期間以上続く精神病で，素因と環境の相互作用で発症する。経過は多様で，長期予後は過半数が回復する。臨床上は症状の慢性化と再発しやすさが問題になる。精神病のうちで最も頻度が高く，過半数が青年期に発病して成人後の人生に大きな影響を及ぼす。特有の症状群の基底には認知障害があり，成因には異種性（同一病名でもその成因は種々であること）が指摘されている。破瓜病（精神分裂病（統合失調症）の一亜型で思春期に発症し予後不良である）は，いまの精神分裂病（統合失調症）の亜型：統制欠如型（DSM-Ⅳ）または破瓜型（ICD-10）に相当し，青年期発症で陰性症状（そこにあるはずの特性が欠如していること。具体的には感情の平

板化，感情の鈍麻，動機づけやエネルギーの欠如，特事に対する興味の欠如などで，患者の治療に著しい妨げになる）を主として進行性に経過する予後不良な一群とされているが，発病頻度は減少しつつある。

keywords of keyword
幻覚☞，妄想☞，異種性，破瓜病

（渡辺昌祐）

精神保健福祉法 ［精・福・心］

わが国の精神障害者施策は，1950年制定の精神衛生法のもとで精神病院での入院治療を中心におこなわれて，精神障害者の社会復帰や地域における生活支援にはあまり力点がおかれてはいなかった。1988年に，当時わが国の精神病院での患者虐待事件をきっかけに人権尊重の観点から，精神衛生法は一部改正されて精神保健法に改められた。入院形態も患者自らの同意による任意入院が新設され，医療保護入院（保護者の同意による：入院治療が必要であるにもかかわらず，患者が入院を拒否した時に保護者の同意による入院形態），措置入院（都道府県知事の指示による：精神病により自傷他害のおそれのある場合に都道府県知事の指示による入院形態）の三種類となった。さらに1995年に法律名が精神保健福祉法に改められ，精神障害者の自立と社会経済活動への参加の促進が規定され，社会復帰施設の充実，精神障害者保健福祉手帳制度の新設などが加えられた。

keyword of keyword
措置入院☞

（横山茂生）

生態論的妥当性 （ecological validity）［心］

心理学の実験は厳密な条件統制のもとになされるので，実験結果は科学的なものとみなされる。しかし，こういうアプローチが，日常行動に果たしてどの程度あてはまるのかということが，最近注目されている。この問題をとくに主張しているのは，ナイサー（U. Neisser：1928-，アメリカ，心理学）である。ナイサーは，従来の実験室的研究の成果は日常的な現象をうまく説明していない，つまり，生態論的妥当性を欠いていると主張する。このことは，とくに認知領域（情報処理に関係した領域で，感覚，知覚，イメージ，記銘，保持，再生，再認，問題解決，思考等の現象を含む）の研究で強調される。たとえば，人工的なパターンを用い，周囲のものと切り離された文脈で提示された静止図形による多くの実験は，自然環境の知覚を代表しているだろうか。また，無意味音節や有意味語を無関連に並べて得られた正確な記憶実験による理論が，どれだけうまく，日常記憶を説明できるか。これらの理論では，動機づけ（覚えようとする意欲）や過去の経験の効果が無視されているのである。こうした批判を契機に，たとえば，記憶研究において，人の顔の記憶，約束を守ること，薬を飲む，といった，日常的なテーマがとりあげられるようになったし，個人差も重視されるようになった。

keywords of keyword
U. ナイサー，認知領域，動機づけ

（賀集　寛）

生得的解発機構 （innate releasing mechanism：IRM）［生］

ある特定の動因（親としての行動とか配偶行動など）を押し留めておく障害ないしゲート（門）を意味する動物行動学の術語。ローレンツ（K. Lorenz：1903-1989，オーストリア，動物行動学）によって記述された，固定的動作パタン（fixed action pattern: FAP）として知られる固定的で繰り返し生じる一連の行動は，比較的単純な外部刺激によって始動する。ティンバーゲン（N. Tinbergen：1907-1988，オランダ，動物行動学）はこのような刺激を「信号刺激」（sign stimulus）と呼び，これが生得的解発機構を作動させ，それによって活動特異的エネルギー（action-specific energy：ASE）が解発されFAPが開始されると考えた。信号刺激はある最小限の条件を満たしていればよい。たとえばトゲウオの場合，求愛期においては赤いものであればほとんどどんなものでもオスの攻撃反応を誘発しうる。ローレンツはこの過程を一種の水力システムになぞらえた（「心理・水力学モデル」あるいは単に「水力モデル」と呼ばれる）。水道の蛇口からとぎれることなくしたたる水（ASE）が貯水槽に溜まっていき，適切な信号刺激が環境内に出現すると，それに反応して水槽下部の栓を開く機構が作動（IRM），水（ASE）が解発されてほとばしり出る（FAP）というものである。ティンバーゲンはこのモデルを改良し，活動特異的エネルギーの流れについての「階層モデル」を提示している。しかしながら，心理・水力学システム，ASE，IRMのいずれについても生理学的証拠があるというわけではない。今のところ，これらは遺伝的行動の解発システムの働き方を考えるうえで役立つというだけのことであ

る。

main references
ヘイズ，N.（岩本隆茂監訳）2000　比較心理学を知る　ブレーン出版
スレーター，P.J.B.（日高敏隆・百瀬　浩訳）1994　動物行動学入門（同時代ライブラリー185）岩波書店

keywords of keyword
固定的動作パターン，信号刺激，活動特異的エネルギー，水力学モデル

（綱島啓司）

生理心理学（physiological psychology）[心・生]

　正確には生理学的心理学というべきなのだろうが，最近は生理心理学の方がなじむ。生理学的心理学というとやはり1800年代の後半，科学的心理学始祖ともいうべきヴント（W. Wundt）☞とジェームズ（W. James：1842-1910，アメリカ，哲学・心理学）のことを思い浮かべてしまう。ヴントもジェームズも心を意識として考えたが，ヴントはその意識を組み立てている要素は何か，という要素構成論を実験によって仕分けをしていった（構成主義＝structurism）。一方ジェームズは意識の動きを考え，その全体的な動きを機能させている働きへ目を向けた（機能主義＝functionalism）。近代心理学の始祖の話をすると生理学的心理学はいかにも過去の遺物のようである。こうしたイメージをひきずると，これからの心理学は生理心理学の時代ではないと考える学者もいるのだが，それはあまりにも古い生理学的心理学とか行動主義とかの幻影にとらわれ過ぎているのではないだろうか。生理学的心理学ではなく生理心理学となると，21世紀の心理学の展望を含めてこの分野も捨てたものではない。生理学的な客観的指標をもとに意識に迫ろうとする方向は，現代の認知心理学の精神現象を実証していくうえで欠くことのできないものと考えられる。人といわず動物全般にわたって刺激と生理反応という単純明快な形で結果を出してゆくことができるし，体内に電極を埋め込んだり，薬物の使用によっての変動をつかまえることができるという，方法論的に医学と密接に関連している点でも多くの可能性を含んでいる。薬物投与の結果，その精神状態が行動にどういう変化を与えるかとか，動物の攻撃行動とか抑鬱行動がどのような条件で形作られてゆくのかなど，脳内に電極を埋めミクロな細胞次元での観察も容易になるなど臨床心理学の基礎的研究とも密接なつながりをもつ。こうした生理心理学を本家としてのれん分けをした精神生理学という分野があるが，この際その項も調べておこう。

keywords of keyword
W. ヴント☞，W. ジェームズ，構成主義，機能主義，行動主義☞，認知心理学☞，精神生理学☞

（三宅　進）

セガン（Seguin, Edouard Onesimus 1812-1880）[教心]

　フランスに生まれ医学を修めたが，1837年，アヴェロンの野生児の教育実験で著名なイタール（J.M.G. Itard）☞のもとで知的障害児の教育研究を始めた。当時，期待できないとする声が多い中で，この教育に着手して，感覚，記憶，話す，書く，数えるなどの機能を高める方法論の開拓に向かい，パリの救貧病院「ビセートル」などで組織的な治療も開始した。その成果は『遅滞児の道徳的治療，衛生および教育』（1846）として発表され，この出版によって，セガンの名声を世界に広めることになった。

　のち1848年，セガンはアメリカに移り，発達に遅れがある子どもの指導への関心が高まりつつあったアメリカの教育界から迎えられて，ペンシルバニア州立養護学校などの設立，運営に当たり，大きな足跡を残した。1876年には，全米精神薄弱者施設医療職員協会（現在の全米精神遅滞学会，American Association of Mental Retardation, AAMR）の初代会長にも推挙された。1880年，ニューヨーク市に知的障害児と身体虚弱児のための学校を自ら創設したが，この事業を最後にセガンはこの年に没した。

　セガンの教育原理は「生理学的教育法」の名で知られている。精神機能の改善はまず感覚と運動の訓練から始めなくてはならないと提唱して，実物による指導や，美術，音楽，体育を重視する教育プログラムを築いたのがこの教育法で，セガンはこれを生理学的教育法と名づけた。前掲の著書は，その体系化を目指したものであったが，今日の知的障害児の教育を開いた古典的名著といわれる。この内容は，アメリカでの成果をもとに刊行された著作を通しても知ることができるので，それを参考文献として掲げておく。セガンの教育法は，モンテッソーリ（M. Montessori）☞やドクロリー（O. Decroly：ベルギー，精神医学）らに引き継がれ，今なお，多大な影響を与えている。

main reference

Seguin, E.O. 1866 *Idiocy and its Treatment by the Physiological Method*, W. Wood.; Columbia University Press, 1907. (薬師川虹一訳 1973 障害児の治療と教育 ミネルヴァ書房)

keywords of keyword
アヴェロンの野生児, 野生児☞, J. M. G. イタール☞, 感覚訓練, M. モンテッソーリ☞, O. ドクロリー
(伊澤秀而)

摂食障害 (eating disorders) [精]

　神経性食欲不振症（anorexia nervosa）と神経性過食症（bulimia nervosa）とを一括した上位概念が摂食障害である。神経性食欲不振症（「拒食症」ともいう）の典型例は, 若い女性でやせ願望からほとんど食べず, 著しくやせて無月経などを伴う場合である。その根底には, やせたいばかりでなく, 大人になりたくない成熟拒否があるといわれる。神経性過食症は, 短時間内に大量の食物をむちゃ食いするものである。食べてもやせ願望があるので, 大部分の例では吐いたり, 下剤を乱用したりしてやせている。神経性大食症, 多食症という同義語もある。神経性食欲不振症でも過食することがあり, 過食症でもよく過食と拒食を繰り返す。したがって, 両者は相互重複的・移行的な病態である。拒食と過食の両者を伴う病態を摂食異常症（dysorexia）と呼ぶことがある。最近の傾向としては, 女性のみならず男性も増えてきている。発症年齢も低年齢化している。また, 拒食症より過食症の方が増加している。

keyword of keyword
多食症
(渡辺昌祐)

セマンティック・ディファレンシャル法 (semantic differential method) [心]

　オスグッド（C. E. Osgood : 1916-1991, アメリカ, 心理学）は, 古典的条件づけの枠組みに基づいて, ことばの意味を研究し, 表象的媒介過程説（representational mediation process theory）をとなえた。この中で, 意味は事物に対する全反応の一部を表象（代表）する内的な媒介反応であるとした。この内的反応は情緒的意味である。このような情緒的意味を測定するために, 彼はセマンティック・ディファレンシャル法（SD法）を考案した。反対の意味をもつ形容詞の対を両端においた, 10〜20項目からなる多尺度評定法である。この尺度は, 評価, 力量, 活動の三因子に関係する形容詞各数対（たとえば, 良い−悪い〈評価〉, 強い−弱い〈力量〉, 速い−遅い〈活動〉）を含んで構成される。評定の対象（概念）は, ことばにかぎらず（たとえば, 絵画や音楽のように）情緒的意味を有するものならば何でもよい。結果は, 評点に基づくプロフィール, 概念間の差をみるためのDスコア（二つの刺激語の対応する尺度間のSD評定値の差 (d) の平方を合計して得られた値の平方根 ($D=\sqrt{\Sigma d^2}$) のことで, 刺激語間の類似度の指標となる。この値が低いほど類似度は大である）, 因子分析（たとえば,「速い−おそい」「にぎやかな−しずかな」という二つの尺度の背後には, 何らかの共通因子−活発さ−があると考えられる。多数の尺度の間の背後にある, このような共通因子を発見する統計的手法のこと）による各概念の位置づけなど, 種々の側面から分析される。なお, 情緒的意味は, いわゆる, イメージや印象のよしあしのことなので, SD法は, 認知の領域だけでなく, 広告や臨床の分野などにも幅広く応用されている。

keywords of keyword
C. E. オスグッド, 古典的条件づけ☞, 内的な媒介反応, 因子分析, 意味☞, Dスコア
(賀集 寛)

セルフ・モニタリング (self-monitoring) [統・社心]

　顔で笑って心で泣いてといわれるように, 他の人と接していくうえで自分の心とは正反対のことをしなければならないとき, これをうまくできる人もいれば, つい本音が出てしまう人もいる。また, 相手や場面によって態度や行動を容易に変えることのできる人もいれば, どこでも自分のやり方でペースを崩さない人もいる。これらのことは, 人によってその場への関わり方や他者とのやりとりの仕方などに相違があることを示す現象である。
　M. スナイダー（Snyder, 1974, 1987）は, この行動の相違は, 外に現われる行動と心の中にあるものにはギャップがあり, これが人によって異なっているために生じてくるのではないかと考えた。そして, 自己呈示や自己表出, また非言語的な感情表出などをコントロールする程度や能力には個人差があることを指摘して, この個人差を説明するために, セルフ・モニタリング（self-monitoring）という概念を提示し, この個人差を測定する尺度を考案した。
　この概念は, 状況や他者の行動に基づいて自己の表出行動や自己呈示が社会的に適切なのかを観

察し自分の行動を統制する能力，と定義される。そして，状況と個人との媒介変数（二つ以上のものの間にあってその関係のなかだちをする変数）および調整変数（二つ以上のものの間にあってそれぞれに何らかの影響を及ぼす変数）として存在するものであり，状況に応じてどのような自己呈示や表出行動が適切なのかを察知できる社会的感受性（social sensitivity）という能力である，としている。すなわち，社会的場面や対人場面において自分の表出行動や自己呈示をモニター（観察，調整，統制）する能力を，セルフ・モニタリングとしている。

個人の社会的行動は，外的な状況や他者の反応などの外的要因か，自己の内的状態・態度などの内的要因，いずれかの情報に基づいて決定されるが，外的あるいは内的どちらの要因に基づいて行動を決定するのかによって，セルフ・モニタリングにおける個人差が明らかになる。外的要因によって行動を決定しやすい人はセルフ・モニタリング傾向の高い人，内的要因から行動を決定しやすい人はその傾向の低い人，とされている。

main reference

岩淵千明　1996　自己表現とパーソナリティ　大渕憲一・堀毛一也（編）パーソナリティと対人行動　対人行動学研究シリーズ5　誠信書房

Snyder, M.　1974　The self-monitoring of expressire beharior. *Journal of Personality and Social Psychology*, **30**, 526-537.

Snyder, M.　1987　*Public appearances/Prirate realities: The psychology of self-monitoring* W. H. Freeman and Company.

keywords of keyword

自己呈示☞，M.スナイダー，媒介変数，調整変数

（岩淵千明）

宣言的知識（declarative knowledge）/手続的知識（procedural knowledge）

長期記憶内の情報はタルビング（E. Tulving：1927-，エストニア→カナダ・アメリカ，心理学）がエピソード記憶と意味記憶に分類したが，彼はその後，今一つの種類の記憶（知識）の存在を指摘した。それは手続的記憶（知識）である。手続的知識（記憶）というのは，たとえば，ワープロの打ち方とか，車の運転の仕方といったような，技能（skill）を実行する際のやり方に関する知識の記憶である。このような知識は，ほとんど自動的で，意識化が不可能なので言語化しにくい（た とえば，箸の持ち方を，ことばだけで表現してみられよ）。これに対して，エピソード記憶と意味記憶は（両者は性質を異にしてる面があるが）ともに，ことばによって記述できるところに共通点があるので，宣言的知識（記憶）とか，命題記憶（propositional memory）と呼ばれる。一方，手続的知識（記憶）は非命題記憶（non-propositional memory）とも呼ばれる。ある記憶喪失患者が長いことかかってピアノの弾き方を習得した。ところが，レッスンに通った先生宅のピアノに見覚えがないといっていたという話があるが，これは手続的記憶は健全であるのに，宣言的記憶が障害を受けている証拠であり，長期記憶を二つの記憶に区分できることを裏付けるものである。

keywords of keyword

エピソード記憶☞，意味記憶

（賀集　寛）

相関研究・因果研究（correlational research & causal research）［統・心］

二つ以上の心理的事柄の関係を求める研究を「相関研究」という。たとえば，知的な能力と運動的能力の関係の有無を知ろうとする場合などがそれである。この研究法としてはそれぞれの変数値間の相関の強さを，相関図や相関係数でもって判定することが多い。この場合，統計的に有意な結果が得られたとしても，変数同士の間の因果関係（影響の方向）までを語ることはできないことに留意しなければならない。もし変数間の因果関係を求めたいならば，独立変数（一方の変数）の操作によって確かに従属変数（他方の変数）が変化する事実を確証する必要がある。心理学研究においては因果研究の要素が強く，研究者も要因計画を中心とした実験計画の習熟が肝要である。

keywords of keyword
独立変数・従属変数，要因計画，実験計画☞，因果研究

（金光義弘）

臓器移植（organ transplantation）［医］

生体の臓器で疾病によりほとんどまたは完全にその機能を失ったものに対して，人工臓器ではなしに，自分以外の生物の臓器でその機能を代用するため，臓器を移しかえて（移植）生命を存続させ，より高いQOLを得させようとする画期的な医療である。

移植には同種（同じ人間同士から）と異種（他の動物から）の移植があるが，現状ではほとんど同種移植がおこなわれている。移植臓器を提供するものをdonor（ドナー），臓器移植を受けるものをrecipient（レシピエント）というが，移植にあたって最も問題となるのは免疫反応（一卵性双生児間の移植時では別）で，この現象により，いわゆる移植臓器の拒絶反応（rejection）が起こるため移植が成功しないのである。したがって，免疫反応をいかに少なくするかが最大の課題であり，血液型や組織適合性はもちろんのこと，免疫抑制剤の発達なしには臓器移植は考えられないことであった。今日ではこの免疫抑制剤のめざましい発達，術前，術中，術後治療の発展などにより移植成功率は急速に伸びてきた。

臓器移植では，複数存在するもの，臓器の一部の移植で機能を代用できるものなどでは，生体部分臓器の移植がおこなわれることがあり，腎，肝，肺，小腸などで数多く試みられている。

提供される臓器はできるだけ正常に近いもの程よいのは当然で，いわゆる心肺停止後の死者からの提供臓器では移植成功率はきわめて低く（腎，角膜などは除いて），そのため脳死段階での臓器の提供が叫ばれ，この際には臓器提供者におけるドナーカードの存在が絶対条件となっている。

臓器移植は1955年メリル（Merrill，アメリカ，外科医）による双生児の間の腎移植を嚆矢とし，1963年スタールツ（Starzl，アメリカ，外科医）による肝，1967年 Barnard（南アフリカ，外科医）による心などが先鞭となって，今日のような発展を遂げるに至った。成功率をみると，腎80％，心，肝でも80％，肺，膵では60％前後である。移植にあたってのネットワーク作り，移植コーディネーターの養成なども人類の大きな福音につながる重要なテーマの一つである。

keywords of keyword
QOL☞，ドナーカード，レシピエント

（佐野開三）

相互利他性（現象）（reciprocal altruism）［生］

進化生物学者トリヴァース（R. L. Trivers：アメリカ，進化生物学）が利他行動の進化を説明しうるメカニズムの一つとして唱えたもの。互恵的利他主義（行動）などとも訳される。ある生活体（利他者）が何らかのコストを払って別の生活体を助け，その親切がいつか後で報われる（つまり，相手からのお返しを受けうる）ことをいう。通常，助けを受ける者が得る利益は利他者の払うコストに比べはるかに大きいので，このようなあり方は，助けを受ける側と与える側の両方に利益をもたらすのである。相互利他現象が成り立つためには，いくつかの生態学的な条件が整う必要がある。すなわち，①離散率が低いこと（当事者が将来再会し，互恵の機会があるように），②寿命が長いこと（同じ理由による），③利他者および「詐欺師」を認識する能力があること（お返しをし，あるいは制裁を加えるため）である。相互利他現象にあっては，詐欺を働こうとする（受け取りはするがお返しはしようとしない）動物もいるであろう。詐欺がふつうのことになれば，結局はどの動物も詐欺を働こうとして，互恵性は崩れるであろう。そういうことにはなっていないという事実は，動物は詐欺を規制することができるということを示唆する。「しっぺ返し」による説明では，動物は相手の最後の反応に従っているだけだと考える。協力のあとには相互協力がなされ（互恵），詐欺（背

信）のあとには相互背信がなされるであろう。しっぺ返しが有効なのは，それが報復的である（詐欺を罰する）とともに融和的でもある（許しを示す）からである。このように，動物は将来協力することによってもたらされるであろう利益を逸することはないのである。

main references

ヘイズ，N.（岩本隆茂監訳）2000 比較心理学を知る ブレーン出版

ウィルソン，E.O.（伊藤嘉昭監修 坂上昭一・粕谷英一・宮井俊一・伊藤嘉昭訳）1983-85 社会生物学 全5巻 思索社

（綱島啓司）

相状態（phasic states）［主・心］

パヴロフ（I. P. Pavlov）☞は，覚醒状態から完全な睡眠への移行において，催眠相と呼ばれる中間相が存在することを実験的に見出した。彼は，分裂病（統合失調症）・神経症や精神病の客観的分析にとって，この部分的睡眠または催眠の諸相を最も重視している。

通常，条件反射形成において，刺激の強度と反応の大きさとには，正の関係が認められる。しかしながら，刺激の強度が，その個体の皮質細胞の活動能力を越えると，保護制止が作動し，催眠の諸相があらわれる。催眠相の第一の位相は，「均等相」である。この均等相では，通常の刺激強度と反応との関係が崩れ，異なる刺激強度に対して同等の反応を示すようになる。制止状態が深まるにつれて催眠相は，第二の位相の「逆説相」へ移行する。この逆説相では，強い刺激と弱い刺激との関係が逆転し，弱い刺激が大きな反応をもたらす。第三の位相は，「超逆説相」である。超逆説相では，刺激の意味が逆転し，陰性刺激に陽性反応を示すようになる。

パヴロフは，分裂病（統合失調症）のすべての症状が種々の催眠相のいずれかの相で見出されることから，分裂病（統合失調症）を慢性的催眠状態と結論づけている。たとえば，パヴロフは，ある分裂病（統合失調症）患者のアパシーと鈍麻を，催眠の諸相の中の「逆説相」に相当すると主張している。逆説相では，強い刺激に反応せず，弱い刺激にだけ反応する。そこで，パヴロフは，質問に対し無反応であたかも完全無感覚のように見受けられる患者を静かな部屋に移し，静かに話しかけたときのみ，その患者が質問に応答した事例をあげている。さらに，パヴロフは，分裂病（統合失調症）にみられる拒絶症を「超逆説相」とみなした。拒絶症の患者は，通常の条件づけと逆に反応する。たとえば，患者は，食事が出されると食べないが，食事を下げると食事を要求する。常同症，反響語，反響動作，カタレプシーおよび緊張病なども催眠相によるものとパヴロフはみなしている。また，衒気（わざとらしさ），幼稚さ，愚行，気まぐれで攻撃的な興奮などの症状は，両半球皮質で全面的に制止がひろがり，皮質下が解放された結果とみなしている。

main reference

ヴァツーロ，E. G.（住 宏平訳）1963 パヴロフ学説入門 明治図書

keywords of keyword

I. P. パヴロフ☞，条件反射形成，保護制止，逆説相，超逆説相，均等視

（鴨野元一）

措置入院［医・精・福］

自傷他害のおそれのある精神障害者を知事の指示で指定された精神病院に入院させる入院形態である。精神保健福祉法第29条には，精神障害者であり，かつ，医療および保護のために入院させなければ，その精神障害のために自身を傷つけまたは他人に害を及ぼすおそれがあると認めたとき，その者を知事は指定した精神病院に入院させることができると定められている。この場合，その患者を入院させるには二人以上の精神保健指定医の診断結果が一致した場合でなければならない。この場合，本人，保護者の同意は必要ではない。

なお，精神障害者であって，かつ，医療および保護のための入院の必要があると精神保健指定医が診断した時は，保護者の同意があれば本人の同意がなくても入院させることができる。これを医療保護入院という。

keywords of keyword

精神保健福祉法，医療保護入院

（横山茂生）

尊厳死（death with dignity）［医・福］

死は避けられず，しかも末期こそは，自己の尊厳を保った自分らしい死に方を望むのは当然で，いたずらに死期を延ばすような措置をとって欲しくないと考える人も多くなった。インフォームド・コンセントの浸透によって，患者は現状における自分に関するいろいろな医療情報を知り，自己決定権により，残された生を全うしようと思っていることも理解できる。尊厳死の問題が世界的

尊厳死

となったきっかけは1975年米国で，植物人間となった21歳のカレン嬢に対し，父親が尊厳死の申請をおこない，生命維持装置をはずしてほしいとの希望を裁判所が許可した事件である．その後各国でこの問題が広く討議され，安楽死の解釈とともにそれぞれ独自の基準が定められている．わが国でも尊厳死協会が設立され，Living Will（尊厳死宣言書）に署名，捺印する人が増えてきた．

keyword of keyword

インフォームド・コンセント☞

（佐野開三）

ターミナルケア (terminal care, 末期医療) [医・福]

　ターミナルステージ（terminal stage）の判断は時間の単位で考えるのであるが，現実には患者の生命予後を判断することはきわめて困難である。現代医療における可能なかぎりの集学的治療（multidisciplinary treatment：各種の治療法を協同作業として組み合わせおこなう治療で主として悪性腫瘍に用いられる）によっても十分な効果が期待できず，積極的治療がむしろ不適切と考えられる状態で，生命予後が6カ月以内と思われる段階を末期といい，これら，死期が近づいた人に対し死の恐怖を和らげ，いかに充実した人生の終末期を送ってもらえるようにするかというケアである。ホスピスケア（hospice care：医療で助かる見込みのない気の毒な病人を医師，看護師が主となり宗教家，ケースワーカー，ボランティアが一団となる心をこめたケア），緩和ケア（palliative care：主として末期がん患者に対し，延命を目的とせず痛みを取り除きQOLを向上させるためのケアで，ターミナルケア，ホスピスケアと異なる点は，終末期だけでなく早い時期の患者に対してもがん病変の治療を同様におこなう場合があること）にも共通するものである。これには次のようなものがある。

　A．患者に対するケア
　　1．心身その他の苦痛のコントロール
　　2．その他の身体症状のコントロール
　　3．緩和治療
　　4．精神的支え　その他
　B．家族に対するケア

keywords of keyword
　集学的治療，ホスピスケア，緩和ケア，QOL☞

（佐野開三）

第一信号系／第二信号系 (first signalling system/ second signalling system) [生]

　大脳半球の高次神経活動に関するパヴロフ学説は，三つの系で構成されている。第一の系は，生得的な無条件反射系である。第二の系は，〈感覚〉条件反射系である。第三の系は，言語信号系，すなわち，〈言語〉条件反射系である。
　普通，第一の系と第二の系を総括して第一信号系と呼び，第二信号系は，ことばあるいは言語の信号系である。話したり，聞いたり，書いたりしたことばが，条件刺激，すなわち実在の感覚信号に代わって，それらを一般化する合図，あるいは信号となる。ことばは，感覚像，あるいはその抽象概念を表現してきた常同的な音であり，視覚像である。ことばは，事物や行為，それらのかなり繊細な差異を明示し，分類する。ことばは信号として，あらゆる条件刺激に似ている。他方，ことばは一切の条件刺激とその性質を異にする。もっとも著しい差異は，それらの〈抽象的〉性質にある。「木」ということばは，あらゆる木の代わりになり，合図として，実物の感覚信号と連合しているすべての条件反射を喚起することができる。このような見地は，コリンズとロスタフ（A. M. Collins & E. F. Loftus，アメリカ，心理学）(1975) の意味記憶のモデルである「活性化拡散モデル（spreading activation model：意味記憶が階層的なモデルで考えられるのに対し，これはブドウ状に体制化された概念的表象モデルである）」を思い出させる。また，認知心理学のさきがけの一人，ミラー（G. A. Miller，アメリカ，認知心理学）(1960) が第一信号系と第二信号系とをアナログシステムとデジタルシステムに対応づけているのも興味深い。
　パヴロフは，三つの系の相互関係と相互依存について，「目の覚めている油断のない状態においては，最も高次の系が高次神経活動の組織化における支配的調整の役割を演じる」という一般的法則を提唱している。したがって，動物では，第一信号系（感覚条件反射系）が，高次神経の全体的な働きを支配し，調整し，そして組織化する役割を担う。人では，第二信号系（言語系）が，この役割を担っている。連合（パヴロフは条件反射を連合もしくは一時的統合の一種とみなし，連合主義の生理学的根拠となっている），意識，注意のようにより複雑な現象では，言語的な信号が支配的に機能する。

main references

Collins, A. M. & Loftus, E. F. 1975 A Spreading-activation Theory of Semantic Processing. *Psychological Review*, **82**, 407-428

ミラー, G. A.・ギャランター, E.・プリブラム, K. H. 1960 (十島雍蔵ら訳) 1980　プランと行動の構造　誠信書房

ウェルズ, H. K.（中田　実・堀内　敏訳）1970　パヴロフとフロイト　黎明書房

keywords of keyword
　I. P. パヴロフ☞，連合，意味記憶モデル，高次神経活動

（鴨野元一）

第一種の過誤と第二種の過誤（type I error & type II error）［心］

　裁判で黒（有罪）か白（無罪）かが争われる時，多くの場合は物的証拠が重視されるが，時として曖昧な状況証拠に頼らざるを得ない場合がある。その際，裁判官は検事と弁護士の立てる仮説に対してその状況証拠からいずれかを棄却し，他方を採択する判断を下さなければならない。これと同様に，科学的に事象を検討する場合，仮説検証という作業が重視される。心理学においても人の行動や思考を事前に推論する際に立てられる命題を仮説といい，その正しさを確かめる仮説検証はきわめて大事である。

　心理学の仮説を検証する場合，誤った判断をする可能性が二つ存在する。一般的に期待する仮説（対立仮説：H1）を検証するために，統計的な偶然性に帰するという仮説（帰無仮説：H0）を棄却する手続きを取るが，それを怠って安易な判断をすると取り返しのつかない過ちを犯すことになる。真実はH0であるのに，それを棄却してH1を採択してしまうことを第一種の過誤という。逆にH1が正しいにもかかわらずH0を採択してしまうことを第二種の過誤と呼ぶ。このように正しくない判定をする二つの可能性と，正しい判定をする二つの場合とを次の表のように表すことができる。

　とくに心理学を志す者が気をつけなければならないのは第一種の過誤である。ある集団にある心理検査をした時，その結果に特別な意味がない（H0が真）にもかかわらず，誤った思い込みによって有意な結果である（H1）と判断して，その人達を特別視したり，扱いをしたりする場合がそれにあたる。裁判でいえば冤罪にあたり，人道的立場からも犯してはならない判断の過誤である。

		真実の世界	
		H0が真	H1が真
人の判断	H0を採択	正しい判定	第二種の過誤 (type II error)
	H0を棄却	第一種の過誤 (type I error)	正しい判定

keywords of keyword
　仮説と帰無仮説☞，仮説検証，冤罪

（金光義弘）

対象関係論［心］

　フロイト（S. Freud：1856-1939，オーストリア，精神分析学）☞から端を発した精神分析の中でも，内在化された対象との関係を扱っていく対象関係論という考え方は，クライン（M. Klein：1882-1960，オーストリア，児童精神分析学，アンナ・フロイトとともに児童分析の祖）やウィニコット（D. W. Winnicott：1986～1971，イギリス，精神分析学）☞らによって受け継がれていった。

　乳児にとって，対象関係，つまり自分と母親の関係は未分化である。

　対象関係の発達は，以下のような流れに従ってゆく。
・絶対的依存：母親の乳房という一部を対象として認識する，部分対象の関係といわれている。
・相対的依存：自分と母親が分化し，外的対象として認知するが，まだ一人の母親の中にある良い母親の部分と悪い母親の部分は融合しておらず，別個の存在として認識し，対象との関係も不安定で，依存したい気持ちと独立したい気持ちがまざりあっている。
・個として独立：自己と対象ははっきりと異なるものとして各々統合され，各々が独立した全体的存在として，対象と関係をもつことが可能となっている。

　絶対的依存の段階から相対的依存の段階には，自分ではないが，外界のものとも充分に認識されにくい中間領域のもの，移行対象と呼ばれるものがみられる。これは愛着関係が結ばれている母親から分離していく際の分離不安を防衛するために必要だと考えられている。

　母親からの働きかけは，この時期の発達を促す上で重要である。適切な時期に適切なメッセージ，関わりが子どもに対してなされなければならない。この時期の発達がうまく進まないと，あるいはどこかで留まることになると，後に重篤な精神障害を発症させるといわれている。

main reference
　ウィニコット，D. W.（北山　修監訳）1990　児童分析から精神分析へ　岩崎学術出版社

keywords of keyword
　S. フロイト☞，M. クライン，D. W. ウィニコット☞，分離不安

（武井祐子）

対象喪失・悲哀の仕事［心］

　自分にとって大切なものを失うことを対象喪失

という。その対象は生命をもつものとはかぎらない。転居などによって失うことになった今までなじみ深かった住居環境であったり，今までもっていた職業や，社会や家庭での役割，また自分の身体の一部であったりもする。

人は大切なものを失うことによって，深い悲しみに陥る。その悲しみを乗り越えていくためには，悲哀の仕事が必要となってくる。

悲哀の仕事の過程では，深い悲しみのあまり感情が麻痺したり，思慕，怒り，後悔や自責などを感じたりしながら，次第に心が整理され，悲しみが薄れ，その失った対象を受け入れることができるようになってくる。

悲哀の仕事は，対象喪失の後，必ず起こってくるべきものである。受けた悲しみを直視せず，逃避することで一時的にでも乗り越えようとするなど，なされるべき悲哀の仕事がなされなかったり，また，なんらかの理由でその作業が中断されると，決して悲しみは癒されていくことなく，くすぶり続ける。

(武井祐子)

対人的距離 (interpersonal distance) [社・心]

初対面の人とは少し距離をおいて接しようと心がけるが，親しい人と離れた所で会話するとよそよそしい感じになる。また，自分にあまり近づいてこない相手を見れば，嫌われているのではないかなどと思ったりする。このように，他の人と接する場合，相手との社会的関係や相手への感情によって適当な空間の距離をおいて対応しているのである。

この他者との間にとる距離のことを，対人的距離 (interpersonal distance) というが，この空間的行動 (spatial behavior) は無規則におこなわれるのではなく，個々人の要求や他者との対人関係また文化的要因などを反映したある種の心理的特性によって決定されるのである。ホール (E. T. Hall，アメリカ，文化人類学) (1966) は，このような空間的行動に関する研究領域をプロクセミックス (近接学：proxemics) と名づけている。彼は，特定の空間行動をおこなうことで人は自分の欲求や感情を調節したり他者に伝達しようとするという前提から，個人の対人的また社会的関係をこの空間行動から説明しようと試みた。

ホールは，アメリカのアングロサクソン系の人々の空間行動から，以下の四つの対人的距離を見出して，各距離はそれぞれ近接相と遠方相に分類されるとしている。①密接距離 (intimate distance)：非常に親密な間柄で他者と密着している距離。近接相 (0-15cm)：愛撫・慰め・格闘などの距離，遠方相 (15-45cm)：手での触れ合いや囁きでコミュニケーションできる距離。②個体距離 (personal distance)：対話や会話の距離また個人的な親しい間柄の距離。近接相 (45-75cm)：相手を捕まえ抱いたり目の動きでコミュニケーションできる距離，遠方相 (75-120cm)：個人的用件の会話や路上で立ち話をする距離。③社会距離 (social distance)：会議・討議・ビジネスのための距離。近接相 (120-210cm)：個人的でない用件のときに用いられる，遠方相 (210-360cm)：形式的社交やビジネスのためにとられる距離。④公衆距離 (public distance)：講義・講演・演説などに用いられ相手に個人を意識させない距離。近接相 (360-750cm)：聴衆は話し手に関与できない一方的なコミュニケーションの距離，遠方相 (750cm以上)：街頭演説などの距離でゆっくり短く話さないと伝達できない距離。

main reference

Hall, E. T. 1966 *The hidden dimension*, New York ; Double day. 日高敏隆・佐藤信行 (訳) 1970 かくれた次元 みすず書房

keywords of keyword

パーソナルスペース☞，プロクセミックス，E. T. ホール

(岩淵千明)

対人魅力 (interpersonal attraction) [社・心]

他の人に対する「好き」という気持ち，他者へのポジティブな志向，好意度，他者に感じる魅力など，すなわち，ある特定の他者に対する好意的あるいは非好意的な態度のことを対人魅力 (interpersonal attraction) と呼んでいる。ルビン (Rubin, 1970) によれば，この気持ちには他者への尊敬 (respect) をベースに，主に同性に対する好意 (liking)，友情や家族また神仏に対する愛 (love)，さらに，情動を引き起こす異性への恋愛 (romantic love) などが含まれる，としている。

なぜ特定の他者を好きになるのか，その理由はさまざまであるが，これまでの対人魅力の規定因に関する研究をまとめると以下のようになる。多くの場合，それぞれの要因が複合的に作用していることが報告されている。

まず環境的な要因として，①空間的近接性：近くにいることで親しくなりやすい，②熟知性：接

触する機会が多いほど好意度が増す，などが指摘されている。次に，自己に関する要因として，①他者への評価：後背効果（hallow effect）によりよい評価をすると他のものすべてをよく思ってしまう，②自尊心の高低：自分に自信がないときに優しくされるとその人を好ましく思いやすい，③恐怖の経験：吊り橋効果やロミオとジュリエット効果と呼ばれ，怖い経験の後や，再会することを反対された異性に好意を抱きやすい，④不快や苦痛の経験：不安な状況で一緒にいる異性を好きになりやすい，などが報告されている。

さらに，他者に関する要因としては，①社会的望ましさ：他者の能力を高く評価したり他者が役割を遂行していることに魅力を感じる，②身体的魅力：外見的な顔立ちやスタイルやセンスの良さを好意的に評価する，③他者からの評価：他人から好意的な評価を受けるとその相手に対する好意度が増す，などがある。また，他者との相互作用に関する要因としては，①類似性：主に態度や性格の類似性で，似たもの同士は親しくなりやすい，②相補性：主に要求や役割の相補で，自分にないところをもっている他者を好きになりやすい，③共同作業：共通の目的に向かっている人を好きになりやすい，④援助行動：始めは助けるつもりであったのが次第に好意に変化していくことがある，などが報告されている。

main reference
Rubio, Z. 1970 Measurement of romantic love. *Journal of Personality and Social Psychology*, **16**, 265-273

keywords of keyword
態度☞，背後効果

（岩淵千明）

態度（attitude）[社心・心]

日々の生活で，われわれはさまざまな社会現象や出来事また他の人々に対していろいろな反応を示している。たとえば，内閣を支持する（賛成）とか支持しない（反対）とか，原子力開発は良いとか悪いとか，あの人が好きとか嫌いなどといった考え方や気持ちなどの反応である。また，採用試験の面接では，短い時間の中で初めて会った人と話をしながら，その人がどのような考え方や気持ちの持ち主なのかを予測して，採用か不採用かの決断をすることもある。さらに，セールスマンは，何気ない会話から相手の気持ちをつかみ，交渉を進め商談をまとめる方向に誘導したりしているのである。

このような人々のもつ考え方や気持ちのことを，社会心理学では，態度（attitude）と呼んでいる。しかし，この態度ということばは日常生活では，「立派な態度をしている」とか「その態度を改めなくてはいけない」というように，実際の行動（顕在的行動：overt behavior）そのものを指摘する際に多く用いられている。しかしながら，社会心理学では，行動そのものではなく，顕在的行動の原因を説明したり行動を予測する要因として，態度という概念を用いている。したがって，人のもっている態度に焦点を当て研究することはその人の行動を説明したり予測したりするうえで非常に有用なことである。

この態度の研究上の定義は多様であるが，田中と藤原（1970）は，以下の六つに態度の特徴をまとめている。①態度は先有傾向（predisposition）であり，直接的には観察不可能であるが，言語表現が可能なため「意見」としてとらえることができる。②常に対象をもち，「～に対する態度」と表現される。対象は，人物・集団・価値・観念・制度などさまざまである。③一定の対象に対して，「良い－悪い」・「好き－嫌い」といった評価や感情を含む。④態度が形成されると比較的安定して持続的なものである。しかし，条件によっては変化する（態度変容：attitude change）。⑤態度は後天的に学習によって形成される。⑥個々の対象に対する態度は，お互いに関連性をもち構造化されている（態度間構造：inter-attitude organization）。

main reference
田中國夫（編著）　1977　新版現代社会心理学　誠信書房

keywords of keyword
態度構造☞，態度変容☞

（岩淵千明）

態度構造（attitude structure）

人の気持ちは態度という概念で説明されるが，この態度の構造は単純ではない。たとえば，社会的に評判の良くない人を好きになった場合を態度から説明すると，好きになった人が評判が悪いという認知，また評判が悪いということは良くないという価値判断，それでもその人が好きという感情など，複雑な心持ちから構成されていると考えることができる。さらに，自民党支持であるのに新しいモノが好きな人がいたり，強いモノが好きなはずなのに阪神タイガースを応援するといったような相反する気持ちが混在しているのである。

このように，ある対象に対して態度は形成されるが，この態度の構造は単純ではないのである。この態度構造を解明するには二つの視点からのアプローチがあり，一つは，特定の対象に対する態度の内部構造を明らかにしようとする立場で態度内構造（intra-attitude organization）と呼ばれ，もう一つは，個々の対象に対する態度間の関連性を明らかにする立場で態度間構造（inter-attitude organization）と呼ばれている。

ここで，態度内構造について，ローゼンバーグとホブランド（Rosenberg & Hovland, 1960）は，態度は，認知的成分（cognitive component：対象に対する情報・知識・信念などの論理的側面），感情的成分（affective component：評価を含んだ感情的側面），行動的成分（behavioral component：対象への動機づけおよび意図的側面）という態度成分（attitude component）から構成され，この三成分間には高くポジティブな内的一貫性を保とうとする傾向がある，としている。

態度間構造については，因子分析（factor analysis）という分析法を用い，態度間の関連性の軸となる共通因子を見出して説明していく。サーストン（Thurstone, 1934）は，急進主義−保守主義および国家主義−非国家主義という二つの因子（軸）を抽出している。また，アイゼンク（Eysenck, 1954）は，急進主義−保守主義および硬心（現実主義）−軟心（理想主義）という二つの因子を抽出している。

main references

Eygenck, H. J. 1954 *The Psychology of Politics*. Routledge & Kegan Paul.

Rosenberg, M. J., & Hovland, C. I. 1960 Cognitive, affective and behavioral component of attitude. In M. J. Rosenberg & C. I. Hovlancl (Eds.) *Affitude Organization and Change*. New Haven：Yale University Press, 1-14.

Thurstone, L. L. 1934 Vectors of the mind. *Psychological Review*, 41, 1-32

keywords of keyword

M. J. ローゼンバーグ，C. I. ホブランド，態度☞，態度変容☞，認知的成分，感情的成分，行動的成分，態度成分，態度間成分，L. L. サーストン，H. J. アイゼンク

（岩淵千明）

態度変容 （attitude change）

ある対象に対する態度が形成されると，その態度は比較的安定して持続されることになる。たとえば，何の感情ももたなかった人が気になり恋愛感情を抱いていくということは，特定の他者に態度を形成していくプロセスである。しかし恋に終わりがあるように，人の気持ちも条件によっては変化する。この変化を，態度変容（attitude change）と呼んでいる。

この態度が変化していくプロセスについて，ケルマン（Kelman, 1961）は変容を起こす動機的条件と次の三つの過程があるとしている。①追従（compliance）：他者から好意的な評価を得ようとする動機づけがあり表面的な変化，②同一視（identification）：他者と好意的な関係を保とうとする動機づけがあり内面的な受容はあるがその関係がなくなると保持されなくなる一時的な変化，③内在化（internalization）：他者の働きかけに納得しそれを受け入れようとする動機づけがあり内面的な受容を永続的に保持する変化である。この三つの態度変容過程は単独で生じるのではなく，同時的・複合的に生じるとしている。

このような態度変容に関する研究は，ホブランドら（Hovland et al., 1953）の説得的コミュニケーション（persuasive communication）に関する研究から始まった。送り手・メッセージ内容や構成また提示方法・受け手などの条件によって，外的要因としてのコミュニケーションが態度変容に及ぼす効果などについて検討された。また，態度対象に対する個人内の複数の認知や信念間に不整合性があれば不快を経験する，これを解消しようと態度変容が起こるとする認知的斉合性理論（cognitive consistency theory）もある。認知間の斉合性という内的要因に注目した研究には，ハイダー（Heider, 1946）の認知的均衡理論（cognitive balance theory），ニューカム（Newcomb, 1956）のA-B-Xモデル（A-B-X model），オスグッドら（Osgood et al., 1955）の適合性原理（congruity principle），フェスティンガー（Festinger, 1957）による認知的不協和理論（cognitive dissonance theory）などがある。さらに，受けたメッセージに含まれる論述を思考する程度（洗練化傾向）という受け手の認知過程に注目したペティら（Petty et al., 1981, 1986）の洗練化傾向モデル（elaboration likelihood model：ELM）に関する研究もなされている。

main references

Festinger, L. 1957 *A Theory of Cognitive Dissonance*. Stan-

Heider, F. 1946 Attitudes and Cognitive Organization. *Journal of Psychology*, **21**, 107-112

Hovland, C., Janis, I., & Kelley, H. H. 1953 *Communication and Persuasion*. New Haven: Yale University Press.

Kelman, M. C. 1961 Processes of opinion change. *Public Opinion Quarterly*, **25**, 57-78.

Newcomb, T. M. 1956 The predicfion fo interpersonal attraction. *American Psychologist*, 11, 575-586.

Osgood, C. E. & Tannenbaum, P. H. The principle of congruity in the prediction of attitude change. *Psychological Review*, 62, 42-55.

Petty, R. E., & Cacioppo, J. T. 1981 *Attitudes and Persuasion: Classic and Contemporary Approaches*. Dubuque, IA: Wm. C. Brown.

Petty, R. E., & Cacioppo, J. T. 1986 Elaboration likelihood model of persuasion. In L. Berkowitz (Ed.), *Advances in Experimental Socila Psychology* (Vol.19). New York: Academic Press.

田中國夫(編著) 1977 新版現代社会心理学 誠信書房

keywords of keyword

態度☞，態度構造☞，追従，同一視，内在化

（岩淵千明）

大脳・大脳辺縁系［生］

中枢神経系は脊髄から脳幹と間脳を経て左右の大脳半球につながっている。大脳の表面は大脳皮質と呼ばれるが，系統発生的（生物の系が時間的に変化する様子を種の変化としてみる場合に系統発生といい，個体の成長としてとらえる場合には個体発生という）に古い部分と新しい部分とからなる。古い部分は脳幹の付け根のところを取り巻く領域で「大脳辺縁系」，その上の新しい部分は「新皮質」と呼ばれて区別されている。大脳辺縁系は本能や情動に関する機能を司っているのに対して，新皮質は人間の高次精神機能全般をになっている。したがって新皮質のほうがはるかに構造的にも機能的にも複雑であり，その理解も難しい。ここではごく簡単に大脳皮質の説明に留めることにする。

まず大脳は領域と細胞構築学の視点から，後頭葉，側頭葉，頭頂葉，そして前頭葉に分けられる。それぞれの部分は解剖学的な特徴を備えていると同時に，司る機能も異なっている。さらに機能との関連において，大脳は外界から入ってくる視覚，聴覚，味覚，嗅覚，それに皮膚感覚などの信号をキャッチする「感覚野」と，手足を動かす運動指令信号を出す「運動野」，そして両者の信号をやり取りする役目を果たす「連合野」に区分されることがある。大脳の四大領域との対応でいえば，後頭葉の感覚野は視覚野，側頭葉の感覚野は主に聴覚野として，さらに頭頂葉の体性感覚野と運動野はペンフィールド（W. Penfield：1891-1976，カナダ，大脳生理学）によって詳細な機能局在が明らかにされた。前頭葉は連合野としての働きが主で，人間としての最高位の精神機能はもちろん人格の座の役割も果たしているという見方がある。なお，大脳の右と左の半球間の機能差異については，言語中枢の左偏在傾向に基づいて左半球が「優位半球」と呼ばれていること以外は，諸説が交錯している。

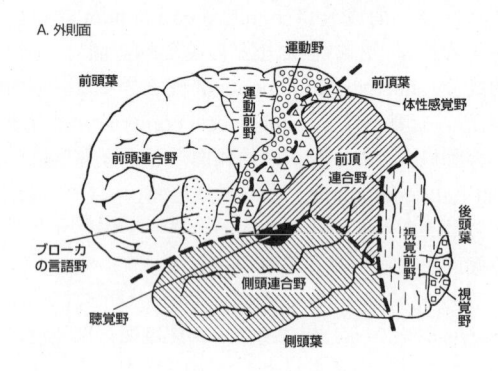

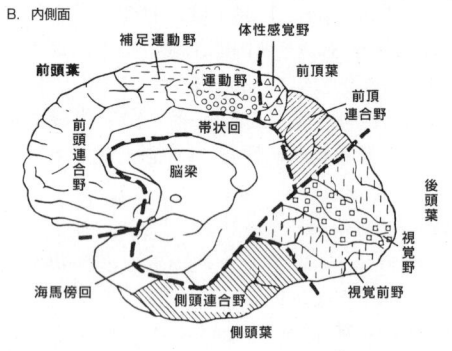

keywords of keyword

中枢神経☞，大脳辺縁系，言語中枢，脊髄，脳幹，間脳，系統発生，新皮質

（金光義弘）

タイプA行動パターンおよびタイプB行動パターン (type A behavior pattern and type B behavior pattern)［精・心］

性格特性をみるために多くの人格，性格検査が用いられるが，個人の行動特性を拠点として判断

する一つとしてタイプA，タイプB行動パターンがある。タイプA行動パターンは1959年アメリカの心臓専門医フリードマン（M.Friedman）が虚血性心疾患（心筋梗塞，狭心症など）の患者に共通する独特の行動特性を発見して，タイプA行動パターンと命名した。その特徴は，目的達成への強い欲求，強い攻撃性と敵意をもち，他人と競争する傾向，周囲からの高い評価や昇進を望む，多くの仕事に没頭し時間に追いまくられる，同時にいくつもの仕事をする，自分の精神的肉体的活動を常に速めようとする，などである。この行動特性は，わが国の高度経済成長期のいわゆる猛烈ビジネスマンにみられる行動様式とよく似ており，わが国でも虚血性心疾患（狭心症，心筋梗塞など）との関連が注目されている。

一方，この行動特性と対極にある行動特性をタイプB行動パターンといい，これはタイプA行動パターンの主要特性の正反対であり，虚血性心疾患との親和性に乏しいことが知られている。このタイプB行動パターンは，現代社会において自立的な価値観をもって自由に生きる生き方の一つであるともいえる。

なお，これらは行動様式を示す用語であって，その個人の性格特徴とは必ずしも一致しない。

main reference
山崎勝之（編）1995　タイプAからみた世界　現代のエスプリ337　至文堂

keywords of keyword
M.フリードマン，虚血性心疾患

（横山茂生）

代理母（ママ）（surrogate mother）

子どもの精神発達に対して母親の愛情が果たす役割を研究する目的で，ハーロウ（H. F. Harlow）夫妻は生まれたばかりの子ザルにさまざまな人工的母親，すなわち「代理母」を提供した。有名な代理母として，針金製のものや布製のもの，あるいはバネ仕掛けで動くものと動かないものなどが用意されたが，子ザルは肌触りが良く，動きのある代理母を好むことがわかり，スキンシップの重要性が示唆された。また不安な環境におかれた子ザルにとって，肌触りの良い代理母は「心理的安全基地」の役割を果たし，不安が生じるとその懐に飛び込むことによって安心を回復し，普通の子ザルと同じように探索行動や冒険行動もとれるようになった。

keyword of keyword
H. F. ハーロウ☞

（金光義弘）

ダウン症候群（Down's syndrome）［医］

ダウン症候群は，常染色体異常により，知的発達障害をともなう。21番目に3本の染色体が認められ，出現率は，欧米で，0.2～0.3％，日本で，0.1％といわれている（飯沼ら，1991）。トリソミー（3本の染色体をもつ）の状況によって，標準型が94.3％，転座型（21番染色体の過剰な1個が他の染色体に附着しているタイプ）が2.8％，モザイク型（染色体の切断や欠損によって1本の染色体に二種類以上の組織が部分的に存在しているような型）が2.8％に分類されている。概して，転座型とモザイク型は，標準型に比べて発達が良好といわれている。この症候群は，高齢出産と関係するといわれ，40～44歳で，2.9％，45歳以上で，9.1％の出現をみている。

ダウン症候群の診断は，染色体によって比較的容易になされる。告知のありようは，保護者に種々の問題を残す可能性がある。

ダウン症候群は，顕著な身体的特徴をもっている。大脳半球が小さく，脳回（新皮質の凸部を回，凹部を溝と呼ぶ）が貧弱といった脳の未発達の徴候が認められる。また，特徴的風貌が認められる。

ダウン症候群は，知的発達障害，言語発達遅滞，構音・発声障害などを示す。行動特性としては，温和，従順，ひとなつっこさ，模倣傾向などを示すタイプと，興奮的，易刺激性（刺激に影響されやすさ），拒絶症（拒否的態度優勢）を示すタイプがある。総じて，頑固さや恐怖心の強さが認められる。

ダウン症候群では，超早期療育が効果をあげている。超早期療育プログラムは，ワシントン大学法（ワシントン大学児童発達精神遅滞センターで開発された行動理論に基づく療育法），オレゴン大学法（オレゴン大学人間発達センターで開発された行動理論に基づく療育法），ポーテイジ法（ポーテイジプロジェクトによって開発された行動理論に基づく療育法）などがある。これらの方法は，いずれも行動・学習理論に基づいている。たとえば，ワシントン大学法（Dmitriev, 1983）は，①生まれてからすぐ，知的発達や感覚の発達を総合的に自然な発達の過程に従って刺激し，人との間のいきいきしたコミュニケーションを充分に発達させることを目的とし，②行動理論（応用行動分析）にも基づくプログラムによって，③その指導は，家庭で，養育者の手でおこなうことを旨とし

ている。

main reference
Dmitriev, V. 1983（高井俊夫，山下勲監訳）ダウン児の早期教育　同朋舎
keywords of keyword
転座型，モザイク型，脳回，易刺激性，ワシントン大学法，オレゴン大学法，ポーテイジ法，行動理論

（鴨野元一）

他者志向型（other-directed type）[社・心]

リースマン（Riesman, 1950）は，時代の変遷・社会の発展につれてその時代に特徴的な社会的性格（social character）も変化すると指摘している。この社会的性格とは，その社会のメンバーが体験と生活様式から共通にもつようになった性格構造のパターンのことである。

彼は，人口の増減と産業化の発展による社会的な変化とそれに対応する社会的性格とは，人口が停滞する社会では第一次産業が中心で伝統志向型（tradition-directed type），人口が増加する社会では第二次産業が中心で内部志向型（inner-directed type），人口の減少する社会では第三次産業が中心で他者志向型（other-directed type），であるとしている。

封建時代のような前近代という時代は，出生率と死亡率がともに高く人口は停滞するが，社会構造は安定していて変動が少ない農林水産業が中心の社会である。この時代の伝統志向型という社会的性格は，従来の習慣や規則を遵守する。行動の原理は伝統のような既存の価値観に基づき，主体性がなく伝統への無批判的同調や服従があり恥を恐れる社会中心型のパーソナリティである。初期資本主義社会のような近代という時代は，死亡率が減少して人口が急激に増加するが，社会構造は不安定であり社会的移動が多く商工業が中心の社会である。この時代の内部志向型は，内部の良心に方向づけられる。行動原理は，主体的な内面的な価値観によって決定され，個性的で努力型とか立身出世型とかいわれる自己中心（忠実）型のパーソナリティである。後期資本主義社会である現代という時代は，出生率と死亡率がともに低く人口が減少していき，社会構造は安定しているが社会的移動が多い社会である。この時代の他者志向型は，他者との協調や反応の敏感さが必要とされる。行動原理は，周囲の意見および他者の反応や評価である。不安感が強く他者に対する感受性も高い他者中心型のパーソナリティである。

以上のことから，現在のような日本の社会では，多くの人が無意識のうちに他者に同調してしまい，自律的な判断力がもてなくなっている他者志向型というパーソナリティを示す社会的性格になっていることが理解できる。

main reference
Riesman, D. 1950 *The Lonely Crowd* Yele University Press. 加藤秀俊訳　孤独な群集　1964　みすず書房
keywords of keyword
没個性化☞，社会的性格，自己中心型パーソナリティ，他者中心型パーソナリティ

（岩淵千明）

多重人格（multiple personality）[精・心]

1988年から翌年にかけて関東地方で発生した連続幼女殺人事件の犯人が，その後の司法精神鑑定で多重人格障害の診断がなされたことから，俄然わが国でも注目されるようになった。一人の人格がまったく変貌して他の人格に変わってしまった状態が一定期間続き，またもとの人格にもどる場合を二重人格と呼び，このような人格の交代が，AからB，さらにC，Dと多数の人格に変わる場合を多重人格という。

この多重人格は20世紀初め催眠療法がさかんにおこなわれた頃には，ヨーロッパで事例が報告されたが，精神分析療法の発展と精神分裂病（統合失調症）の診断基準の普及につれて，精神医学界ではほとんどみられなくなった。1970年代に入ってアメリカを中心に再び事例が報告されるようになったが，その他の地域では報告例はきわめて少ない。アメリカ精神医学会の疾病分類 DSM-Ⅳ（1994）では，それまで記載されていた多重人格障害という名称は消えて，解離性同一性障害と変更されている。

main reference
和田秀樹　1998　多重人格　講談社
keywords of keyword
DSM-Ⅳ☞，解離性障害☞，催眠療法，精神分析☞

（横山茂生）

短期記憶・長期記憶（short term memory & long term memory）[心]

記憶とは経験した事象を保持し，その後必要に応じて再生して利用する機能であるとされる。その心理学的研究も多岐にわたっているが，記憶の過程の研究として一般的なものが情報の保持期間による区分の観点に立つものである。すなわち，

保持時間の短いものを「短期記憶」といい，長いものを「長期記憶」という。短期記憶の場合は情報受容後ほぼ30秒以内のものをいい，それ以上ほぼ無期限に永続するものを長期記憶という（なお，保持時間の極端に短い瞬間的な場合を「感覚記憶」として短期記憶とは区別することもある）。

いずれにしても記憶というものをただ保持時間によって分類するだけでは無意味であり，それぞれの記憶における機能が明らかにされなければならない。最近では短期記憶に関して，計算などの課題を遂行している人の頭の中で刻々と情報処理が進行している状態というとらえ方がなされ，「作動記憶」と呼ばれる研究が盛んである。一方，長期記憶においては無限の貯蔵情報を，言語的に表現される「宣言的記憶」と非言語的内容の「手続き記憶」とに区分することによって，記憶の質的分析がおこなわれるようになった。さらに宣言的記憶は経験内容に関する「エピソード記憶」と，一般的知識に関する「意味記憶」とに分類され，質的に異なった記憶研究がおこなわれている。

keywords of keyword
宣言的記憶，手続き記憶，エピソード記憶☞，意味記憶，感覚記憶，作動記憶☞

（金光義弘）

断眠（sleep deprivation）［生・生心］

断眠とは，長時間にわたって眠らせないこと，あるいは睡眠の一部を除去することをいい，睡眠奪取ともいう。実験研究の手続き上，睡眠を除去した結果，どのような脱落現象が現われるかを観察し，睡眠調節機構や生体機能の変化を調べようとする。

睡眠研究では，一般に三種類の断眠法が用いられる。それは，全断眠（total sleep deprivation），部分断眠（partial sleep deprivation），そして選択的断眠（selective sleep deprivation）である。全断眠とは，終夜の睡眠すべてを除く方法である。たとえば，通常22時に就寝し，翌朝7時に起床する人が，いつものように7時に起床してからその夜に睡眠をとらないで翌朝の7時まで覚醒し続けることである。部分断眠とは，一定時間の睡眠の時期を除く方法である。手続きとしては，睡眠時間を徐々に減らしたり，急に減らしたりする方法がとられる。たとえば，通常8時間の睡眠をとっていた人を，1時間ずつ徐々に，もしくは急に4時間や5時間の睡眠に減らすことである。選択的断眠は，選択的にある特定の睡眠状態（段階）を除く方法である。ある特定の睡眠段階に移行し始めた時，聴覚刺激や痛覚刺激を与えて，覚醒させるものである。一般に，断眠の影響について調べる際，所定の断眠をおこなった後，その後の睡眠などに及ぶ影響を調べるため，2～3夜の睡眠記録が実施されるのが普通で，その際の睡眠を回復睡眠（recovery sleep）と呼んでいる。

断眠に関する最初の実験的研究は，1894年，マナセーヌ（M. Manacéine）による研究であるとされている。この実験は，生後2～4カ月の仔イヌを対象にしたもので，4～6日間の全断眠をおこなったところ，体温の低下，赤血球濃度の増加，脳における毛細管の出血などがみられた。また，そのうち数匹は92～143時間で死亡したという。ヒトを対象とした最初の研究は，アメリカのパトリックとギルバート（Patrick & Gilbert, 1896）によるもので，彼らは，健康な3名の青年男子を90時間にわたって断眠させた。その結果，感覚の鋭敏さ，反応時間，運動速度，記憶能力などに低下が認められ，そのうちの一人は視覚性の幻覚を報告したといわれる。

断眠法は疾患の診断や治療にも応用されている。たとえば，てんかんの診断で，脳波の賦活法（安静時の脳波記録では見られない異常脳波を見つけるために，種々の刺激を与える操作をいう。たとえば，眼を開け閉めしたり，眼を閉じた状態で閃光を与える方法がある）（Mattson et al., 1965）の一つとして断眠を用いる方法や，うつ病の治療法の一つとして用いられている研究がある（Kuhs & Tölle, 1991）。

main references
Manacéine, de M. 1894 Quelques observations experinentales sur l'influence de l'insommie absolue. *Archires Italiennes de Biologie*, **21**, 322-325.

Patrick, G. T. W., & Gilbert, J. A. 1896 On the effect of loss of sleep. *Psychological Review*., **3**, 469-483.

Kuhs, H., & Tölle, R. 1991 Sleep deprivation therapy. *Biological Psychiatry*, **29**, 1129-1148.

Mattson, R. H., Pratt, K. L., & Calverly, J. R. 1965 Electroencephalograms of epiletics following sleep deprivation. *Archieves of Neurology*, **13**, 310-315.

keywords of keyword
M. マナセーヌ，J. A. ギルバート，幻覚☞，R. H. マットソン，H. クース，R. トーレ，部分断眠，選択的断眠，睡眠段階，回復睡眠

（保野孝弘）

ち

知識 (knowledge)

　世の中のさまざまの事柄について知り得た内容のことである。人間の長期記憶をエピソード記憶と意味記憶に分けた場合，意味記憶に貯蔵されている中身にあたる。いいかえると，意味記憶は知識の膨大な貯蔵庫であり，大きな辞書のようなもの（心的辞書とも呼ばれる）であるといってよい。普通の辞書や辞典は，たとえば，五十音順やアルファベット順といった体系のもとに，各項目が配列されているが，人間の知識は，たとえば，カテゴリのような共通特徴によってまとめられており，これを説明するのにいくつかのモデルや枠組みが提唱されている。たとえば，「犬」という項目は，上位に「哺乳類」，さらに上位に「動物」をもち，一方，下位には，「セパード，スピッツ……」といった項目がある。また，「犬」は「ワンワン吠える，嗅ぎ回る，ペットになる……」といった属性を有しているといった具合に，多くの関連項目とネットワーク状に結合しているとする考え方（階層的ネットワークモデル）がある。当初は，このように単語項目相互の結合や構造に基づくモデルが中心であったが，その後，単語だけでなく，文章や物語，系列的に生起する事象等，より広範囲な知識を表現するモデル構築が叫ばれ，統合的に構造化された知識集合としての，スキーマという概念が提唱されるに至った（☞スキーマ）。

　以上のような人間の知識は，人間の認知活動にいろいろな影響を及ぼす。たとえば，「ジョンは鳥の巣箱を修繕していた。父が手伝いにやってきた時，ジョンは釘を打っていた」という文を聞いたのち，「ジョンは鳥の巣箱を修繕していた。父が手伝いにやってきたとき，ジョンは金槌を使っていた」という文が提示されて，この文を聞いたと誤再認することが多かったという実験がある。これは，日常的に「釘」と「金槌」はつきものであるとする知識が，再認記憶に抑制的に働いたからである。つまり，われわれは，与えられた材料をそのまま受容するのでなく，これを既有の知識の枠の中に当てはめて統合的にとらえる傾向があるのである。一般に，知識は認知活動のうち，理解には促進的，記憶には抑制的に働くとする実験結果が多い。

keywords of keyword
　意味☞，意味記憶，スキーマ☞

（賀集　寛）

遅発性ジスキネジア (tardive dyskinesia) [精]

　舌や口の不随意運動を主とし，時に四肢や躯幹の舞踏病様運動（脳炎によって線条体が侵された場合に起こりやすい），手足を不規則に動かし，行儀の悪いようにもみられる。数年にわたる大量の抗精神病薬の使用により起こる。ドーパミン受容体（脳の神経伝達物質であるモノアミンの一種）が抗精神病薬によって長期に遮断されるために，感受性が亢進することによる。

keywords of keyword
　舞踏病，抗精神病薬☞，ドーパミン受容体

（渡辺昌祐）

痴呆 (dementia) [精・教・心]

　成人に起こる知能障害。多く脳器質性病変を基礎にもつ。症状は記憶低下，見当識障害（時間や空間を正しく認識することが障害される），判断力障害など高次精神機能障害がある。随伴症状として徘徊，不穏，幻覚，妄想などを示すことがある。原因疾患として脳血管障害，アルツハイマー病，老年痴呆，脳外傷，硬膜下血腫，脳炎，脳腫瘍，進行麻痺（梅毒の病原体が脳を直接侵すことによって起こる精神病），アルコール症などがある。治療は原因疾患の治療を原則とする。塩酸ドネペジルは軽度及び中等度のアルツハイマー型痴呆における痴呆の進行抑制に適応をもつ唯一の薬。痴呆への対応は介護が主体となり，在宅および施設ケアの地域内構築が重要になる。高齢期に痴呆の出現率は増加し，2000年には65歳以上の老年者は人口の約17.2％となった。人口高齢化が急速に進むわが国では，医療福祉領域の大きな課題である。

keywords of keyword
　見当識障害，高次精神機能，幻覚☞，妄想☞，進行麻痺

（渡辺昌祐）

痴呆スケール [精・心]

　高齢者の記憶障害を中心とした知能障害を評価する尺度が老年精神科医や臨床心理学者により作成されている。

　痴呆状態をスクリーニング（多くの対象の中から，問題になる者を選り分けること）するスケールとして，わが国では，①改訂長谷川式簡易知能評価スケール（HDS-R），②国立精研式痴呆スクリーニングテストがある。このスケールは1985年に大塚らによって開発されたもので，一般老人の中から痴呆の疑いのある老人を的確にスクリーニングすることを目的として標準化された簡易テストである。③N式精神機能検査は1988年に西村ら

によって作られた知的機能検査で，痴呆の早期発見に役立つだけでなく，軽度痴呆から重度痴呆にいたる広範囲の評価ができる。これらのスケールはいずれも10分ほどの所用時間で，試行が容易で，痴呆の鑑別力が優れているので臨床場面でよく使われている。

main reference
長谷川和夫（1993）痴呆の評価シリーズⅠ改訂　長谷川式簡易知能評価スケール　老年痴呆，**7**, 240-243.

keyword of keyword
スクリーニング

（島田　修）

注意欠陥／多動障害（attention deficit/hyperactivity disorder：ADHD）［心・精・教］

注意欠陥・多動障害は，多動症候群（hyperkinetic syndrome），微細脳機能障害（minimal brain dysfunction：MBD），注意欠陥障害（attention deficit disorder：ADD），学習障害（learning disabilities：LD）の症状と明確に区別しがたいところがある。ADHDの特徴は，①多動（hyperkinesis）と寡動（hypokinesis），②注意力の障害，③衝動的（impulsivity）である。その他の行動特徴として，協調運動の障害が認められ，無器用である。舞踏病様不随意運動，左右・上下の識別困難，話しことばの不明瞭さなどが認められる。注意力の障害は，short attention span，被転導性（distractability）の昂進，保続（perseveration）を特徴としている。また，注意欠陥・多動障害は，情緒が不安定で，二次的に反社会的行動を示すこともある。彼らは，興奮しやすく，かんしゃくを起こしやすいが，反面，急に素直になったり，謝罪したり，涙もろいところもある。このような情緒不安定も環境要因が関与する。

注意散漫・衝動性・多動は，とくに，注意の持続が要求される状況で悪化し，初めての状況や一対一の関係ではむしろ軽減するといわれている。

発症年齢は，4歳前後である。有病率は3％で，性差が認められ，男児（約6倍）に多い。多動傾向は，加齢とともに減少する。傍若無人ともみえる行動とは裏腹に，ADHD児は，自己評価が低く，抑うつ的でもある。また，喜びを感じる能力が低いとの示唆もある。ADHD児は人の注意を引くことに強い欲求をもっているとの指摘もある。

原因は，特定されていないが，①神経伝達物質の不足，②鉛中毒（鉛系の塗料，鉛を含む排気ガス），③加工食品に使用される人工着色物質，④低血糖症，⑤食物に対するアレルギーなどがあげられている。

薬物療法として，メチルフェニデートのような興奮剤の投与によって，ADHD児は，おとなしくなり，注意の持続時間延長を示し，聞き分けがよくなる。食事療法としては，無添加食品やビタミンＣの摂取が示唆されている。心理学的接近では，行動療法が有効とされている。思春期では，行為障害（conduct disorders：CD）や反抗挑戦性障害（oppositional defiant disorders）が認められることから，早期の適切な対応が望まれるところである。

keywords of keyword
被転導性，微細脳機能障害

（鴨野元一）

中枢神経（central nerve）［生］

人間の心を行動レベルでとらえようとする心理学＝行動学にあっては神経系の構造，働きのことを多少知っておかねばならない。動物の神経系統は中枢神経と末梢神経に分かれ，脳と脊髄が中枢神経系（central nervous system：CNS）であり，末梢神経系は主として自律神経系（autonomic nervous system：ANS）を指す。行動レベルで心をとらえようとしている人達のほとんどが知っていることだが，人の神経細胞（ニューロン：neuron）は約140億個といわれ，基本的に神経細胞の構造は図に示される。ニューロンが刺激されるとそこに電気的な変化が起こり，それをインパルス（impulse）と呼ぶ。インパルスは一個一個の神経細胞（cell）に伝わってゆくが，シナプス（synapse）という連結部を通って次の細胞の軸索（axon）と連結し，さらに樹状突起（dendrite）を経て流れ伝わってゆく。シナプスという連結部は結ばれているわけではなく，わずかなすき間が

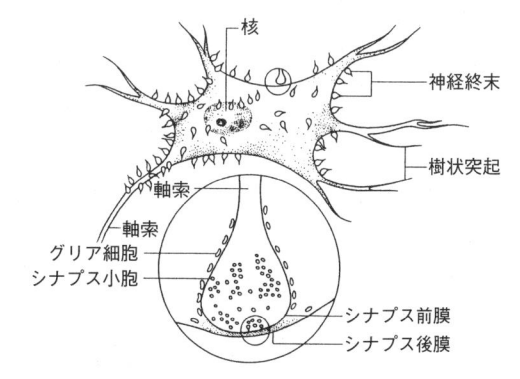

空いていて，そこを伝わるインパルスは化学物質によって運ばれ，次の細胞にゆく。この化学物質がうつ，躁などのある精神状態，精神疾患に関連が深いといわれている。中枢神経系の終点，起点はだいたい大脳皮質と考えていいだろう。五感を通してつかむ環境の情報は大脳に集まり，その情報が個人にとって必要となれば，それに対処すべき情報を体内に流し，行動が起こる。中枢神経系の働きは要するに感覚情報の伝達分析機構であり，また同時に身体運動を統制する機構でもある。中枢神経系はコンピュータにたとえれば端末機から入力された情報を統合処理し，再び端末に出力するCPU部分に相当する。

keywords of keyword

自律神経系☞，神経細胞（ニューロン），インパルス，シナップス，軸索，樹状突起

(三宅　進)

長時間睡眠者（long sleeper）**と短時間睡眠者**（short sleeper）［生心・精］

普段の睡眠時間を調査すると，一般的に7時間～8時間が平均値となる。しかし，中には，この平均値よりもかなり短い人も長い人も存在する。一般的に，毎晩の睡眠時間が恒常的に6時間以下の者を短時間睡眠者と呼び，9時間以上の者を長時間睡眠者と呼ぶ。この場合，短時間睡眠者では，なかなか寝つけない（入眠困難），熟眠感がない，日中に過度の眠気がないなどの条件が必要である。一方，長時間睡眠者でも必要な睡眠時間をとれば日中に過度の眠気を感じない，身体的な症状がみられないなどの条件を満たさなければならない。両者の性格特性や行動特性にちがいがあるという報告がある（Hartmann et al., 1972）。それによれば，長時間睡眠者は神経症傾向が強く，非社交的で社会適応性は低い傾向がある。一方，短時間睡眠者は活動的かつ精力的であり，社会適応性が高く，外向的であるという。睡眠時間の長短がその人の性格や行動特性を決定していくのか，あるいは逆に性格や行動特性がその人の睡眠時間を規定しているのかは明らかではない。この点については，短時間睡眠者は長時間睡眠者よりもREM睡眠の出現量が少ないこと，短時間睡眠者の行動がREM断眠後の行動に似ていることなどから，REM睡眠の減少が性格・行動特性に影響を及ぼしているという説もある。

main reference

Hartmann, E., Baekeland, F., & Zwilling, G. Z. 1972 Psychological differences between long and short sleepers. *Archives of General Psychiatry*, **26**, 463-468.

keyword of keyword

REM睡眠☞

(保野孝弘)

チョムスキー（Chomsky, Noam　1928-）［心］

文の認知処理の問題を考える時，アメリカの言語学者，チョムスキーの理論を抜きにすることはできない。彼は単語を有限個のいくつかの規則のもとに組み合わせて，無限の文を作り出すことができるとし，この文法システムを生成文法（generative grammar）と呼んだ。また，文の背後には，深層構造（deep structure）と表層構造（surface structure）があり，深層構造は意味を決定し表層構造は最終的，具体的な音形の決定に関わるとした。そして，深層構造から表層構造へ変換するいくつかの変形ルールがあり，これを変形文法（transformational grammar）と呼び，両者を合わせて変形・生成文法（transformational-generative grammar）と呼んだ。これらの理論は言語学のみならず，心理学，とくに認知の領域にも大きな影響を与えた。たとえば，生成文法では，文を構成する基本的な単位は単語でなく，句であると主張されているが，このことは，同じ文を記載する時，句の途中で行替えした場合より，句の終わりで行替えした場合の方が，文全体の認知が速いという結果によって立証されている。また，変形ルールに関しては，たとえば，能動文と受動文を比べると，受動文の方が能動文よりも変形が複雑であるが，変形が複雑なほど心的負担が大きいので，認知処理が困難になると仮定される。このことは，同じ深層構造をもつ能動文と受動文の理解や記憶を比較すると，能動文の方が成績が良いという結果によって，心理学的に裏づけられている。次に，人間には言語習得装置（language aquisition device）が生得的に備わっていて，この装置によって文法的な文を生成したり，理解したりするのだとし，言語習得の学習理論的見解を批判した。しかし，彼は言語使用者には余り関心がなく，したがって，彼の理論は言語能力（competence）には妥当するけれども，言語行為（performance）には当てはまらないとされている。また，統語論（文法）に偏っており，意味や文脈が軽視されているとの批判もあり，この批判は認知心理学的にも支持されている。

keywords of keyword
認知，深層構造，表層構造，言語心理学☞

(賀集　寛)

治療者患者関係　(therapist-patient relationship)
［精・心］

　古代から近世までは，治療者の多くは占い師や僧侶などで，社会的には権力者・支配階級に属し，患者は病者，異常者あるいは反体制者として保護ないし処罰されるべき者であった。近世になり患者は弱者として保護されるべき者となったが，現代では治療者も患者もともに独立した個人の関係である。また社会的役割関係としての治療者患者関係は，患者の治療者への期待と，治療者の患者に対しての役割の内容の一致した状態が，よい治療者患者関係であり，換言すれば，「患者の回復力を促進させる関係である」ともいえる。

　具体的には，治療者は患者の個人的秘密を守り，共感的理解のうえに治療方針を設定する一方で，患者は診察や検査への協力と治療方針の遵守が，それぞれの守るべき役割である。この両者の個人的社会的人間関係がある期間続くと，その間には患者から治療者へのさまざまな個人的感情が生じてくる（転移☞）。また治療者の側にも患者に対して個人的感情が生じてくることがある（逆転移）。このような現象は，とくに心理療法がおこなわれる際に生じやすく，これらの個人的感情に振り回されることなく，相互に治療的に適切な距離を保つことが大切で，優れた心理療法家になるためには指導者のもとでの訓練が必要である。

keywords of keyword
転移☞，逆転移

(横山茂生)

つなぎモデル ［心］

　近年大学生の学力低下など，学生の能力について嘆く声が出ているが，人間関係の複雑さや環境の変化への対処の未熟さからくる学生の悩みが増えてきている。それに対応する方法として学生相談のあり方に目が向けられているが，その中で「つなぎモデル」は新しい考え方を提起している。

　この「つなぎモデル」は，学生相談の領域で実践を積んできた下山（1997）が提唱した，ソーシャル・サポート・ネットワークをつないでいくことを目的としたモデルである。怠学や引きこもり生活に定着してしまうアパシー（無気力，無感動の状態）の大学生は，指導教官や学生課の職員が心配して学生相談を受けるように勧めても，なかなか継続的に来談しようとしない。従来の心理療法は不安や葛藤を語る力を前提にしているため，そのような「悩もうとしない」学生に対しては限界があると考えた下山は，「悩むこと」を求めるのではなく，「安心して悩める場」を設定することこそ重要だと考えた。

　こういった発達援助的な考えから，つなぐべきものは「空間」「人間」「時間」であるとされる。カウンセラーの役割についてまとめると，「空間」では安心できる居場所となるようなスペースを用意すること，「人間」では大学内の指導教官や友人，家族などとの交流をスムーズにすること，「時間」では学生の過去・現在・未来をつなぎ，人生の物語を再構成すること，などに関する援助があげられる（下山, 1998）。面接の初期には，休学等の事務手続きや心理テストの施行などの作業を通して，学生のニードにあわせた根気強い関係づくりのための努力が求められる。

　面接室で待ち続けるだけでなく，現実的なつなぎ役としてのカウンセラーを明確に位置づけた点で，意義のあるモデルといえる。

main references

下山晴彦　1997　臨床心理学研究の理論と実際──スチューデント・アパシー研究を例として──　東京大学出版会

下山晴彦　1998　事例1：つなぎモデルによる学生相談の実際　河合隼雄・藤原勝紀（編）　学生相談と心理臨床　金子書房

keyword of keyword

アパシー

（橋本忠行）

定位反応 (orienting response/reflex) [生心]

「おや,なんだ?」。環境の中で,わけのわからない刺激に出くわすと,人でも動物でも多分,心の中でこう呟きながら,そのわけのわからない刺激が何であるかを知ろうとするだろう。それが自分にとって役に立つものなのか,害を及ぼすものなのか,それとも何の影響もないものなのかを知ることは,動物が生きていくうえにおいて,とても重要な基本的な判断なのである。その判断を下すために生ずるさまざまな身体反応のことを定位反応という。定位反応は動物にとっての根源的な反応でもあり,さらに物事を探求していこうとする高次な反応ともいえる。刺激が何であるかを知ろうとする定位反応は,言い換えると注意ということに関連する生理的な反射の集まりといえる。注意を向けるためには感覚器官を刺激の来る方向に向けなければならないし,その感覚器官をより鋭敏にとぎすまさなければならないし,脳波はより覚醒度を高めるということにほかならない。ということは定位反応とは行動を起こすための準備行動ともいえる。

パヴロフはこの反応のことをオヤ? ナンダ? 反射とも,探究反射とも呼び,条件反射研究の中で注目し,この定位反応が起こると今まで存在していた条件反射が生じなくなるということから,外制止という概念を導き出した。定位反応には三つの特性がある。①今まで出くわしたことのないような新奇な刺激に対し生ずる。②その刺激に慣れると反応は消える。③定位反応が起こると今までもっていた反応は抑制される。

われわれは緊張を強いられる場面,たとえば入社試験,試合,舞台に立つなどの場面で「あがり」ということに出くわし,練習の成果が,本当の力が十分に発揮できないことがよくあるが,それは定位反応によるともいえる。

main references

三宅 進 1979 異常の精神生理学 三和書房
Vanolst, E. H. 1991 The Orienting Reflex. The Hague : Mouton.
Lynn, R. 1967 Attention, Arousal and the Orientation Reaction. Pergamon Press.

keywords of keyword

I. P. パヴロフ☞,注意,条件反射,脳波,外制止

(三宅 進)

TEACCHプログラム (Treatment and Education of Autistic Children and related Communication Handicapped children) [心・精・福・教]

TEACCHプログラムとは,1966年にアメリカ,ノースカロライナ州でスタートした自閉症児のための療育プログラムである。このプログラムの特徴は,早期幼児期の精密な診断評価から,早期治療教育,学校教育,家庭援助,地域社会の改革,青年期の教育,教師やグループホーム職員の訓練など,すべての作業に一貫性のある理念と方針が貫かれ,多領域の従事者のチームワークが尊重されていることにある。すなわち,自閉症児の療育を地域ぐるみで実践する画期的なプログラムである。

ノースカロライナ大学医学部精神科のショプラー (E. Schopler : アメリカ,心理学) によって始められたこのプログラムは,その後1980年代になって,佐々木正美(精神医学)によりわが国に導入された。とはいえ,地域ぐるみでの実践を取り入れるには行政の協力が必要不可欠であり,これはすぐには実現不能であることから,当初よりTEACCHプログラムの中で用いられている具体的な学習指導,生活指導の方法が取り入れられたといってよいであろう。たとえば,構造化された学習場面,共同治療者としての親,子どもを変えるのではなく環境の側を変えること,CARS (Childhood Autism Rating Scale : 小児自閉症評定尺度) やPEP-R (Psychoeducational Profile-Revised : 教育診断検査) を用いた診断評価などである。とくに,環境を変えることの一例として,写真や絵カードなどのように子どもが利用しやすいメディアを用いたコミュニケーションの方法が,積極的に取り入れられて成果を上げている。

本来のTEACCHプログラムでは,具体的な学習指導法として行動変容の技法も使用されているが,わが国ではなぜかこのことが軽視される傾向がある。療育担当者が「行動療法はダメ,TEACCHが良い」などと発言するのを耳にしたことがあるが,厳密に区別する必要は必ずしもなく,子どもに合わせた柔軟な指導が望まれよう。

main reference

ショプラー/オーリー/ランシング著(佐々木正美・大井英子・青山 均訳) 1985 自閉症の治療教育プログラム ぶどう社

keywords of keyword

自閉症,行動変容,CARS,PEP,オペラント条件づけ

(嶋崎まゆみ)

DSM-Ⅳ (Diagnostic and Statistical Manual of Mental Disorder Ⅳ) [医・心]

精神科領域で診断をする場合，病状や行動などの多様性のため精神科医の悩みは大きい。そこで患者の病態やパーソナリティを統計的に分類していくという発想のもとに作成されたのがDSMである。そして改訂を重ね現在第4版に至っている。

具体的には，クッキングブックのように精神疾患の分類がリストアップされており，それぞれについて具体的な診断基準が記述してある。たとえば「実際に，または危うく死ぬまたは重傷を負うような出来事を，一度または数度，または自分または他人の身体の保全に迫る危険を，その人が体験し，目撃し，または直面した」「その人の反応は強い恐怖，無力感または戦慄に関するものである」といった項目をチェックさせ，「外傷後ストレス障害」の診断が可能かどうか判断する。操作的な診断基準，多軸診断（患者の状態のある一点に関心が絞られ，その他の重要な点について見落としが起こることを防ぐために，以下の5軸により総合的かつ系統的に診断するシステム。第Ⅰ軸は臨床疾患／臨床的関与の対象となることのある他の状態，第Ⅱ軸は人格障害／精神遅滞，第Ⅲ軸は一般身体疾患，第Ⅳ軸は心理社会的および環境的問題，第Ⅴ軸は機能の全体的評定），クレペリン・シュナイダー流の症状記述が特徴。ただのマニュアルではないか！と言われればその通り。しかしながら診断の妥当性と正確さを高め，研究の進展を促したという点で多大な貢献を果たし，近年では従来の力動的視点との理論的な整合性を志向した研究もなされてきている。みなさんの机の隅にも，この小さな本がちょこんとのっているのではないだろうか。DSM診断と面接方針を結びつけるために，ギャバード（G.O. Gabbard：アメリカ，精神医学）（1994）による「精神力動的精神医学－その臨床実践［DSMⅣ版］－」は役に立つ。

サイコロジストにとって嬉しいのは，ミロン（T. Millon：アメリカ，臨床心理学）（1981）による人格分類の考え方が，DSM-Ⅳの第Ⅱ軸（人格障害）に大幅に取り入れられていること。これは，MCMI（Millon Clinical Multiaxial Inventory）という尺度を用いたディメンジョン分類による研究がもとになっている。これを使えば必ずしもいい援助ができるわけではないが，少なくとも治療スタッフ間のコミュニケーションのためにはとても便利である。心の状態をはかる一つの視点として，DSM的な視点をもっておくことは，臨床心理士にとっても欠かせないだろう。

main references

Gabbard, G.O. 1994 *Psychodynamic Psychiatry in Clinical Practice: The DSM-Ⅳ Edition*. American Psychiatric Press.（舘哲朗監訳　1997　精神力動的精神医学－その臨床実践［DSMⅣ版］①②③－岩崎学術出版社）

Millon, T. 1981 *Disorders of Personality*. Wiley.

keywords of keyword

クレペリン・シュナイダー流，ディメンジョン分類，MCMI

（橋本忠行）

転移 (transference) [心]

精神分析的状況（心理面接状況）は，患者が自分のことを打ち明け，治療者は，密室に近い状況の中で，それを受け止め続ける場である。このような密接な援助関係のゆえに，この二人の間には，依存欲求や理想化，また一方では欲求不満や幻滅や不信感など，さまざまな欲求や感情が行き交うのである。患者の体験する欲求や感情は，実際の治療者の特性に見合ったものもあるが，相手によらず患者が抱きやすい欲求や感情が，面接場面で強調されて治療者にぶつけられるものもある。面接状況では，患者は自らの内界に注意を向けて，現実的外的な判断を横に置いておくよう促され，しかも，治療者に心を開き委ねるので，心理的な退行が促進される。そのような中で患者の空想は活発化し，幼い頃からとりつづけてきた特徴的な対人関係認知が再燃しやすいのである。

このように，患者が子ども時代に両親や他の（重要な）人物に対して経験したであろう欲求や欲求不満や情緒的反応が，治療場面で治療者に向けられる現象を，転移と呼ぶ。当初フロイトは転移を，治療を混乱させ妨害する一種の抵抗として理解した。しかしその後すぐに，治療者に協力し忠実であろうとする"陽性転移"も，そしてまた，より性愛的な転移（治療者を異性愛的な恋愛対象とみること）や，治療者に反抗し，治療者の無能ぶりを思い知らせようとするような動きを生ずる"陰性転移"ですらも，分析治療になくてはならない要素と考えるようになった。というのは，これらの転移に治療者が感情的に巻き込まれ過ぎることさえなければ，転移がまさに生じている状況下でそれを取り扱い，解消し，患者の対人認知をより良い柔軟な形に変えていくことができるためで

ある。

転移に治療者が感情的に巻き込まれての反応（無力感，怒り，万能感，不安など）を，逆転移と呼ぶ。これに治療者が自覚的でないかぎり，正確な患者理解は損なわれるため，治療者は教育分析（治療者になろうとする者に義務づけられている，訓練的な意味における精神分析。自分自身の未解決な葛藤を解消したり，それに気づくことによって，より安定した治療者として機能できるようになるためのもの。また，分析される側の，治療抵抗や依存欲求などを体験的に理解することもできる）を受け，自分の逆転移に対する観察自我（自分の心の動きを客観的にとらえるまなざし）を養わねばならない。逆転移を十分に把握し，患者理解に活用することが重要なのである。逆転移と転移との成り立ちには，"同害復讐（目には目を，歯には歯を）の法則"がみられることがある。つまり，陰性の逆転移（患者に腹が立つ，うんざりする，患者との約束を忘れる等）は陰性の転移の存在を暗示し，ひいては，患者の，対人関係における一般的で無意識的な不信や反抗に（治療者が）気づく糸口となる。また逆に，陽性の逆転移（治療者から患者への，強調された信頼感など）は陽性の転移の存在を暗示している。

main references
H.ラッカー（著）　坂口信貴（訳）　1982　転移と逆転移　岩崎学術出版社
マリオ・ヤコービ（著）　氏原寛・丹下庄一（訳）　1985　分析的人間関係―転移と逆転移　創元社

keywords of keyword
精神分析的状況，心理面接状況，欲求不満，S. フロイト☞，逆転移，同害復讐の法則，性愛的転移，観察的自我，陰性転移

（進藤貴子）

転位活動（displacement activity）［生］

動物行動学の用語。戦おうとして向かい合っている雄鶏が突然戦いを中断して草をつっつき始めるとか，求愛中の小鳥の一方が突然求愛を中断して羽づくろいをし始めることがある。この突然始まる活動は，それまでおこなわれていた活動とまったく関連がなく，理由無しにまさにランダムに出現するように思われたので，転位活動と呼ばれた。転位活動は，羽（あるいは毛）づくろい，水浴びなど，身体表面のケアに関わる活動であったり，巣づくり，採食，さらには眠りであったりする。ローレンツ（K. Lorenz : 1903－1989, オーストリア，動物行動学）とティンバーゲン（N. Tinbergen : 1907－1988, オランダ，動物行動学）によれば，転位活動は二つの互いに両立しえない生得的解発機構（IRM : innate releasing mechanism : ローレンツおよびティンバーゲンの動物行動学の理論において仮想されたメカニズム。適切な刺激が生起するまで，これによって本能的行動が抑制されていると考えられた）が同時に解発され，互いに抑制し合っている場合に起こる。それぞれのIRMと結びついた活動特異的エネルギー（action-specific energy : 古典的動物行動学理論の術語で，特定の非学習性の反応と結びついているとされる仮説的なエネルギーのこと）がまた別のIRMへと溢れ出て行って，もとのIRMのどちらとも関連のない何らかの行動をランダムに起こさせるというのである。けれども，実際には転位活動は決してランダムではないことが示されている。どんな転位行動が生じるかはそのとき環境内に何があるかによっているように思われるのである。たとえば，闘争中のシチメンチョウが闘争を中断して，近くに水のある場合には水を飲み，近くに食べ物のある場合には食べるなどのことが観察されている。環境も反応に影響するのである。アンドリュウ（R. J. Andrew : イギリス，動物行動学）は，相容れない（たとえば闘争か逃走かといった）二つの要求が十分強くなるとそれらが互いに制止しあうので，動物は，通常おこなっているのだがその状況によって制止されていた優先順位の低い行動に移ることができるのだということを示唆した。これは「脱制止仮説（disinhibition hypothesis）」として知られるもので，転位活動が生じる理由の説明として現在でも有力と考えられている。

main references
ヘイズ, N.（岩本隆茂監訳　2000　比較心理学を知る　ブレーン出版）
ローレンツ, K.（丘　直通・日高敏隆訳　1997　動物行動学（上）・（下）　筑摩書房）
スレーター, P.J.B.（日高敏隆・百瀬　浩訳　1994　動物行動学入門　岩波書店）

keywords of keyword
生得的解発機構☞，活動特異的エネルギー，脱制止仮説

（綱島啓司）

動機主義 (motivism) [哲]

行為の評価を結果よりも動機が立派であるかどうかで判断しようとする立場。カントがこの代表。道徳の基礎をどこに求めるかについては大別して個人の良心に求める立場と社会的慣習に求める立場があるが，動機主義は前者の典型であって結果主義の反対である。「良心」を道徳の基礎にする考えの欠点は「世間が何と言おうが自分は良心に恥じることはない」という確信犯を認めることになる点である。これでは「良かれと思ってやった行為」を非難できなくなる。反対に「社会的慣習」に道徳の基礎を求める考えの欠点は「悪い習慣，制度」「悪法」にも無条件に従わなければならない点である。これではより良い社会を作る行為がありえなくなってしまう。慣習として社会的に認められることであっても「良心がとがめる」ということが動機となって，それぞれの時代のそれぞれの社会が進歩してきたということは確かに認めなければならない。

動機主義のもう一つの問題点は「動機とは何か」である。これは結果主義の「結果とは何か」とも関連する問題である。一つの行為における動機と結果とを区別することはそれほど簡単ではない。動機は何かの結果を実現することを目指していることを前提とするが，意図した結果が常に得られるとはかぎらないし，予測できなかった結果が生じる可能性は常にあるからである。「窓を開ける」という動作を考えてみよう。Aは「換気する」ことを目的として窓を開けるがBは空き巣に入ることを目的として窓を開ける。「窓が開いている」という結果だけをみて二人の行為を（動作は同じだが）同じだと判断することはできない。Aが動機として求めた結果は「換気」であって，窓が開いているという事態はそのための手段にしかすぎないのである。このように動機は結果を求めているのであるから，両者を明確に区別することは難しい。だから動機はそれほど簡単に結果と切り離して確定できるものでもないし，評価できるものでもない。

keyword of keyword

結果主義☞

（林 明弘）

道具的条件づけ (instrumental conditioning) [心]

パヴロフ (I. P. Pavlov)☞が唾液腺，消化機能そして大脳の働きなどの実験をしていた頃，アメリカでソーンダイク (E. L. Thorndike : 1874-1936, アメリカ，心理学) が，ネコを使って，ロープを引けば檻から出られ，餌を食べることができるという問題箱を使ったといわれる実験をしていた。ネコは，はじめロープが檻の外に出る仕掛けとは知らずに偶然にロープに触れる。扉が開く。その偶然が何度か重なるとネコはロープが扉を開く手段あるいは道具になるということに気づく。こうした偶然の所産が重なり，問題解決の必然をもたらしてくる過程のことを試行錯誤 (trial & error) と呼んでいる。ソーンダイクはネコがロープを引くという行動全体の学習に目をやり，パヴロフは唾液という一つの反射に目を向けた。いずれも刺激と反応を重視する学習の「連合主義」(associationism) という流れの原点的研究である。

なぜにこのネコの行動を道具的と呼んだのか？そう名づけたのはヒルガードとマーキス (E. R. Hilgard & D. G. Marquis : アメリカ，心理学) (1940) で，ロープを引くというネコの行動が餌に近づくための一連の操作，動作であり，問題解決の道具となったためである。

main reference

Hilgard, E. R., & Marquis, D. G. 1940 *Conditioning and Learning.*

keywords of keyword

I. P. パヴロフ☞，E. L. ソーンダイク，連合主義，試行錯誤，E. R. ヒルガード，D. G. マーキス

（三宅 進）

登校拒否 (school refusal) [心・教]

登校拒否をその原因を単純に心理学的，教育学的，精神医学的理由の有無によって判断することは難しい。

文部省は学校基本調査では年間50日以上欠席した長期欠席児童生徒の数により不登校児童生徒の数を把握している。この数年，小，中，高を含めて登校拒否は増加する傾向にあるが，平成9年度の小学生の不登校者数16,383名（平成4年度10,449名），中学生71,127名（平成4年度47,526名）とほぼ2倍近い増加をみている。文部省や都道府県の教育委員会の調査をみても，この十年間の不登校者数の減少は認められない。

登校拒否が何故に増加していくかについて，児童精神医学，臨床心理学，教育社会学，教師，親のそれぞれの立場から問題の分析が多くの研究者によっておこなわれてきたがこれといった解決法を見出せないでいる。

直接的な解決法といえないが，子どもも，大人

も忍耐心を養うために，不自由な生活環境に戻す必要がある。利便性，経済性を求めすぎ，産業廃棄物，生活廃棄物の逆襲にあっていることを振り返る必要がある（島田，1995）。子どもも大人も辛抱できる段階であっても，欲求の求めるままに安易に自販機で飲み物を求め，内容物を残したまま捨てる。自分のとった行動がどのような結果をもたらすかを考えない，きわめて利那的な対処行動をとっている。

今一つ不登校の子どもの生活経験過程をみると，非常に受け身で，自分から遊びを工夫するとか，変化刺激を追っかけるような自然にふれる体験をしていない。自然の中で土に親しみ子ども自身が作り出す多様な変化のある遊びを経験したことがない。子どもが予期しない変化状況を経験すると極端に不安をつのらせ，社会的（集団状況）な場面から退却してしまうことが少なくない。

以上のことから，後先を考える経験を本人の精神年齢にあわせて与えること，対象者の許容度に見合った変化刺激を経験させることが解決の糸口となる。

main reference
島田　修　1995　子供の心を考えたいじめ対策　山陽新聞　1995. 12. 24.

keyword of keyword
対処行動

（島田　修）

動的ステレオタイプ（dynamic stereotype）［心］

動的ステレオタイプは，まさにパヴロフ学説の集大成の一つである。パヴロフは，一定の順序で一定の時間間隔で，個々の条件反射を形成していくと，個々の条件反射は一つの系に組み込まれる事実を見出し，これを動的ステレオタイプと呼んでいる。動的ステレオタイプを理解するには，たとえば，ほぼ定時に目覚め，顔を洗い，と一連の行動の連鎖を考えてみればよい。決まった行動から逸脱した時，居心地の悪さを経験する。これらの個々の行動は，個々の条件反射から成り立っているが，また，個々の条件刺激間に一つの系列が形成される。

コーガン（A. B. Kogan：ロシア，生理学）(1963) は，動的ステレオタイプを系統性と呼び，「脳はさまざまな信号に対する反射が続いて起こる順序を記憶し，これらすべてを一定の系に結びつける」と述べ，脳のもつ統合の機能を強調している。生活体にとって環境にある刺激系列が，時間的・空間的に一定の順序で作用するとき，生活体は，その刺激系列に動的ステレオタイプを形成する。このことによって，生活体は，環境への適応の効率化を図っている。刺激系列に変化が生じた場合，その変化に応じたステレオタイプを形成しなおす。この意味でステレオタイプは，まさに，「動的」である。

生理学的な背景をもつ動的ステレオタイプは，認知心理学でいう〈スキーマ〉，社会的行動でいう〈スクリプト：ある事象についての一連の決まり切った知識〉，人工知能でいう〈フレーム：いろいろな対象や概念の間のネットワーク的な意味関係構造〉を想起させる。また，動的ステレオタイプは，環境の変化に応じて，その内容を動的に変更する意味において，まさに学習心理学であり，また，環境の変化にかかわらず，そのステレオタイプが固定される意味において臨床心理学の行動異常の理論的背景となる。少なくとも，動的ステレオタイプの意味するところは，学習理論でいう古典的条件づけの枠組みを超越している。それは，刺激・反応の連鎖ではなく，刺激間の連合を意味している。人にあって，パヴロフ学説は，第二信号系，すなわち，言語の信号系を最上位においていることからも，当然のことながら，今日でいう認知心理学の生理学的基礎を提供してくれている。ヴィゴツキー（L. S. Vygotsky：1896－1934, ロシア，心理学）が再評価されつつある今日，膨大な実験によって構築されたパヴロフ学説こそ再評価されるべき時期にきていると思われる。また，そのことを提言したい。

コーガンの訳「脳生理学の基礎－高次神経活動の生理学－」上下として岩波書店より訳本が出版されている。

main reference
コーガン, A. B.（川村　浩訳　1963　脳生理学の基礎上―高次神経活動の生理学―／河辺広男訳　1964　脳性理学の基礎下―高次神経活動の比較生理学―　岩波書店）

keywords of keyword
第二信号系☞, I. P. パヴロフ☞, A. B. コーガン, スクリプト, 古典的条件づけ☞

（鴨野元一）

道徳における客観主義［哲］

行為の評価を行為者から切り離して行為そのものを判断する立場。「為されたる業によりて（ex opere operatoラテン語）」という標語で表さ

る。これは4世紀にキリスト教徒が迫害された時，信仰を棄てた司祭がそれ以前におこなった洗礼などの秘跡が有効であるかどうかをめぐっておこなわれた論争における一方の立場である。自分に洗礼を授けてくれた聖職者が迫害に遭って信仰を棄てた場合，彼が以前におこなった洗礼は本当に有効と認められるであろうか。

これに対して肯定の答えをするのがこの立場である（この立場に立ってアウグスティヌス(Augustinus：哲学)はドナティスト(Donatistae)達と論争をした）。執行者の人格とは無関係に行為の効用を認めるのである。もしこれを認めないならば，「お前に人のことを言う資格があるか」という議論が成立することになる。たとえばテストで間違えた生徒が教師に「先生も間違えることはあるでしょう。だから人の間違いをとがめる資格はないはずです」という議論が成立する。これを認めると，道徳にがぎらず，正しいことを正しいということができなくなってしまう。

歴史的にはこの論争は客観主義の立場が勝利を収めた。しかし人間の中に「これこれを執行するものは一定の人格的資格を持つ者だけに限られる」という要求がなくならないかぎりこの問題は永遠のテーマである。

(林　明弘)

道徳における主観主義　[哲]

前項の反対の立場。ドナティスト(Donatistae)がこの代表。「為す人の業によりて(ex opere operantis ラテン語)」という標語で表される。「何をしたか」ではなく「誰がしたのかを」重視する立場をとると「同じ事をしてるのにあの人だけどうして」という疑問に答えなければならなくなるのがこの立場の難点である。しかし日常生活においてはたとえば同じ事を言われても「あの人に言われてもなあ」とか「あいつにそんな事を言う資格があるのか」という不満の感情を経験することはよくあり，この経験を正当化するには都合のよい考えである。しかしこの考えはそのような御都合主義的な立場からだけ主張されるものではなく，この不満を表明したり満足させたりすることを「道徳的に禁じる」ことが「道徳的に良いことか」どうかという問題を提起しているのである。

離婚の調停をする裁判官が私的には自分も不倫や離婚歴があるのに離婚を認めない判決を下したり，あるいは個人的に離婚を禁じているカトリック教徒であるのに（日本の法では認められている）離婚を認めたりする場合，「法と良心に従って」下された判決であったとしても「お前にそんな判決を下す資格があるのか」と言いたくなる感情が人間にはある。確かに裁判官個人の人格攻撃をして判決に服さないことを認めていたら社会は無秩序になり，すべての道徳や教育は不可能になってしまうだろう。しかしこのように反発する感情を人間がなくしてしまったら，それもまた道徳の退廃につながる恐れがある。前項で述べたように，歴史的にはこのような反発は認められないと中世の神学者たちの論争で決着した。道徳感情に基づく反発を大切にしながらも，それに流されずに「そういうことを認めたら社会秩序がどうなるか」を考えていくことが大切であろう。

(林　明弘)

内観療法 (naikan therapy) [精・心]

療法という名でくくられる精神・心理療法は多数にのぼるが、わが国の土壌の中から生まれた有名な療法は内観療法と森田療法といえよう。内観療法は浄土真宗の修業法の一つである「身調べ」を吉本伊信（1916-1988、浄土真宗篤信家）が一般向けに改良して、1940年代に現在の形に整えたものである。はじめは少年院、刑務所など矯正界を中心に広まり、1960年代からアルコール依存症を中心に次第に神経症、軽症うつ状態にまで適応を広げている心理療法の一つである。その特徴は、自分の過去の対人関係を母、父、祖母など幼い時からの密な関係の順に、過去から現在までを年代順に数年ごとに区切って、してもらったこと、して返したこと、迷惑をかけたこと、の3項目に限定して調べることである。これを約1週間集中的におこなう集中内観が一般的である（毎日数時間おこなう方法を日常内観という）。これにより過去の自分の自己中心性と他者からの愛の自覚など、自我像、他者像の変化、意欲の増進、意志の強化などの変化がみられる。

main reference

村瀬孝雄 1996 自己の臨床心理学3 内観理論と文化関連性 誠信書房

keywords of keyword

精神・心理療法☞、アルコール依存症☞、自己中心性、森田療法☞

（横山茂生）

なだめの身振り (appeasement gestures) [生]

同種の他個体との出会い、とくに逃避あるいは退却することのできない状況において示される、相手からの攻撃性を低減させる効果をもつ行動である。自分が無抵抗であることを強調してみせるための服従的な身振りであって、傷つきやすい身体部位をさらけだすとか、同種の幼体の行動に似た行動を伴うことが多い。下位の動物は自分のもっている攻撃器官（爪、角、歯など）の威力を隠すように、あるいはそれが最小限になるような形で自らを提示するかもしれない。たとえば、ある動物は威嚇のディスプレイとしては歯をむき出して示すが、なだめの信号としては口を閉じて歯を隠し、目をそらすといった行動をする。下位の動物が上位の動物にモチベーション（動機づけ、motivation：定義づけの難しい術語であるが、生活体を活動するよう促すあるいは駆り立てる生活体の中の仲介過程ないし内的状態とされることが多い）の葛藤を引き起こすことによって攻撃的な出会いに対処する場合もある。たとえば、下位のオスのリーサスザルはしばしば上位のサルに背中を見せて性的に誘いかける姿勢をとる。このしぐさは、上位のサルに性的モチベーションを生ぜしめ、それが攻撃のモチベーションと葛藤するというわけで、一般に服従の信号として受け入れられるのである。人間における挨拶にはなだめの身振りが見られる。あるいは挨拶はなだめの身振りからなっていると考えてさしつかえないだろう。たとえば、手のひらを開いて上に上げるという動作は、武器を持っていないことを示すもので、世界中で多くの人が挨拶の信号としておこなっているものである。

main references

ヘイズ, N.（岩本隆茂監訳 2000 比較心理学を知る ブレーン出版）

ローレンツ, K.（日高敏隆・久保和彦訳 1970 攻撃 悪の自然誌Ⅰ・Ⅱ みすず書房）

ティンベルヘン, N.（渡辺宗孝・日高敏隆・宇野弘之訳 1957 動物のことば：動物の社会的行動）

keywords of keyword

モチベーション

（綱島啓司）

ナルコレプシー (narcolepsy) [精]

睡眠障害の一つである。1880年フランスの精神科医ジェリノー（J. Gelineau）が、その論文「De la narcolepsite」の中で初めて用いた。ギリシャ語でnarcoは麻痺や脱力を、lepsyは発作を意味する。これは、何年にもわたって日中の眠気が過度に強く、居眠りの傾向が毎日続く症状を示す。眠ってはいけないような時、たとえば、歩行中や商談中などで耐え難い眠気に襲われて数分間眠ってしまう。また、眠気を我慢して何かをしようとすると、意識できる範囲が狭くなり、自分の行動の記憶がなくなることもよくある。

これには、主に情動脱力発作（カタレプシー）、入眠時幻覚、睡眠麻痺の三つの症状が特徴的である。情動脱力発作とは、大笑いしたり、驚いたり、怒ったりなど強い情動を経験した時、一瞬、全身あるいは膝、腰などの一部の力が「カクン」と抜けてしまうことをいう。たとえば、野球中継をテレビで観戦していて、応援するチームが逆転サヨナラホームランで勝った時、サッカーを観戦していて、Vゴールでひいきのチームが勝った時など、大喜びしたとたんに身体の力がカクンと抜けてし

まった場合があげられる。入眠時幻覚は，眠り込む時に，現実感のはっきりした鮮明な夢を見ることをいう。誰かが部屋の中に入って来たとか，誰かに押さえ付けられたというような幻視を経験したり，自分の身体が浮き上がったというような感覚を経験することがある。通常では，この体験時に恐怖感や不安感が伴う。睡眠麻痺は，一般的にいわれる「金縛り」（眠りと目覚めの移行期にみられる全身の脱力状態で数分以内で回復する。幻覚による不安や恐怖を体験し，声は出せずに身動きができない）の状態を指す。これは，入眠時幻覚と同時に体験する場合が多く，全身が脱力し，声を出そうとしても出ず，身動きもできない状態になる。

keywords of keyword
睡眠障害☞，カタレプシー，入眠時幻覚，睡眠麻痺
（保野孝弘）

認知心理学 (cognitive psychology) [心]

広義には行動主義心理学に対する認知主義心理学を指すことが多い。20世紀初頭の心理学はアメリカを中心とした科学としての心理学が盛んで，観察可能性と論理立証性が重んじられたため，直接的に観察困難な思考や意思などの高次な心的活動が研究対象から排除されていた。しかし，問題解決や言語活動などの理解のためには内的な認知過程の研究が不可欠となり，情報科学の発展ともあいまって認知心理学が台頭し今日の隆盛に至った。認知心理学の祖ともいわれるナイサー（U. Neisser: 1928－，アメリカ，心理学）は，そもそも認知とは「人が対象をいかに知るか」の働きであり，感覚，知覚，表象，記憶，問題解決，思考，意思決定など，入力された情報が利用されるまでのすべての過程と関係すると説明している。こうした認知を扱う研究としては，情報科学や神経科学が合体した「認知科学（cognitive science）」が盛んで，人工知能（コンピュータによって人間の知的なふるまいをさせること。artificial intelligenceを略してAIともいう）とロボットの開発などコンピュータ科学とともにめざましい発展をみせている。

このように認知という概念には多様な内容が含まれており，同じ認知ということばが使われていても場面によって意味のちがいがあることに注意しなければならない。

main references

アイゼンク, M. W.（編）（野島久雄他訳）1998　認知心理学事典　新曜社

斎藤　勇　監修　行場次朗　編　1995　認知心理学重要研究集1：視覚認知／斎藤　勇　監修　箱田裕司　編　1996　認知心理学重要研究集2：記憶認知／誠信書房

御領　謙他　1993　最新認知心理学への招待　サイエンス社

keywords of keyword

行動主義心理学，U. ナイサー，認知科学，感覚，知覚，表象，記憶，問題解決，思考，人工知能

（金光義弘）

認知療法 (cognitive therapy) [心・精]

認知療法はベック（A. T. Beck : 1921－，アメリカ，精神医学）によって創始され体系化された精神療法で，さまざまな精神病理学的な障害（抑うつ，不安，恐怖症，人格障害など）に対しておこなわれ，当面の問題への対処の方法を教える。患者の技術を増大させ，生活上の急を要する事態に，より効果的に対処できるようにし，事態を制御できるという感覚と自分が有効に機能しているという感覚の増大を図ることを目標とする。認知療法では患者の物事の解釈のしかたの歪みを修正することに焦点が当てられるが，技法としては，自己教示法，患者特有の意味づけ（自分勝手な理解）の理解，破局的見方（すべてが破局に向かうという見方）の緩和，認知的リハーサル（認知を繰り返す）といった認知的技法と，行動リハーサル，スキル訓練（熟練するために繰り返しおこなう），エクスポージャー（暴露法）といった行動的技法があり，症状に合わせて適用される。

keywords of keyword

A. T. ベック，抑うつ，不安，恐怖症☞，人格障害☞，スキル訓練，エクスポージャー

（渡辺昌祐）

ネオテニー (neoteny：幼形（幼態）成熟）[生]

成体になっても未成熟の特徴を保持していること。ヒトについて「ネオテニー説」を最初に唱えたのはボルク（L. Bolk：1866-1930, オランダ, 解剖学）であった。ヒトの新生児は未成熟な状態で生まれてくるのであって，身体は大きい（他の霊長類の動物よりも大きい）ものの，発達の段階でいえばまだ胎児の段階であるという見方である。彼は，ヒトに特徴的な形質の多くがチンパンジーやゴリラなどの幼い頃の特徴によく似ていることから，ヒトは本質的には発達の遅れた類人猿であるとした。彼の説は当時は否定されたが，現在ではなんらかの価値を認める人が多い。たいていの動物は，発達過程の中では特別な，骨が硬くなりはじめ脳と頭蓋がほぼ完成した段階で生まれてくるのだが，ヒトにおいてはこのような未熟な状態が生後数ヵ月は続く。ヒトはこのような状態で生まれてくることによって，そうでない場合に比べはるかによく脳を発達させることができ，また他個体への依存期間が長くなったことによって，より多くの学習をすることが可能になったと考えられている。

main references

ヘイズ, N.（岩本隆茂監訳　2000　比較心理学を知る　ブレーン出版）

ポルトマン, A.（高木正孝訳　1961　人間はどこまで動物か　岩波書店）

keyword of keyword

L. ボルク

（綱島啓司）

脳死 (brain death) [医]

いわゆる死は三主徴として心停止，呼吸停止，瞳孔散大（瞳孔が大きく開いて固定）をいい，これが今日まで人の死として法的に認められてきたものである。これに対し脳死は，いわゆる死の前の短い段階で，脳幹を含む全脳の不可逆的停止でありながら，今日，人工呼吸器による呼吸が可能となり，それに心臓も短期間は拍動を続けている状態をいい，臓器移植という医療の出現によって重要視されるようになった。通常は人工呼吸を続けるうち，数日から数週間後に心停止が起こり死亡するものである。わが国では今日，脳死は臓器移植を前提としてのみ法的に人の死と認められているが，各国によって事情は異なり，死に対する国民の感情，コンセンサスの得られ方もまちまちである。死と植物状態とのちがいを表に示す。

表　いわゆる人の死と脳死，植物状態とのちがい

	いわゆる人の死	脳　死	植物状態
脳の機能	停止（瞳孔拡大，対光反射消失）	全脳（大脳，小脳及び脳幹）機能の不可逆的停止	脳幹（間脳，中脳，橋延髄）機能は残存
心臓の働き	停止	多くは数日，長くても数周以内に停止	継続
呼吸	停止	自発呼吸はないが人工呼吸器で継続	自発呼吸あり

　脳死には厚生省の定めた脳死判定基準があり，忠実にしかも順序立てて慎重に実施し，家族や親族とのインフォームド・コンセントも重要である。また，当然移植のためにはドナーカード (donor card)（臓器提供者カード）の存在は必須である。

keywords of keyword
脳幹，インフォームド・コンセント☞

（佐野開三）

パーソナルスペース (personal space)

満員電車では近くに他人がいても仕方がないと思うが，比較的空いている電車で隣に座られるとなぜか嫌な気分になることがある。また，混んでいる食堂などでも相席を依頼されることは仕方ないと思いつつも，実際に目の前に他の人が座るとなんとなく落ち着かなくなり，早く食事をすませたくなってしまうこともある。

このような心理状態になるのは，人は自分の身体を中心にして，他者に対する心理的距離を反映した目に見えない境界線で囲まれたある種の空間をもっているためである。この空間を，ソマー (Sommer, 1969) は，パーソナルスペース (personal space) と呼んでいる。

このような個人的空間 (individual space) への他者の侵入に対しては，不安感や嫌悪感などの情動反応や視線をそらせたり自分の位置をずらせたりする防衛的反応を示して，他者の心理的侵入を防ごうとする空間の帯のような形態をしていることから，ホロビッツら (M. J. Horowitz：アメリカ，精神医学) (1964) は，これを身体緩衝帯 (body-buffer zone) と呼んでいる。

このパーソナルスペースとは，個人の身体を中心としたある種のなわばり (テリトリー：territory) のようなものと考えられている。しかしながら，テリトリーは地理的に固定化していて，その境界には目印のようなものがあり可視的であり，侵入に対して戦うなどの積極的な防衛反応を示すものである。これに対して，パーソナルスペースは，個人の移動に伴ってその個人の身体の周りに設定されもち運ばれる心理的空間で，境界が見えにくく，他者の侵入に対しては引き下がるなどの消極的な防衛反応を示すという特徴がある。

これまでの研究から，この個人的空間であるパーソナルスペースは，前方に広く左右と後ろでは狭いという異方構造（タマゴ形のような形態）をしている。また，性別やパーソナリティ特性といった個人的特性や文化的影響などの要因，および，地位や役割などの社会的状況や対人関係における親密さなどの要因などから決定される，とされている。

main references
Horowitz, M. J., Duff, D. F., & Stration, L. O. 1964 Body-buffer Zone : Explonation of personal space. Archives of General Psychiafry, 11, 651-656.
渋谷昌三 1990 人と人との快適距離 パーソナル・スペースとは何か NHKブックス
Sommer, R. 1969 *Personal Space : The behavioral of design.* Englewood Cliffs, N. J. : Prentice-Hall. 穐山卓登（訳）1972 人間の空間：デザインの行動的研究 鹿島出版会

keywords of keyword
対人的距離☞, R. ソマー，防衛的反応，具体的緩衝帯，
テリトリー，異方構造

（岩淵千明）

バートレット (Bartlett, Frederic Charles 1886-1969) ［心］

われわれが過去の記憶を呼び起こすことを「想起 (remembering)」というが，そのメカニズムは機械的な単純なものではなく，個人の過去経験が再体制化された動的な作業なのである。この事実を明らかにしたのがバートレットで，その実験はよく知られている。その実験とは，ある人Aに馴染みのない曖昧な絵を見せた後，Aは記憶した絵を別の人Bに描いて見せ，BはまたCにという具合に次々に記憶した絵をリレーさせるものであった。結局，数人に伝達されていく過程で元の絵は曖昧さや奇妙さが薄れ，次第に意味がはっきりした馴染みのあるものに変化していったのである。つまり，彼は記憶内容の想起とは，個人にとって好都合な意味づけや単純化などの加工が施された動的な構造図式（シェマ）が作り上げられることであると考えたのである。同じような現象は絵画的なもののみでなく，物語の再生においてもみられたところから普遍的な想起の法則として認められている。現在では噂やデマの伝播の仕組みを示唆するものとして，あるいは身近なところではテレビのゲームメニューとして活用されることもある。

keywords of keyword
記憶，忘却，シェマ，再体制化

（金光義弘）

ハーロウ (Harlow, Harry Frederic 1905-1981) ［心］

アメリカのウィスコンシン大学で夫人とともにサルの研究を精力的におこなった。数多くの研究の中で大切なものが二つある。一つはサルの学習実験装置を開発し，霊長類の問題解決学習の実験法を確立したことである。その装置は「ウィスコンシン・ジェネラル・テスト装置 (WGTA)」と名づけられ，サルの学習行動を一方向スクリーン

によって観察しながら実験できる優れものであった。この種の実験を通して，サルが学習の仕方を学習する (learning how to learn) ことを確かめ，「学習セット (learning set)」という概念を提唱したのである。もう一つは，人の愛情形成モデルとしてサルを考え，生後まもない子ザルを実の母親から離してさまざまな「代理母」を与え，子どもにとって必要な母親の役割としてスキンシップや「心理的安全基地」の要素を明らかにした。人間に最も近いといわれるサルの研究を通して彼らが得た結果や原理は，人間理解の原点を提供するものであり，比較心理学のみならず臨床心理学においても見直されなければならない。

main references
ハーロウ, H. F. (浜田寿美男訳) 1978 愛のなりたち ミネルヴァ書房
Harlow, H. F. 1959 Learning set and error factor theory. In S. Koch (Ed.), *Psychology : A study of a science.* Vol. 2. pp.492-537.

keywords of keyword
学習セット，代理母☞，スキンシップ，WGTA

(金光義弘)

バイオフィードバック療法 (biofeedback therapy) [心・医]

自分の意志ではコントロールできない自律神経系の反応の変化を条件づけの手法によって学習させようというものである。

生体の骨格筋系の反応は，オペラント条件づけで強化可能であることが古くから知られていたが，自律神経系の反応は，イヌに餌を与えると同時にブザーを鳴らすことを続けると，ブザーを聞いただけで唾液が出る古典的パヴロフ型条件づけでしか強化できないと考えられていた。しかし1960年代後半から，エレクトロニクスの発達とともに自律神経系の反応にもオペラント条件づけが可能であるという報告が増え，それまでは不随意と考えられていた自律神経系や内臓諸器官へのオペラント条件づけによる効果が認められるようになった。これを総称してバイオフィードバックと呼ぶ。

現在ではエレクトロニクス機器を利用して血圧，心拍，脳波，皮膚温，筋電図，皮膚電気反射 (GSR) などの微細な変化を瞬時に記録して生体が知覚することで，その反応を随意的に変化させることによって高血圧，筋緊張性頭痛，多汗症などの治療や神経症，ストレス関連疾患のリラクセーションに利用されている。

main reference
佐々木高伸 1989 心身症 バイオフィードバックの基礎と臨床 新興医学出版

keywords of keyword
自律神経系☞，古典的条件づけ☞，オペラント条件づけ，脳波，筋電図，皮膚電気反射☞，ストレス

(横山茂生)

箱庭療法 (sandplay therapy) [心]

非言語的なイメージ表現を用いた心理療法の技法の一つである。規格の定まった砂箱の中に，多数のミニチュア玩具を用いて，自分なりの世界 (場面や風景) を表現することによる，治療的効果をねらったものである。イギリスの小児科医で精神分析家であったローエンフェルト (M. Lowenfeld) が1929年に案出していた「世界技法」のアイデアをもとにして，後にスイスのユング派分析家であるドラ・カルフ (D.M. Kalff : 1904-1990) が，現在の形に発展させた。

砂箱は，内のり縦57cm，横72cm，深さ7cmという規格の，内側を水色から青で彩色してある頑丈な木枠 (厚み1.5cm程度) の中に，できれば目の細かい，手触りの良い海砂を，底が十分に隠れ，造形ができる程度の量入れたものである。玩具は，人，動物，植物，建築物，乗り物，石や柵など，多数必要になる。玩具の大きさや規格を揃える必要はなく，かえって雑多な規格がある方が，自由なイメージ表現が可能になる。

無理におこなうような療法ではなく，クライエントが興味を示したときに，「この砂と玩具を使って，何でもいいから作ってみてください」などの教示で，自然とやり方が了解されるような導入がよい。また，面接の中で毎回制作する必要はないが，1回のみでなく，面接における自己実現過程と並行して，継続して作品が作られることも多い。

箱庭は，制作者がイメージをぴったりした形で表現し，それが目の前にフィードバックされることで，「内的再統合 (分裂し葛藤していたさまざまな感情が，再度心の中に納められ統合されて安定すること)」(東山，1994) が図られることをねらう療法である。砂の感触や，手に取れる多様な玩具の存在などによって，内的なイメージが喚起されやすくなり，退行 (発達的に早期の段階に回帰すること。ここでは，意識的な行動統制や厳密な現実吟味が緩まること) が促進され，意識的に強固に統制されたのではない内的な表現が可能になる。このように箱庭では，「自由な表現」が一つの要と

なっている。一方，一定の大きさの木枠の中で表現するという「限定」（制限）があることで，破壊的なエネルギーの拡散が起こりにくく，また表現が散漫に流れにくくなっている。このように，制限は保護枠としても働くのであり，カルフは，「自由にして保護された空間」でこそ真の自己表現が結実してくることを述べている。治療者には，判定的でない態度，「自由にして保護された空間」を提供するような態度が求められる。

箱庭療法は日本文化の中では感覚的に容易に理解されるものであったためか，1965年に河合隼雄が日本に紹介すると，多くの相談現場で用いられるようになり，わが国は国際箱庭療法学会の理事国となっている。また，枠付け法による風景構成法を発案した中井久夫は，このアイデアを箱庭療法から得たとしているなど，多方面に影響を与えている。風景構成法は，箱庭療法の退行促進性によってかえって自我の統合を脅かされる患者（統合失調症など）に，いわゆる心的な安全柵を提供しながら表現をおこなうことを可能にしている。

main references

カルフ，D. M. （大原 貢・山下美樹訳） 1999 カルフ箱庭療法新版 誠信書房

岡田康伸 1993 箱庭療法の展開 誠信書房

河合隼雄 1969 箱庭療法入門 誠信書房

東山紘久 1994 箱庭療法の世界 誠信書房

keywords of keyword

自己実現過程，内的再統合，退行，D. M. カルフ，中井久夫，M. ローエンフェルト，河合隼雄

（進藤貴子）

パターナリズム（paternalism 父権主義，教父主義）［精］

医聖ヒポクラテス（BC460～BC375頃）の誓いの中には次のような章があり，近代までこれが金科玉条として遵守されてきた。すなわち，"素人にはいかなるときにも，また何事につけても決して決定権を与えてはならない。素人判断をさせることは結局は患者の利益につながらない"と。医師の判断こそが最良のもので，すべて医師の考え，行為には黙って従うべきであるというのがパターナリズムである。

しかし今日では，患者の知る権利，選択する権利など人権が大きく主張されるようになり，インフォームド・コンセントが診療上不可欠となってきた。しかし，そこでも相互の信頼関係の存在が重要視されなければならないのは当然である。

keyword of keyword

インフォームド・コンセント☞

（佐野開三）

発達障害（developmental disorders）［心］

発達障害という概念は，1980年にアメリカ精神医学会が「精神障害の診断と統計のためのマニュアル第3版（DSM-Ⅲ-R : Diagnostic and Statistical Manual of Mental Disorders, third edition）」の中で，初めて明確にされた。そこでは，精神遅滞（mental retardation），広汎性発達障害（pervasive developmental disorders），特異的発達障害（specific developmental disorders）が含まれる。発達障害の基本的な特徴は，認知・言語・社会的技能の著しい障害である。発達の遅れの様相が，精神遅滞では「全般的な遅れ」，広汎性発達障害では「多様な領域における発達の質的な歪み」，特異的発達障害では「特定の技能領域の遅れまたは能力障害」，とそれぞれ異なっている。

一方，世界保健機構（WHO）の「国際疾病分類」では，精神遅滞が発達障害から切り離されている。そこでは，発達障害は，「話しことばと言語の特異的発達障害」，「学習能力の特異的発達障害」，「運動機能の特異的発達障害」，「混合型特異的発達障害」，「広汎性発達障害」などに分類されている。

main reference

アメリカ精神医学会（編）高橋三郎（訳） 1988 DSM-Ⅲ-R精神障害の診断・統計マニュアル 医学書院

keywords of keyword

広汎性発達障害☞ 特異的発達障害

（鴨野元一）

パニック障害（panic disorder）（PD）［精］

PDとは，パニック発作と呼ばれる状態が繰り返される疾患で，DSM-Ⅳによれば，主な症状のうち四つ以上が突然に発現し，10分以内にその頂点に達するものをパニック発作と診断する。主な症状は，心悸亢進，発汗，身震い，呼吸困難，胸痛，嘔気や腹部不快感，めまい感，ふらつき感，離人症状，狂気や死への恐怖，異常感覚，冷感や熱感である。症状数が基準に満たないものを不全発作という。次の発作への予期不安（またいつ発作がやってくるかもしれないという不安）が強い。公衆の場所などに対する恐れ（広場恐怖 agoraphobia）をしばしば伴う。不安発作時には血中乳酸値が上昇する。また，乳酸ナトリウム静注によりパニック発作を誘発することができる。薬物療

法としてSSRI（選択的セロトニン再取り込み阻害薬）が有効である。

keywords of keyword
DSM-Ⅳ☞，広場恐怖（agoraphobia），SSRI，予期不安

（渡辺昌祐）

パヴロフ （Pavlov, Ivan Petrovich 1849-1936）［生心］

現在でもレニングラード大学の生理学教室の一部にパヴロフ研究室があるだろう。政治的主義，主張を超えたそのままの姿で。ネバ川の堤防に茂る大きな木々に囲まれてパヴロフの教授室は生前の居室のまま閑かなたたずまいの中にある。偉大なる学者の思索を促すにふさわしい研究室であった。パヴロフは消化器官の分泌に関する研究でノーベル医学賞を受賞している（1904年。当時ペテルスブルグ大学）。しかしそれよりももっと価値ある研究が「大脳両半球における神経活動」なるものであった。研究室の地下にある実験室および実験動物のイヌの飼育室へ至るらせん階段を餌を何度も与えていたパヴロフが餌を持たずに下りて行くと，イヌ達は一斉に鳴き出した。しかし餌を与えたことのない外来者が餌を持たずに階段を下りてもイヌは一向に鳴かなかった。普通であれば見過ごすような現象に気がつくところに非凡なる研究者の資質を感じるのである。こうして餌とそれを予告する足音を弁別する行動を系統的に調べていく実験が始まった。そしてその集大成が条件反射学であった。それが学習の生理学的なメカニズムを解明する第一歩となった。

条件反射とは既に日常用語のように流布されている言葉であるから，あらためて解説もいらないのであるが，あえていうならば行動学の原点であることを再確認しておくことが必要である。現在これをもって人の行動のすべてを，あるいは人の心のすべてを解明できるなどと考えている心理学者は一人もいないだろう。しかし行動を科学としてみていくためにはどうしても生理学的な基盤の上に立った研究方法から模索することも必要となるだろう。パヴロフの業績はもはや古典的な領域の問題であるというわけにはいかない。臨床心理学の中で行動療法などの分野があるが，こうした治療の中で社会的に適応する行動をいかに学習させていくか，異常行動がいかに形作られてきたのかの原因論などはまさに行動学，いうなればパヴロフを原点として発展していくものであろう。

keywords of keyword
条件反射学，条件反射，行動療法☞

（三宅　進）

パラメトリック・ノンパラメトリック （parametric & nonparametric）［統・心］

心理学のデータは，得点や時間のように数量で表せるもの，好き嫌いや印象の程度のように順序で表せるもの，好みの色名や賛成・反対などのようにカテゴリー項目で示すものに大別できる。一般に，項目よりも順序，順序よりも数量といったようにデータのレベルが高く，分析も詳しくなる。最もよく統計的分析に用いられるデータの型は数量であるが，その理由は比率で表せることと確率的分布が得られる点である。つまり標本の姿を表すのに，たとえば平均値とか標準偏差などの「母数（パラメータ）」が用いられるからである。このような具体的な分布を仮定して統計的な検定をする方法を「パラメトリック法」といい，t検定や分散分析がそれにあたる。一方，順序や項目の型の統計的検定は，パラメータにあたるものがないので「ノンパラメトリック法」と呼ばれ，χ^2検定やマンホイットニーU検定などがそれにあたる。サンプル数の少ない標本を扱う心理学実験ではノンパラメトリック法が妥当な場合が多い。

main references
岩原信九郎　1965　新訂版　教育と心理のための推計学　日本文化科学社
岩原信九郎　1964　ノンパラメトリック法：新しい教育・心理統計（新版）日本文化科学社
スプレント，P.（加納　悟訳）1985　ノンパラメトリック統計入門　啓明社
Winer, B. J. 1962 *Statistical Principles in Experimental Design*. Mc Graw-Hill.

keywords of keyword
標準偏差，分散分析，t検定，χ^2検定，マンホイットニーU検定

（金光義弘）

汎化＝般化 （generalization）［生心］

日本の諺に「坊主憎くけりゃ袈裟まで憎い」とかいうのがあるが，ある一つのことにこだわれば，こだわりをもったもとの刺激とよく似た刺激に，何かこだわりをもつようになるということはよくある。これがパヴロフが見出した諸現象のうちの一つであった。実験的には30ビートのメトロノームで唾液を条件づけられたイヌは40ビートでも20ビートでもメトロノームが鳴ればわずかに唾液を

出す。30ビートが元刺激で，それに近い刺激であればあるほど唾液は出やすい。元刺激とその周辺刺激とのこうした関係を，汎化勾配（generalization gradient）という。汎化勾配が急であるか，緩やかであるかは刺激にもよるが環境への適応性などに関わりをもつ重要な事柄である。

keyword of keyword
汎化勾配

（三宅　進）

バンデュラ（Bandura, Albert　1925 - ）
[心・社心]

　従来の行動主義的な学習理論が一個体の環境との相互関係に基づくものであったのに対し，個体が他者との関わりを通して学習する場面が多いことに注目したのがバンデュラであった。彼はもともと人の社会化の問題を課題としていただけに，のちの社会的学習理論は独創的で高く評価された。とくに「代理強化説」は他者の行動とその結果の関係，すなわち反応・強化随伴性事象（ヒトや動物の反応の結果に対して強化子（報酬）が随伴的に与えられる事態のこと）を観察するだけで学習者が強化されるというユニークなものであった。現在の彼の活躍は，行動主義的理論構成（ヒトや動物の精神現象を観察や操作が可能な刺激と反応との関係から説明しようとする構え）に沿いながらも個体の認知過程を明らかにするものであり，近年の認知心理学の隆盛と軌を一にするところがあるためと思われる。最近では個体の行動要因，社会的環境要因，そして個体独自内的要因の三要因が相互作用しあっているとする「社会的認知理論」を提唱している。

keywords of keyword
社会的学習(理論)，代理強化(説)，認知心理学☞
社会的認知理論

（金光義弘）

ピア・カウンセリング (peer counseling) [心]

ピア (peer) とは，仲間という意味で，仲間同士や同じ問題をもつ者同士がおこなうカウンセリングのことである。従来の障害者援助が，いわば専門家による訓練・指導に終始してきた，という経緯がある。ピア・カウンセラーは，クライエントに助言したり指導したりするものではなく，それぞれが自己実現（本来の自分らしく生きる）へ向かう可能性をもっているという前提のもとに，自らが自分の状況を理解し変革していけるよう，支援することを目指している。近年，ピア・カウンセリングは，リハビリテーションの一分野として認知されている。障害者同士のカウンセリングに留まらず，女性同士，男性同士，同様の職業に従事する者同士で，実践されつつある。

keyword of keyword
自己実現

(鴨野元一)

ピアジェ (Piaget, Jean 1896-1980)

子どもの発達を考える時，とくに認知の発達に目を向ける場合にはフランスの心理学者ピアジェを忘れるわけにはいかない。子どもは生後年齢に応じて外界の認知を発達させ，人を含めた環境との関わりを広げていく。その発達プロセスには一定の段階があり，子どもが一歩一歩順番に階段を上っていく様子を明確にしたのがピアジェである。彼は認識とか知能を説明するために生物学的方法論を用いたため，発生的視点に基づき，赤ん坊から児童までの成長と認知的発達過程の対応を徹底した観察を通して記述した。その結果，認知の段階は，赤ん坊の外界との「感覚運動的循環反応（玩具を叩いて音がしたり動いたりするのを楽しむ反応）」の後，幼児期の目の前にある具体的な手がかりによって数や関係などを判断する「具体的操作」，児童期以降のことばによる抽象的・論理的思考が可能な「形式的操作」へと発達することを示した。またその発達過程の中で，子ども独特の「自己中心性」に基づく思考や「保存☞」の形成過程を明らかにし，社会化の問題とも関連した統合的な発達論を展開した。その集大成は「発生的認識論序説」や「発生的認識論研究」として出版されているが，原語であるフランス語が難解で，誤訳による誤解や立場のちがいによる偏見があるといわれる。ピアジェに対する安易な非難や曲解に惑わされないようにしたいものである。

main references

Piaget, J. 1935 *La naissance de l'intelligence chez l'enfant.*（谷村　覚・浜田寿美男訳）1978 知能の誕生　ミネルヴァ書房

Piaget, J. 1972 *Problèmes de psychologie génétique.*（芳賀　純訳）1975 発生的心理学―子どもの発達の条件　誠信書房

keywords of keyword
認知発達，保存☞，自己中心性，感覚運動的循環反応，具体的操作，形式的操作

(金光義弘)

PAC分析 (Personal Attitude Construct Analysis)

PAC分析は Personal Attitude Construct（個人別態度分析）の略で，もともとは個人別に態度構造を測定するために内藤（1993）によって開発されたものである。手続きは，①当該テーマに関する自由連想，②連想された項目間の被験者による類似度評定，③類似度距離行列（それぞれの項目がどれだけ似ているかを，数値で評価したものをまとめた行列）によるクラスター分析，④被験者によるクラスター構造のイメージや解釈の報告，⑤実験者による総合的解釈，からなっている。

たとえば「癒し」というテーマを設定してみよう。まずそのことばについて「心がやすまる」「暖かい」「クラシック音楽」「母親」「ミルク」「近頃流行っている」「教会」といった自由連想をおこない（①），今度はそれぞれの連想項目のイメージがお互いどれくらい似ているかを7段階評定してもらう（②）。そうして得られた行列をクラスター分析にかけると被験者にとって似ている項目が樹形図にまとまる（③）ので，それらのカテゴリーに名前をつける。「心がやすまる」「暖かい」は『安心感』カテゴリー，「母親」「ミルク」は『母親』カテゴリーという具合である（④）。そして最後にこのカテゴリー構造について，被験者と実験者が共同で解釈する（⑤）。

従来連想イメージ同士の位置関係を把握する方法としてKJ法（川喜多二郎〈人類学〉が考案した探索的な資料整理の方法。カードに項目を記入し，似ているもの同士をまとめていく）が用いられてきたが，それをより洗練させたものであろう。臨床心理学やフィールドワーク（現地に足をはこんで，インタビューや資料収集をおこない，調査すること）では，被験者からより生きた情報を引き出すために面接調査がおこなわれるが，その際研究者が頼らざるを得ない直感的な視点を修正するためにも役に立つ。手続きそのものが被験者と検

査者の共同作業であり，可能性を秘めたアプローチだと思う。これまでに留学生のカウンセリングへ適用された事例も報告されている（井上，1997）。

main references

内藤哲雄　1997　PAC分析実施法入門—「個」を科学する新技法への招待—　ナカニシヤ出版

井上孝代（編）　1997　異文化間臨床心理学序説　多賀出版

keywords of keyword

クラスター分析，KJ法，フィールドワーク

（橋本忠行）

非行（delinquency）［教・福・心］

非行とは「ある特定の社会的価値基準に照らして相いれない行動」であって，刑法に触れる行動だけでなく，不良行為や社会的倫理規範に反する行動を含む。

わが国の少年法によれば，20歳未満の少年に，次のような三つの非行少年の分類をおこなっている。①14歳以上20歳未満で，窃盗や傷害や殺人など刑法に触れる罪を犯した「犯罪少年」，②14歳未満で，刑法に触れる行為をした「触法少年」，③保護者への不服従や他の問題行動をおこなう傾向が強く，将来犯罪を犯すおそれのある「虞犯少年」である。

非行の形態は時代の社会状況により変化がみられる。1945年から1959年頃では戦後の混乱期と復興期にあたり，欠損家庭，貧困家庭が多かったことより，貧しさ故の盗みである「生活型」「古典型」が特徴的であった。

しかし，1960年から1972年頃は日本経済の復興より高度経済成長へと発展した時期である。成人の犯罪率の低下現象とは逆に，中間少年（16,17歳）以下の年齢層に非行の増加をみている。シンナー乱用や暴走族が出現し，粗暴犯の割合も増加をみ，さらに1973年〜1990年頃は第一次石油ショック以降の低成長期を経て，好況が続き，バブルがはじけるまでである。年少少年（14,15歳）が非行の中心となり，女子の割合も10％から20％へと増加している。非行内容も「遊び型非行」，後に「初発型非行」ないし「初期非行」といわれる軽佻な一過性の非行が急増している。

最近の少年非行の特徴の一つとして，平成10年に入ってから相次いで発生した刃物使用事件や関係のない人を殺害したり，平成12年5月のバスジャックなどに象徴される凶悪化・粗暴化の進展があげられる。

非行の早発する少年や凶悪な犯行を起こす少年ほど共感的な人間関係の欠如が目立っており，非行性がパーソナリティと結びついているとその矯正に手間取る。それ故，非行性の早期発見，早期診断，早期治療のシステム作りが目下の急務である。

中学生5千万円恐喝事件，豊川の老女刺殺事件，バスジャック事件など立て続けに起きた凶悪な少年犯罪は，現行少年法がいかに現代の実状とかけ離れたものであるかをうきぼりにしている。1999年3月に少年法改正案が内閣提案立法として国会に提出されることとなった。ところが1年あまり実質的な審議がなされないまま，2000年6月に衆議院解散により廃案となった。しかし，同年「17歳」による犯罪を契機とし議員立法により提案され，同年11月27日に成立，12月6日に公布，2001年4月から施行された。「犯罪に対する評価は，行為の重さによって行うべきであり，行為者が子どもであるという特性に配慮すべきでない」と考えられ刑事処分年齢が14歳に引き下げられている。

keywords of keyword

触法少年，虞犯少年，初発型非行

（島田　修）

ヒステリー（hysteria）［精］

症状発現の根拠となるような神経生理学的な異常所見が認められないにもかかわらず，四肢の運動麻痺，感覚麻痺，痙攣などの身体症状や意識混濁，記憶障害，二重人格などの精神症状が著明で，疾病逃避の傾向の強い神経症のタイプをヒステリーと呼んだ（"ヒステリー"とは子宮の意味のヒュステラから由来した言葉で，初め女性に特有と考えられていたが，男性にも少なくない）。

このヒステリーの概念は学者によって必ずしも共通しておらず，ヒステリーという名称を使わない学派もあることから，最近ではヒステリーという診断名はほとんど使用されなくなり，解離性障害と呼ばれている。

keyword of keyword

解離性障害☞

（横山茂生）

皮膚電気反応／反射
(galvanic skin response/reflex=GSR)［生］

手に汗を握る，冷や汗をかくなどは日常われわれが体験することであるが，ここで問題となる反応は一般的な発汗作用とは別に，情動発汗とも，感情発汗とも呼ばれるものである。普通の発汗は

環境や温度に対しての適応機構であるが，情動発汗は，あることに注意をすると自律系の興奮が生じ，わきの下，手のひら，鼠径部などの特定の場所にみられる発汗である。この発汗を指標として人の感情状態の様子をみる目安とするのだが，普通手のひらの皮膚上の2点に電極を置き，一定の電圧をかけると，この回路の抵抗値が変わり，それに応じた電流が流れる。すなわち皮膚上の2点間が抵抗器ということである。その抵抗値を読み取るのがGRSであるが，外界から何らかの刺激が来ると，その刺激に応じて自律神経系の活性化が起こり，身体各部に興奮が伝達され，皮膚抵抗は発汗によって低下する。普通皮膚の抵抗値として計測される場合は皮膚電気抵抗値（skin resistance response=SRR）が使われているが，二つの電極の間を流れる僅かな電圧（voltage）で測定することもあり，これは皮膚伝導水準（skin conductance level=SCL）という。その他二つの電極間の電位差による測定法（skin potential level=SPL）などもあり，いずれの測定法もそれぞれの特性を備え，研究，目的に応じていずれを選ぶかとなるが，それらすべてを含めて皮膚電気活動（electrodermal response）と総称される。

　心理学においても，精神医学においても皮膚電気活動は情動，情緒の指標として容易に測定できるところからいろいろと利用されている。

main references
宮田　洋（監修）　1998　新生理心理学1：生理心理学の基礎／1997　新生理心理学2：生理心理学の応用分野／1998　新生理心理学3：新しい生理心理学の展望　北大路書房
新美良純・白藤美隆　1969　皮膚電気反射：基礎と応用　医歯薬出版

keywords of keyword
情動発汗，自律神経系☞，皮膚抵抗，皮膚伝導，情動☞

（三宅　進）

比喩（figurative language）
　「彼女の瞳は宝石だ」という表現がある。これは，彼女の瞳の輝きのすばらしさを宝石にたとえているわけである。このように，ある事柄を印象深く，効果的に表現するために，既知の事柄を用いて表すことを比喩という。修辞法の一種で日常よく使われている。冒頭の例は類似に基づく比喩で隠喩（metaphor）（日本語化してメタファー）という。類似に基礎をおくというが，たとえるものと，たとえられるものが異質の領域にあるほど，メタファーとして面白い。つまり，異質性の中の類似性の発見であり，心理学的な検討が盛んである。比喩にはこの他代表的なものとして，「～のようだ」という形の直喩（「ノミのような心臓」），ある事柄をそれと上下関係や類・種の関係にある語で表す提喩（「白いものが落ちてきた」），接近している事柄や部分・全体の関係にある語で表す換喩（「川向こうさんに火が灯った」）等をはじめ数十種類に及ぶといわれる。なお，ものの命名には比喩によるものがよくみられる。「月見うどん」はメタファー，「親子丼」は提喩，「きつねうどん」は換喩に基づいている。あだ名のつけ方もこれらの比喩のどれかに由来しているものが多いといえる。

（賀集　寛）

病識（insight）［精］
　患者が自分の病状について十分に理解していることをいう。精神病では往々にして自分自身が病気であるという洞察がなく（病識欠如），そのため服薬拒否がしばしば起こる。神経症では一般的には病識が認められる。

keyword of keyword
神経症☞

（渡辺昌祐）

標本研究・標本抽出（sample study & sampling method）［統・心］
　心の問題を取り扱う心理学にとって，しっかりした実験計画のもとに実験・調査がおこなわれ，その結果得られるデータは統計的な処理がなされなければならない。そのとき問題になるのは，一体このテーマを検討するためにはどれだけの被験体を扱えばよいかということである。

　心理学の研究では個々の対象について観察・調査する「事例研究」に対して，調査対象を集団に向けて普遍的な傾向を求める「標本研究」がある。その典型的なものに社会調査や集団実験があるが，いずれの場合もすべての成員が調査対象になるわけではなく，その中の多数または一部が抽出される。そこでもとの調査対象集団を「母集団」といい，抽出された集団を「標本（サンプル）」という。この標本抽出（サンプリング）にあたっては，母集団の特性とのずれが生じないようにするための工夫が必要である。一般的には，確率論的な考えから「無作為抽出（ランダム・サンプリング）法」が採用される。つまり，母集団からまったく無作為に抽出された成員であれば，偏った特性の所有者である確率はきわめて低いと考えられるか

らである。逆にたとえば，成績の順番や年齢順に選ばれた標本成員は既に特定の性質を有しているという意味で，母集団の特性を反映したことにならない。そこで用いられるのが「乱数表」などのランダム性を備えたものである。なお，無作為抽出法によらず，あらかじめ母集団を構成する代表的な要素を分類した部分集団ごとに，過不足のない人数を選ぶという「層別抽出法」が採用されることも多い。いずれにしても，集団から普遍性を導く場合，阻害要因をできるだけ排除するための慎重さと工夫が必要である。

main references

Neale, J. M., & Liebert, R. M. 1973 *Science and Behavior*. Prentice-Hall.

南風原朝和他（編）2001 心理学研究法入門：調査・実験から実践まで 東京大学出版会

ソルソ, R. L. & ジョンソン, H. H. Solo & Johnsom（浅井邦二監訳）心理学実験計画入門 学芸社

keywords of keyword

標本研究，母集団，事例研究☞，無作為抽出，ランダム性，層別抽出法，乱数表

（金光義弘）

不安神経症
→パニック障害☞と同義

副交感神経系 (parasympathetic nervous system)［医］

自律神経系の路線の一つが交感神経系，今一つが副交感神経系であり両神経系ともにホメオスタシス (homeostasis：生体の環境適応システム) の機能を伝達する神経路であるが，副交感神経系はどちらかというと抑制の働きを担当する場合が多い。たとえば心臓がドキドキするのは交感神経系，そのドキドキを収めるのは副交感系。しかし胃の収縮は副交感系，弛緩は交感系が働く。そして唾液などは副交感しか働かない。交感神経と副交感両神経の働きがはっきり分離していないものであるから複雑さを増すわけだが，副交感はその神経路の複雑な絡み合いから迷走神経といわれているほどである。交感神経と副交感神経がややはっきりしている点は，解剖学的に副交感神経は脊髄の上部と下部から出て心臓，肺，胃，膵臓，腎臓，生殖器などの効果器に至るということである。今一つ副交感のシナプスに働く化学物質はアセチルコリンであり，したがって，副交感神経系のことをコリン系と呼ぶこともある。

keywords of keyword
ホメオシタシス，迷走神経，シナップス，アセチルコリン，自律神経系☞，交感神経系☞，コリン系，副交感神経系

（三宅 進）

符号化特定性原理 (encoding specificity principle)

"タンス みかん アメリカ すずめ……"のような四カテゴリーに属する語をランダムな順に合計数十語提示したのち，自由再生した成績と，「家具」「果物」「国名」「鳥」というカテゴリー名を与えたのち，手がかり自由再生した成績を比べると，後者の方が圧倒的に好成績であるという実験結果がある。これは，適切なカテゴリー手がかりが再生を促進したからであり，逆に，手がかりなしの自由再生では忘却したといえる。タルビング (E. Tulving：1927- ，エストニア→カナダ・アメリカ，心理学) は，これを手がかり依存の忘却 (cue-dependent forgetting) と呼んだ。彼は，その後，この考えを発展させ，符号化特定性原理を提唱した。それは，記憶項目は習得時に，その文脈に特有な手がかりとともに符号化されて学習される，そして，再生の時にも同じ手がかりが与えられると，その記憶項目は再生しやすいが，手がかりが異なると再生しにくくなるという考え方である。この説は，学習時の文脈や状況および学習者の心身の状況が，その後の記憶をコントロールするという状態依存学習にもつながる。酒を飲んだ翌朝，昨夜のことが思い出されないが，夜再び酒を飲むと，昨夜のことが思い出される，といったのはその例である。

（賀集 寛）

不眠症 (insomnia)［精・生心］

不眠症は，睡眠－覚醒障害の一つで，睡眠の開始と維持の障害といえる (disorders of initiating and maintaining sleep；DIMS)。つまり，夜，ベッドや床に横になってもなかなか寝つけないとか，途中で何回も目覚めてしまって，翌日熟眠感が得られない。一般的に，不眠症は男性よりも女性に多く，加齢にともなって増加することが知られている。

その原因は，アメリカの睡眠障害センター (Association of Sleep and Arousal Disorders) の分類 (1979) に従うと九つに分類される。それらは，①精神生理学的要因による不眠 (Psychophysiological DIMS)，②神経症に伴う不眠 (DIMS associated with symptom and personality disorders)，③躁うつ病に伴う不眠 (DIMS associated with affective disorders)，④精神分裂病 (統合失調症) に伴う不眠 (DIMS associated with other functional psychoses)，⑤薬物やアルコール使用による不眠 (DIMS associated with Use of Drugs and Alcohol)，⑥睡眠時無呼吸不眠症候群 (Sleep Apnea DIMS Syndrome)，⑦肺胞換気不眠症候群 (Alveolar Hypoventilation DIMS Syndrome)，⑧睡眠時 (夜間) ミオクローヌス不眠症候群 (睡眠中，足が関係なく繰り返し動くために，睡眠経過が乱され，熟眠感がないなど慢性的な不眠を訴えるものである。とくに高齢者に多い) (Sleep-related (Nocturnal) Myoclonus DIMS Syndrome)，⑨レストレス・レッグス不眠症候群 (眠り込む時に，足がむずむずする火照りを感じ，なかなか眠れない，あるいは中途で目覚めた後も，再び寝込めないものをいう) (Restless-Legs DIMS Syndrome) である。不眠症の治療としては，睡眠薬などの薬物を投与する方法や，心理学的な手法として自律訓練法などが用いられている。

keywords of keyword
睡眠時 (夜間) ミオクローヌス不眠症候群，レストレ

ス・レッグス不眠症候群，自律訓練法☞

(保野孝弘)

プラグマティズム (pragmatism) [哲]

具体的経験の中に科学的方法を生かすことを目標とし，知識や観念を行動との関係によって検証しようとする立場。ジェイムズ (W. James：1842-1910, アメリカ, 心理学・哲学) やパース (C. S. Peirce：1839-1914, アメリカ, 哲学) が代表。

従来の経験論は経験をいわば素材としてそこから理性が知識を構成するという考え方をしてきたが，プラグマティズムはこの関係を逆転させて考える。異なる人間が同じ経験をしても違う知識を得ることはありうる。新たな経験によってそれまでの知識が修正されることもしばしばである。これまでの経験論（知識はすべて経験に由来すると主張する説。したがって，生得観念を認めない。合理論の反対）は経験を土台としそれに依存しすぎてきたために，感覚中心，受動的色彩，主知主義（意思や感情に対する知性の優位を主張する説。たとえば，「善い」とか「美しい」と知性が判断したものを愛する場合，「愛そう」とか「手に入れたい」という意思や感情は知性の判断に従って働いている。つまり，意思や感情は知性の下に従属していると見なされる）といった性格をもっていたが，プラグマティズムはこのような傾向から脱却することを目指す。

keywords of keyword
経験論，主知主義

(林 明弘)

フラストレーション (frustration) [心・精]

フラストレーションの概念は，フロイト (S. Freud)☞に由来するといわれている。また，行動理論でのフラストレーションの概念は，操作的に定義される。フラストレーションという用語を科学的に使用する場合，「目標行動を阻止する状況」，「その結果として生活体に生ずる内的状態」，および「表に現われる行動」の三つの過程が含まれる。それらの過程は，〈フラストレーション状況〉，〈フラストレーション状態〉，〈フラストレーション反応〉と呼ばれる。今田 (1969) は，フラストレーションの用語がこの三つの過程を明確に区別することなく使用されることに警告を発している。

フラストレーション理論としては，ローゼンツァイクのフラストレーション理論 (Rosenzweig, 1934)，エール学派のフラストレーション-攻撃仮説，K.レヴィンらのフラストレーション-退行仮説 (Barker, Dembo, & Levin, 1941)，マイヤーのフラストレーション-固定仮説 (Maier, 1949) などが知られている。人は，何らかの理由で欲求が阻止されると，欲求不満つまりフラストレーションを体験する。欲求の種類と欲求阻止の原因によって，フラストレーションに伴う種々の行動が認められる。何らかの努力で，自らフラストレーション状況を克服できれば，人は，コンピテンス (competence：効力感 自分の働きかけによって環境が変化するという思い) を経験する。したがって，克服可能なフラストレーションの体験は，必要である。

同じようなフラストレーション状況に耐えられる人と耐えられない人とがいる。フラストレーションに耐える人は，フラストレーション耐性 (frustration tolerance) の閾値が高いといえる。フラストレーションの克服は，フラストレーション耐性を高めることになる。

main references

今田 寛 1969 フラストレーションと行動 講座心理学12. 異常心理学 八木 冕監修 松山義明編 pp.148-176 東京大学出版会

Rosenzweig, S. 1934 Types of reaction to frustration. Anheuristic clasification J. abnoron. soc. Psychd, 29. 298-300.

Braker, R. G., Dembo, T., & Lewin, K. 1941 Frustration and regression : An experiment with young children. Studies in topological and vecter Psychology, Ⅱ. Union of Iowa Studies ; Studies in child Welfare, 18 (1)

Maier, N. R. F. 1949 Frustration, the study of behavior without a goal. McGraw-Hill.

keywords of keyword
S. フロイト☞, エール学派, コンピテンス, フラストレーション耐性

(鴨野元一)

フロイト (Freud, Sigmund 1856-1939) [精・心]

医師で精神分析学の創始者である。心的構造論，局在論，精神-性的発達理論など，無意識の存在を仮定したメタ心理学（構造的・力動的・経済的・発達的・適応的な観点から，意識領域と無意識領域の両方を含む心の働きを理解しようとした，フロイトの精神分析学の別称）を組み立てた。フロイトの基本理論は，心の構造論─症状形成論─精神分析治療論と，一貫性をもって組み立てられ

ている。フロイトの理論は非常に広範にわたっていると同時に精緻で，論理的構成においても優れ，今日でも臨床的な人間理解に欠かせない概念や仮説の多くがここに端を発している。

フロイトはユダヤ商人の後妻の長子として生まれ，フロイト家の優れた息子として大切に育てられた。4歳の時に家族がウィーンに移って以来，死の前年にナチス侵入の報を受けてロンドンに亡命するまで，78年間をウィーンで過ごした。

後世のわれわれにとっては，国際精神分析学会設立（1910）を一つの外的な頂点としてのフロイトの生涯自体が，魅力に満ちたテーマとなっている。青年期のコカイン研究とその挫折，ブロイアー（J. Breuer：1842-1925, オーストリア）の患者アンナ・Oから洞察を得た『ヒステリー研究』(1895)，父親と死別（40歳時）した後の神経症の悪化と，耳鼻科医フリースとの交友に支えられた自己分析や，センセーショナルに迎えられた『夢判断』の汎性学説（神経症の病因論にも，夢の象徴解釈にも，性欲や性的外傷の存在を強調する，フロイトの理論のこと），その後のアドラー（A. Adler：1870-1938, オーストリア），ユング（C. G. Jung）☞らとの協力と離反（50代），上顎癌と闘いながら精神分析をおこない，亡命先のロンドンで没した最晩年など，人生各時期のトピックと思想の変遷はよく知られてきた。

中でも，精神分析理論の深化に結実していったフロイト40代の苦悩は，エレンベルガー（H. F. Ellenberger：1905-，スイス）によって「創造の病」と位置づけられた。この時期，エディプス・コンプレックス（幼児期の男児は，母親との密な関係を望むときに，父親に対して嫉妬し，それと同時に父親からの罰を予想して内的不安（去勢不安）を抱いているとされる。このような，同性の親への同一化に先立つ嫉妬と不安を，エディプス王の神話になぞらえてこのようにフロイトが命名した。女児と母親の同様なコンプレックスをエレクトラ・コンプレックスと呼ぶ）の洞察がフロイト自身の幼児期の回想と自己分析から生まれ，ヒステリー研究による，抑圧された外傷体験という病因論の，次の段階の理論的深まりをみせている。

main references

小此木啓吾　1964　フロイト——その自我の軌跡　NHKブックス

小此木啓吾　1989　フロイト　講談社（学術文庫）

ジョーンズ，E.（竹友安彦・藤井治彦訳　1969　フロイトの生涯　紀伊國屋書店）

keywords of keyword

J. ブロイアー，A. アドラー，C. G. ユング☞，H. F. エレンベルガー，エディプス・コンプレックス，エレクトラ・コンプレックス，メタ心理学，神経症☞

（進藤貴子）

ブローカ中枢　（Broca's center）［生］

ブローカ（P.P. Broca：1824-1880, フランス，解剖学）が，ことばは理解できるのに言語を自由に発することのできない患者の死亡後の脳解剖によって，左大脳半球の前頭葉の下部における限られた領域に損傷があることを見出し，「ブローカ領域」とか「ブローカ中枢」と名づけられた。ウェルニッケ中枢☞の損傷とは異なり，ブローカ領域の損傷による状態は思うことを言葉で表現することが困難な言語障害であり，「運動性失語」（発声器官に障害がないのに言語表出ができないところから運動性失語といわれる）と呼ばれている。口で言い表すことが困難であると同時に，文字による表現の困難さを伴うことが多い。しかし，文章の音読は難しいが意味の理解は可能で，とくに漢字などの象形文字による文章は理解されやすいといわれる。

keywords of keyword

ウェルニッケ中枢☞，運動性失語

（金光義弘）

プログラム学習　［教・心］

学習内容を系列化して，学習者がこれをたどると確実に目標に到達できるように計画されている教授学習の方法。プログラム学習（programmed learning），またはプログラム教授法（programmed instruction）と呼ばれる。

アメリカの学習心理学者スキナー（B.F.Skinner；1904-1990, アメリカ，心理学）が提出したのが最初であるが，彼が1954年に発表した論文「学習の科学と教授技術」（The Science of Learning and the Art of Teaching）の中で，伝統的な教授法を批判して，ティーチング・マシン（teaching machine）を導入する提案をしたことが発端になった。ティーチング・マシン自体はすでに1920年代にプレッシー（S. L. Pressey：アメリカ，心理学）が開発していたが，その設計原理には疑問があるとして新しい原理を探り，到達したのがプログラム学習の発想であった。

この構想は，スキナーがかねてから掲げていた学習理論（オペラント条件づけ理論）を基礎にし

ている。所定の自発的な反応（オペラント行動）が起こった時に即座に強化する（強化の付随）と，その反応が起こる確率が高まるとするのがオペラント条件づけだが，この学習過程が学校教育の中で円滑に進むようにした技法がプログラム学習である。

プログラム学習は五つの原理で構成されている。①積極的反応の原理（学習者の自発的反応を重視する），②即時確認の原理（反応の直後に正誤のフィードバックを与える），③スモール・ステップの原理（常に正反応が出るように学習単位を小さく区切る），④自己ペースの原理（学習が自分のペースで進むようにする），⑤プログラム修正の原理（目標に到達できなかった場合は，プログラムに問題があるとして修正する）。

スキナーが設計計画を立てたプログラムは，誰もが同じ学習コースをたどるので，直線型プログラム（linear program）といわれる。しかし，一律のコースでは学習者の個々の思考様式に応じ切れない場合もあり，足りない力を補う治療用のコースも必要になる。この対応を図ったのがクラウダー（N. A. Crowder : 1929 – 1988，アメリカ，電子工学）で，1959年，学習者によってコースを変える分枝型プログラム（branching program）が登場した。

実施方法としては，ティーチング・マシンを使う場合と，印刷教材にしたプログラム教科書（programmed textbook）を使う場合があるが，近年は，コンピュータと対話しながら進めるＣＡＩ（computer assisted instruction）に発展し，普及している。

main references
Stolulow, L. M. 1961 *Teaching by Machine.* U.S. Office of Education.（東 洋・芝 祐順訳 1963 プログラム学習の心理学 国土社）

De Montmollin, M. 1971 *L'Enseignement Programme.* Collection QUE SAIS-JE?,（山内光哉・大村彰道訳 1973 プログラム教授法―教授工学入門，白水社 文庫クセジュ）

keywords of keyword
B. F. スキナー☞，オペラント条件づけ，S. L. プレッシー，ティーチング・マシン

（伊澤秀而）

分化（differentiation）［生］

ものの識別，見極めといったことは，刺激がどう違うのかということに始まる。すなわち，比較する刺激を分化し，弁別していることである。日本酒を識別することを利き酒という。水と油のように明らかに異なるものではなく，日本酒は色，味，香り，艶，粘りなど微妙に異なる多くの識別因子をもっている。利き酒を職業としている人がいるくらいであるが，これらの人の味覚は日本酒に対し，高度に分化したものをもっているのであろう。分化は，原刺激から離れる刺激に起こる汎化と対となり，生活するために重要な基本的性質であるが，これもパヴロフがおこなった条件反射実験から導かれ，興奮と抑制といった生理学的な過程で説明した。刺激A（原刺激）と食物を対にして提示し強化をし，Aに唾液の条件反射を形成すると，それに似通った刺激Bの提示にイヌは唾液を流出する（汎化）が，刺激Bを異なるものとして弁別する（分化）ためには刺激Aには食物の強化を，そして刺激Bには無強化をという分化条件づけの手続きを踏まねばならない。そのようにして皮質内に積極的な抑制＝分化制止を形成することを分化と呼んだ。

keywords of keyword
汎化☞，I. P. パヴロフ☞，興奮と抑制☞，強化☞

（三宅　進）

ヘッブ（Hebb, Donald Olding 1904-1985）[心]

　幼児の発達における初期経験の重要性を唱えたカナダの心理学者であるヘッブは，行動の機構は脳の中で起こる神経細胞のシナプス結合によると考えた。数多くの動物を用いた生理心理学的実験を通して，行動の学習や記憶の形成がシナプスの連合強度と可塑性（シナプス伝達の効率が変化して促通性が高まること）に基づくことを明らかにしたところから，「ヘッブの法則」ともいわれる。この生理学的視点は新たな心理学研究をガイドするものとして評価され，今日でも広く利用されている。

　main reference
　　Hebb, D. O.　1949　*The organization of behavior ; a neurophysiological theory.* Wiley.（白井　常訳）1957　行動の機構　岩波書店

　keywords of keyword
　　初期経験☞，可塑性

（金光義弘）

ヘルシンキ宣言（declaration of Helsinki）と人体実験（human experimentation）[医]

　第二次大戦中にナチスドイツがおこなった残虐な人体実験を裁いた軍事裁判の一部は，いわゆる「ニュールンベルグ綱領」として有名であるが，この要旨は健康志願者を対象とし，自由意志による自発的同意の下での医学実験について定めたものである。これに対し，世界医師会総会で採択された1964年の「ヘルシンキ宣言」では，新しい医学技術を患者に対し適用する際の倫理的指針を示し，常に患者の福利を考慮すべきであるとした。ヘルシンキ宣言はその後何回か改訂修正を経て今日に至っているが，骨子は以下の如くである。すなわち，医学が進歩するためには新しい技術を患者に応用するための実験・研究が必要であることは言うまでもないが，その実施にあたっては目的，方法，予想される利益，可能性のある危険やそれに伴う苦痛などについて被験者に十分説明し，被験者の自由意志によるインフォームド・コンセント（freely-given informed consent）をとりつけることが必要である。本宣言では医学の進歩という利益よりも，被験者の安全と人権の保護が優先するという大原則が強調されており，独立の委員会による厳重な審査を義務づけている。

　keyword of keyword
　　インフォームド・コンセント☞

（佐野開三）

防衛機制 （defense mechanism）［心］

現実の情勢による不満や，内界の葛藤から生じる不安（超自我不安）を処理して，精神内界の安定を得ようとする無意識的な自我機能が防衛機制である。これをうまく用いれば，内的，外的適応に役立つ。一方，これを過度に用いると，防衛的で神経症的な偏った人格「性格の鎧」が形成され，態度は硬化し，現実に対して直面する力は脆弱になる。

防衛機制は大きく三つに分類される。一つは，抑圧 repression（受け入れられない感情や欲求が自分自身の中に存在することに，自ら気づかないようにすること）を中心とした神経症的防衛機制であり，これには，逃避，退行（実年齢よりも幼い段階の欲求や，幼い段階の解決方法が優勢になること。発達の早期の段階に戻ること），置き換え，補償，反動形成（超自我不安を喚起するような感情をより確実に抑圧するために，その感情と正反対の感情をもち，正反対の行動をすること），打ち消し，隔離，同一化（相手に自分を重ね合わせ，相手の属性を自分のものとすること），投射（投影ともいう。自分の中にある感情を抑圧するあまり，相手がその感情をもっていると思うこと），合理化，知性化，などがある。これらの多くは，幼少期の未熟な自我が，不安や不満を処理するために用いていたものの名残りとみなされている。

発達的により低い段階で用いられると考えられているのが，原始的防衛機制である。これは，分裂 splitting（自己または他者の中に，良い側面と悪い側面とが同時に存在することを認められず，どちらか一方の側面を切り離して，完全に良い，あるいは完全に悪いものとして空想すること）を中核とした，投影性同一視（自分のものとして認めきれない感情を，他者のものと思い込んで働きかけ，結局のところ，他者という鏡を借りて，自分の切り離した感情を満足させる機制をいう），否認，原始的理想化（対象（相手）をすべて良いものとみて，悪い部分を否認し排除するような心の構え）と価値下げ（対象（相手）をすべて悪いものとみて，良い部分はないものとして見下すような心の構え），躁的防衛（不安や抑うつ感や罪悪感を打ち消すために，依存対象への支配や軽蔑を強めることによって，自我を守ろうとする機制），などである。これらの防衛機制は，人格障害者の他者に対する感情的反応形式としてしばしばみられる。

もう一つが高次の防衛機制である。これは，欲求不満をもたらしうる複雑な現実状況を，より建設的に処理していく助けとなるので，成功的防衛機制とも呼ばれる。これには，昇華（性，攻撃などの衝動を，社会的に認められる形（芸術，スポーツ，職業など）で放出し，実現することをいう），抑制，ユーモアなどがある。その他にも，予期，自己観察，自己主張などといった心理的スキルは，精神的安定を助けながら，現実に的確に対処していくのに役に立つものであり，広い意味での成功的防衛機制に含めることができるであろう。

フロイト（S. Freud）後の自我心理学（フロイトの自我についての理論を主に継承した理論的立場を指す。自我の防衛機制について説明したアンナ・フロイト，自我の自律的機能について提唱したハルトマン，社会的見地からの自我発達を論じたエリクソン（E. H. Erikson）☞が，代表的な研究者である）においては，防衛機制を用いるということは，自我のいくつもの機能のうちの一つとして数えられるに過ぎない。しかしフロイトの理論においては，自我の存在理由であるともいえるほどに強調された自我機能である。

keywords of keyword
超自我不安，分裂，抑圧，退行，反動形成，同一化，投射，投影性同一視，原始的理想化，価値下げ，躁的防衛，昇華，心理的スキル，S. フロイト☞，自我心理学，E. H. エリクソン☞

（進藤貴子）

防御反応 （defensive response/reflex=DR）［生］

生存を脅かすような刺激は人や動物に恐怖を与え，その刺激に慣れることは少ない。高所恐怖症という症状をもった人は，そうした場面にさらされると身を固くし，すくむことが多い。防御反応は心的意味合いの濃い防衛反応（回避，逃避などの心的反応）と違って，より生理的反応であり，定位反応と対比される。定位反応が順応性の反応であるとすれば防御反応は逃避性，攻撃性のものであるといえる。実験的にもこの二つの反応のちがいは指摘されている。最も著しいのは，定位反応は頭部の血管拡張，四肢の血管の縮小をみるが，防御反応は逆に頭部の血管の縮小，四肢の血管の拡張を特徴とする点である。

keywords of keyword
防衛反応☞，定位反応☞

（三宅　進）

訪問教育 ［教］

心身の障害が重度または重複しているために，

通学して教育を受けることが困難な児童生徒に対して，教員が家庭や児童福祉施設，医療機関などを訪問し，そこで教育がおこなわれる教育形態をいう。昭和43年に北九州市で開始されたのが最初で，その後各地に広まったが，制度的には，昭和54年度から盲・ろう・養護学校の教育の一形態として導入された。ただ，実状としては，訪問教育が必要になるのは，障害の実態からみて養護学校教育の対象となる知的障害児（知的発達に遅れのある子ども），肢体不自由児，病弱児（病弱・身体虚弱児・慢性の疾患または身体機能の異常のために長期の医療が必要な子ども）である。

この教育措置は，法的には，教員を派遣しておこなう特別の教育課程について規定した学校教育法施行規則第73条12に基づいて実施している。昭和54年に養護学校が義務制の学校になり，それまでは就学が猶予あるいは免除されていた重い障害児も，義務教育が受けられるようにする必要から講じられたものである。訪問教育は，義務教育年齢の養護学校小学部，中学部の児童生徒を対象としている。学習者の心身の負担を考慮して，授業は週2日，各2時間程度に止めている。教育内容は，自立活動を中心にそれぞれに応じて柔軟に計画される。

平成12年度からは盲学校，ろう学校，養護学校の学習指導要領が変わり，義務教育ではないが，養護学校の高等部でも訪問教育がおこなわれることになった。養護学校の義務化が施行された頃は高等部の設置率は47.0％にすぎなかったが，平成8年には71.5％まで整備が進んで，高等部への進学者が増え，訪問教育へのニーズが高まったからである。高等部の場合は授業が多く，週3日，各2時間程度を標準にしている。

実際に指導を受ける時間が限られていること，教育環境や教材，教具，訪問教師の勤務形態など，訪問教育には，さらに検討，改善が求められるが，重度の障害児に広く教育の道を開いた点で大きな進展をもたらしたといえる。

国際的にも，アメリカでは1975年全障害児教育法，イギリスでは1981年教育法のもとで訪問教育がおこなわれていて，itinerant teaching（巡回教育）と呼称している。

main reference

文部省初等中等教育局特殊教育課（編） 1999 特殊教育120年の歩み 文部省

（伊澤秀而）

保護制止（protective inhibition）（超限制止）［生］

パヴロフ学説では，制止を二つの基本形として，外制止と内制止とに分けている。外制止は，生得的に備わったもので，無条件性制止とも呼ばれる。外制止には，単純制止と保護制止（超限制止）とがある。

単純制止は，動物や人の生活にごく普通に観察される。この制止は，外界の突然の刺激が進行中の行動を抑制する，という形で現われる。泣いている幼児に何か変わった物を見せると幼児が泣き止むというのは，無条件性制止のいい例である。ある研究者が，条件反射のデモンストレーションをパヴロフに見せようとしたが，不成功に終わった。失敗の原因は，パヴロフの存在がイヌに外制止をもたらしたことによる。目新しい刺激に対する定位反射は，条件反応を一時的に抑制する。このことの生物学的意義は，外制止が，急に現われる危険に対して防衛手段を講じる手立てとなるということである。

保護制止は，単純制止と同様，重要な生物学的意義をになっている。通常，刺激の強度が高まると，反応も強まる。しかしながら，この関係は，一定の限界をもっている。刺激強度がこの限界を越えると，反応は，減衰するかまったく生じなくなる。この原因は，超限制止である。超限制止が，過剰の物質消費から細胞を守るということから，保護制止とも呼ばれる。保護制止の極端な例は，強力な刺激にさらされると，生活体が強直（麻痺）状態におちいる，ということである。小鳥やカエルを突然手荒くつかみ素早く仰向けにすると，それらは不自然な姿勢でしばらく横たわったままでいる。ティンバーゲン（N. Tinbergen：1907-1988, オランダ, 比較行動学）は，動物のこうした行動をプロメテウス行動と呼んでいる。この状態は，大脳皮質の細胞を極度に消耗する状況によって引き起こされる。細胞を極度に消耗させる状況は，物理的刺激だけでなく，精神的動揺によっても容易に引き起こされる。保護制止によって大脳皮質の細胞は，過度の緊張，深刻な情動的衝動や精神的葛藤から器質的損傷を受けずに守られている。

keywords of keyword

外制止，内制止，単純制止，保護制止，I. P. パヴロフ ☞，超限制止，プロメテウス行動

（鴨野元一）

保護（超限）制止 （transmarginal/ultramaximal inhibition）［生］

大脳皮質の細胞は，きわめて敏感で，生活環境の中でさまざまな影響を受けやすい。この神経細胞を保護する機能として，パヴロフ（I. P. Pavlov）☞は保護制止を想定した。最も一般的な保護制止は，睡眠である。睡眠は，神経細胞の敏感さを回復するためのものである。

さらに，パヴロフは，過度の緊張，深刻な情動的衝動や精神的葛藤によって過度に緊張させられた神経細胞が，器質的損傷を被らないように，その部位が保護制止（刺激強度が細胞の許容限界を越えると皮質は制止相に変わる）によって守られる，と考えた。したがって，精神疾患は，神経細胞の器質的損傷を保護している結果生じた病的状態であるとみなされる。彼は，神経症や精神病を，症状の程度とかかわらず，局在的保護制止で説明している。

種々の実験神経症（実験的枠組みで形成された神経症）に関する知見をもとに，神経症と精神病は，大脳皮質と皮質下過程の慢性的障害とみなされた。したがって，患者の行動，思考，言語といった病気の症状に注目するよりも，症状の根底にあって症状を引き起こしている神経障害に関心がはらわれている。全般的もしくは局在的保護制止に起因する疾患にあっては，薬物投与による保護制止の補強が，治療目的とされている。誘導された深い長い睡眠による保護制止に基づく治療法は，睡眠療法と呼ばれる。

パヴロフは，精神分裂病（統合失調症）の症例，ヒステリーの症例や強迫神経症を局在的保護制止や相状態で説明している。

keywords of keyword

I. P. パヴロフ☞，実験神経症，大脳皮質☞，強迫神経症，保護（超限）制止，相状態

（鴨野元一）

母子相互作用 ［心］

母と子の関係は，古くから母子の絆などといわれ，子どもの精神発達における重大な側面として考えられてきた。とくに，子どもの人格への母親からの影響は，よく取り上げられてきたが，最近では，母親と子どもは互いに影響を与えあっていると考えるべきとしている。

フロイト（S. Freud）☞が創始し，臨床的な人間理解の礎を築いた精神分析理論の発展によって，子どもを直接観察した研究が盛んになされるようになり，母子関係についても論じられるようになった。初期の母子の考えでは，子どもを無力な存在ととらえ，母親からの一方的な影響を受ける存在として考えられていた。しかし，次第に子どもにも母親へ働きかけていく能力があることが指摘されるようになり，両方の側面からの研究がなされるようになっている。

たとえば，子どもが出すサインがわずかでも，母親の感受性が豊かであれば，子どもが望んでいる必要な関わりが可能になる。しかし，子どもにサインを出す力が弱く，さらに母親の感受性も弱いと，子どもと母親の望ましい関係の成立は難しくなり，時にその子どもはますます人との関わりをもたない自閉的な状態が続いてしまう。

したがって，子どもが適切な発達を遂げていくには，母親と子どもの個々の要因とともにその関係を正確に見極め，適切な関係が結べるように援助していくことが必要になるのである。

keywords of keyword

S. フロイト☞，精神分析理論☞

（武井祐子）

母性・女性性 （maternity, femininity）［心］

ともに「女性に生まれた＝備わっているもの」ではなく，男性にもこれらがみられる場合があることは，ここ最近の研究で報告されるようになっている。

従来，母性は「子どもを産んだ母親はみんなもっているもの（あるいは女性は生まれながらにもっているもの）」とされていた。そのため，とくに乳幼児期の子育てに際しては，母親が何事も犠牲にして全身全霊をかけて一生懸命になるべきという風潮があった。しかし，女性の高学歴化や少子化が進むにつれ，保育所など，女性が育児以外のことをしながらでも子育てをすることができるサポート体制が社会に次第にできはじめた。さらに，育児上の不安や悩みをうち明けることができる相談の場や，父親の育児参加を積極的に勧めるとともに，母親が子どもから離れて気分をリフレッシュできるような社会的資源，サポートシステムも充実してきており，母親が一人だけで育児を抱え込まなくてすむような体制ができ始めている。母性は社会全体で育てていくもの，そのために何が必要かという時代になりつつある。

こうした母性性に関する社会の視点に比べ，女性性は今まで「女性だが男性的な傾向がある」，「両性具有だ」などといわれることはあったが，母

性に比べるとそれほど大きな社会現象を引き起こすことは少なかった。これは，女性にだけある生理的現象（月経）で女性であることを自覚することができるということもあるだろう。

　最近，自分の生物学的な性に違和感を感じ，悩む，「性同一性障害」（生物学的には正常であり，性所属の認知も明確だが，別の性に所属していると確信している状態）の問題が，話題にあがるようになっている。自分が女性であることにかなり早期の段階から疑問をもつ人もいる。となると，女性性というのも生まれつきのものではなく，育んでいくもの，育てられていくものなのであろう。

keyword of keyword
性同一性障害

（武井祐子）

保存・認知発達　(conservation & cognitive development)

　5歳頃の子どもに同じ大きさの粘土の塊を2個与え，一方の塊を手で叩いてピザのような平板にすると，元の塊よりも量が増えたと判断する。しかし，7歳にもなると粘土の形が変わっただけで量に変わりはないことがわかるようになる。ピアジェ（J.Piaget）☞は，対象の形や状態を変えても物質の量や性質は不変であるという認識のことを「保存」と名づけ，大体7歳頃までに形成されることを明らかにした。ただし重さや体積の保存までが形成されるのはもっと後で，完全な保存が形成されるのは10歳も過ぎる頃といわれている。いずれにしても，ピアジェのいう保存概念の形成について大事なことは，外界の具体的変化と原理的対応が可能になる背景として，子どもの認知過程の「可逆性」（移動または交換した対象をもとに戻せば同じであるという推論）や「抽象性」（個々の具体的状況から離れて，事物や事態をその一般性においてとらえる操作）といった思考機能や言語機能の認知発達が密接に関連していることを示唆している点である。

keywords of keyword
J. ピアジェ☞，具体的操作，形式的操作，抽象性，認知過程の可逆性

（金光義弘）

没個性化　(deindividuation)　[社・心]

　普段はまじめなはずの学生が大きな教室でつまらない講義を聞いているとつい私語をしたり，高校時代は大学に入ったら勉強やクラブにがんばろうと思っていたのに周りをみると勉強に無気力の学生ばかりで自分も勉強しなくなってしまう。また，長いこと営業をしているとつい人に気ばかりつかうようになったり，経理をしていると細かなことまできっちりしないと気がすまなくなってしまう，といったことがある。

　このような心理過程は，自分で意識してそうなるのではなく知らず知らずのうちに性格や行動がそうなってしまっているという状態である。すなわち，ある役割や「らしさ」を演じているうちに内在化（自分の中に取り入れること）（internalization）が起こり，その役割や「らしさ」に対する他者からの期待がその人の行動基準（行動規範）になり，そのうちに行動や性格がそれらしくなってしまい本来の自分であるという感覚を失ってしまった心理的状態である。このような状態のことを，ジンバルドら（Zimbardo et al., 1977）は，没個性化（deindividuation）と呼んでいる。また，ディーナー（Diener, 1980）は，この没個性化について，匿名性（anonymity）および喚起（arousal：内的な活動によって起こる生体の一般的な興奮状態）さらに感覚過剰負荷（sensory overload：外的な感性刺激が強すぎること）により引き起こされた，自己覚醒（self-awareness：自分自身に注意を向けること）と自己規制（self-regulation）の欠如という状態と定義している。

　自分がその役割や周囲の人々の中に埋もれてしまう没個性化という状態は，自分そのものに対する気持ち（自己覚醒および自己意識：self-consciousness）が少なくなり本来の自律的な判断力や抑制力がなくなり，他者からの評価にも関心がなくなり社会規範による拘束力が弱まってしまうために，普段ならできない無責任な行動や衝動的で感情的な行動が起こりやすくなるのである。この没個性化は，多数の人々の中に埋没したりまた覆面したりして他の人に自分がどこの誰だかわからないような匿名性という状況が強い場合にとくに顕著に現われやすい，とされている。

main references

Diener, E. 1980 Deindividuation : The absence of self-awareness and self-regulation in group members. In P. B. Paulus (Ed.), *Psychology of Group Influencing*.

Zimbardo, P. G., Harney, C., Banks, W. C., & Jaffe, D. 1977 The psychology of imprisonment : Privation, power and pathogy. In J. C. Brigham & Wrightsman (Eds.), *Contemporary issues in social psychology*, 3rd. Ed. Belmont, California : Books / Cole.

keywords of keyword
他者志向型☞，内在化，P. G. ジンバルド，E. ディーナー，没個性化

(岩淵千明)

ボディ・ランゲージ［心・教］

コミュニケーションのうち，伝達されるメッセージが言語以外の記号や信号による場合をノンバーバル・コミュニケーション（non-verbal communication）といっている。人間での代表的なものは，「しぐさ」や「身振り」などの動作を用いる場合だが，これらは総称してボディ・ランゲージ（body language）と呼ばれる。身体言語ともいう。このうち，それ自体は伝達を意図していない自然動作がしぐさであり，伝達のための表現動作が身振り（ジェスチャー）であるが，周囲の目を意識したしぐさは伝達を考えた身振りともいえるから，両者は判然とは分けにくいところがある。一括して身振りと呼ぶことも多い。

ボディ・ランゲージは言語に代わるものとして，人々のコミュニケーションに広がりを与えている。感情の交流にも，異言語，異文化間の交流にも欠かすことができないし，身振り手振りを交えて話すことでもわかるように，ことばの働きを補足し，強化する。この重要性に注目して，新しい学問分野のノンバーバル・コミュニケーション学も開拓され，言語学，文化人類学，心理学，情報学などを含めて学際的な取り組みがおこなわれている。

ボディ・ランゲージには，手足の動き，顔の表情，微笑み，目の動き，うなずき，姿勢，接触動作などが含まれる。これらの動作が身振りとして伝達の記号的役割をになうが，とくに記号体系が整備されて準言語といえるものをサイン言語（sign language），そこまで体系的でない場合には身振り言語（gesture language）と呼んでいる。

サイン言語の典型的な例が手話や指文字である。手話は，手指の形を，ある位置で，ある動きをさせて意味を伝える手話単語を基本にしている。指文字は手指の形で五十音やアルファベットを表す表音記号である。手話の中心は手話単語だが，指文字も補助的に使われる。手話単語の単純語は数千語あって，それをもとに作られた合成語は数万語に及んでいる。手話は世界各国で違うが，聞こえない人たちの中から自然発生的に生まれた伝統的な手話と，聾教育で学習用に人工的に作った手話がある。伝統的な手話は音声言語とはまったく異質の体系のもので，普通はこれに音声言語の口語を併用している。教育用に考案された人工的手話は，音声言語の統語構造（文法構造）が正確に伝わるように音声を手指に置き換えた手話である。教育現場では用いるが，実生活では，使用していない。

main references

［特集］ボディ・ランゲージの世界　『言語』1992年1月号　大修館書店

［特集］手話の世界―言語として出逢うとき　『言語』1998年4月号　大修館書店

von Raffler-Engel, W. (Ed.) 1980 *Aspects of Nonverbal Communication*. Swets and Zeitlinger, B.V. (本名信行・井出祥子・谷林真理子訳　1981　ノンバーバル・コミュニケーション　大修館書店)

keywords of keyword
サイン言語，身振り言語，統語構造

(伊澤秀而)

ポリグラフ（polygraph）［生・心］

語源的にはポリは，ギリシャ語で多くの，多岐の，ということであり，ポリグラフは多くの生理的反応をグラフとして描写し得るものということである。最近は著しい電気技術の進歩により微細な電気活動をとらえることができるようになった。動物の動きの主たる神経活動は電気活動であり，行動学的研究領域に従事する研究者はポリグラフに頼ることが多い。脳波，心電図，心拍，筋電図，眼瞼反射，呼吸，皮膚電気活動など中枢系，自律系のさまざまな反応を体内に侵入することなしに末梢系反応，反射として同時にとらえ記録し得るポリグラフはうってつけの機器なのである。もちろん研究だけではなく臨床医学としても診断などへの適応は幅広い。また，アメリカ，日本などの司法界では虚偽発見の機器として使用されることがある。

main references

宮田　洋（監修）1998　新生理心理学1：生理心理学の基礎／1997　新生理心理学2：生理心理学の応用分野／1998　新生理心理学3：新しい生理心理学の展望　北大路書店

平　伸二他（編）ウソ発見：犯人と記憶のかけらを探って　北大路書房

Kleiner他　*Handbook of Polygraph Testing*. Academic Press.

三宅　進　1989　ウソ発見：研究室からの犯罪捜査へ　中央公論社

keywords of keyword

中枢系,自律系,脳波,心電図,心拍,筋電図☞,眼瞼反射,皮膚電気活動☞,虚偽発見(ウソ発見)

(三宅 進)

本質主義 (essentialism) [哲]

個体間の差異ではなくその間に共通する普遍的なものに着目する立場。太郎が次郎に向かって「僕も君と同じ人間じゃないか」と言い,次郎が「いや,君と僕は違う人間だ」と言うケースを考えてみよう。太郎がいっているのは質的同一性であり,これは人間が人間であるかぎりの本質であってすべての人間に共通する。これに対して次郎がいっているのは実体的同一性が違うということである。一個の人間(個人)は一人一人皆違う。人間という共通の性質(本質)に着目することは,すべての人間を同じ目でみることであり,個人の独自性(実存)に着目すれば,一人一人を違った目でみることになる。

keyword of keyword

実存主義☞

(林 明弘)

マタニティブルー ［心］

産後3日から4日で発症し，一過性で，軽いうつ症状を主症状とする。

ホルモンバランスの崩れによるものとされるが，出産後すべての人に起こるわけではないことから，その人の性格特性，おかれている環境状況などの影響は無視できないであろう。

発生頻度は低くないことから，状態が悪化しないようにするだけでなく，できるだけ症状を予防するようなケアについて考え，対応していく必要がある。

赤ちゃんが生まれると，周囲は"無事に生まれた"という祝福ムードになっている。そのため，母親自身が自分でコントロールできないほど気分が沈んでしまう状態になっていても，それをまったく無視してしまったような対応に周囲はなりやすい。そのことは時に気分が落ち込んでいる母親をいっそう追い込むことがある。母親は多かれ少なかれ，産後で疲れ切った身体とホルモンバランスの崩れという生理的な要因からくる避けられない気分の落ち込みと，これから迎える育児の大変さなどの精神的負担を感じているのである。周囲のなにげない，また心ない一言で追い込まれることもありうる。さらにそれが，のちの深刻な育児ノイローゼにつながっていくことも否定できない。

母乳を推進したり，母子同室を勧める赤ちゃんに優しい病院が増えているが，同時にお母さんに優しい病院も増えてもいいように思われる。個人の病院が「家庭で出産するような雰囲気でリラックスを」と力を入れ，人気が高いのも，一生に数回のことだから贅沢したいというだけでなく，私もいたわられたい，なぐさめられたいという母の心の現われが反映されているからであろう。赤ちゃんにとっていいことが，すべての親にとっていいとはかぎらないのである。

main reference

郷久鉞二（編）1989 マタニティーブルー 同朋舎

（武井祐子）

末梢神経系 （peripheral nervous system）［生］

脊髄，脳を含む中枢神経系が新幹線とするならば，末梢神経は新幹線の各駅から出ている在来支線のようなものである。末梢神経は外界の情報を中枢に送りこむ求心性の神経線維と中枢からの命令を伝える遠心性の神経線維とがある。神経線維を伝わる情報，命令は電気的インパルスとなって上行，下行する。末梢神経で臨床心理学などに最も関係が深いのは，情緒，感情などの動きを伝える自律神経系である。

keywords of keyword

自律神経系☞，インパルス

（三宅　進）

慢性疲労症候群 （chronic fatigue syndrome）［精］

一般人の間で勝手に症状名が一人歩きをすることがあるが，これもその好例であろう。医学的には「それまでおこなってきた職業や日常生活が困難になるほどの強い慢性の全身倦怠，疲労感」を主訴とする症候群で，1980年代後半からアメリカを中心に注目されはじめ，わが国では1990年代前半から報告されるようになった。その特徴は6ヵ月以上続く強い疲労感，微熱，咽頭痛，リンパ節腫大などで，原因となるような身体疾患や精神疾患が認められないことである。原因はいまだ不明である。患者は20〜50歳代に多く，男性より女性に多いといわれている。この症候群はマスコミを通じて専門家以外にも広く知られているために，自分から慢性疲労症候群であると自己診断して受診する患者のうち約60％がうつ病，約20％が神経症であったという報告もあるほどで，まだ確立された症候群とは言い難い。

（横山茂生）

マンド／タクト （mand/tact）［心］

道具的条件づけ（instrumental conditioning）の創始者，スキナー（B. F. Skinner）☞は人間の話しことばは，基本的には，道具的条件づけと同じ過程によって，獲得されるとした。マンドとは要求語というべきもので，話し手（たとえば，子どもが何か（ミッキーの人形）をとってほしい時に発することば（ミッキー）で，聞き手（親）によってそのものが与えられると，これが強化（reinforcement）として働いて学習されるのである。なお，マンドは demand からの造語である。次に，タクトとは命名語というべきもので，話し手がある対象物（ミッキーの人形）の名前（ミッキー）を言うと，聞き手がそれに，うなずいたり，微笑んだりすることが強化☞として働いて学習されるのである。タクトは contact からの造語である。この他，話し手（親）が発することば（ミッキー）を聞き手（子ども）がそれを真似る（ミッキーと言う）のを，反響語（echoic）といい（この場合，聞き手のうなずきや微笑みなどが強化），スキナーは言語行動の中に含めている。

keywords of keyword
道具的条件づけ☞，B. F. スキナー☞，強化☞

〔賀集　寛〕

未熟児出産　［心］

　未熟児とは一般的に「2500グラム以下の新生児」ととらえられているようだが，正確には「子宮外での生活に適応できるほど十分に成熟していない新生児」を指す。2500グラム以下の新生児は低出生体重児という。医療技術が進歩してきた現在にあっても，他の医療分野に比べて新生児の死亡率は比較的高い。その一方で，新生児医療も日進月歩であり，従来なら助からなかった命の生存率は上がってきている。以前は1500グラム以下でも生存が難しかったのが，最近では500グラム以下の新生児を助けることもできるようになっている。

　保育器に入った小さな身体，たくさんのチューブにつながった姿はショックを与える。このような，いわゆる未熟児と呼ばれる赤ちゃんを産んだ母親の気持ちは複雑である。小さく産んでしまったことへの罪悪感を感じ，苦しむ。そして，通常の出産，成長をする子どもと自分の子どもを比較し，母親としての実感を喪失させる。最近は，この点での問題点を改善していくために，また母親自身への心のケアのためにも，積極的に母親と子どもを触れさせる，いわゆるカンガルーケアーと呼ばれる試みがおこなわれているらしい。

　出産後の母親はマタニティブルーになりやすい。まして，生まれた直後からリスクを背負った子どもを育てていく母親の不安や悩みははかり知れない。新生児を助ける医療的技術の進歩だけでなく，その赤ちゃんを育てていく母親に対してのケアもさらに進歩して欲しい。

keyword of keyword
　マタニティブルー☞

（武井祐子）

無意識（unconscious）［心］

　この概念は，治療を通して心を考える精神分析学における仮定的概念であり，その存在は，行動主義者の意識の概念と対立する大きな論点となっている。ここでは無意識の存在を仮定する立場（主に，精神分析論者）に立って説明する。

　自らが認識できる意思や感情などの意識過程以外に，自身では認識不可能な心の動きすなわち無意識過程があることは，19世紀後半には既に，シャルコー（J. M. Charcot：1825-1893，フランス）やベルネーム（H. Bernheim：1840-1919，フランス）といった精神科医らが女性ヒステリーの治療を通して気づくようになっていた。その後，人間の行動や観念に対して，無意識が意識と同等かあるいはそれ以上の影響力をもつことを，体系的に論じたのはフロイト（S. Freud）☞である。

　われわれは，思わず犯してしまっている失錯行為や，意図するわけではないのに何らかのストーリーが現われてくる夢や空想といった現象のうちに，無意識的な欲求の作用をみることができる。無意識は，自分の中にあるが，自身のコントロール（自我による統制）がほとんどきかない世界であり，自分の中の他者であるともいえる。

　無意識下に沈んでいるのは，乳幼児期の忘却された体験，あるいは最近の体験であっても閾値下で受けた刺激や，超自我不安（良心や内的な道徳律に反することを思考し行動するときに感じる，抵抗感や自責感）によって心理的に抑圧された心的内容などである。抑圧された不快な内容は意識から遠ざけられたとしても，その不快さに伴う情動エネルギーは高レベルのまま保たれており，それが放出（欲求の満足）先を求めて，転換症状（転換ヒステリーにおける身体症状）や失錯行為や不適応行動を引き起こすのである，とフロイトは論じた。

　無意識はときに闇にたとえられるが，その深さにはさまざまなレベルがある。現在意識にはのぼっていないが努力すれば思い出せるもの，すなわち最も浅い闇が，前意識である。フロイトのいう無意識は，もう一段階暗い闇である。この中身を再び明るみに出して意識に統合するのが精神分析の作業である。この無意識は，何らかの理由でいったん抑圧，否認，忘却された個人的な体験内容であって，これをユング（C. G. Jung）は「個人的無意識」と呼んでいる。ユングは，より深い闇として，人間の系統発生を反映する普遍的無意識あるいは集合的無意識の領域があると述べている。その内容は，太古的イメージ（古代から受け継がれてきたさまざまな人物像や象徴的事物を指し，歴史的遺跡や神話や伝説の中のモチーフとして残っている。なお，元型すなわちarchetypeとは"太古的な型"のことであり，ここでは「太古的イメージ」と「元型的イメージ」とはほぼ同義である）や元型的イメージ（人間の心の働きを決定する本能的な方向性すなわち元型によってもたらされたイメージであり，太母，アニマ，アニムスなどさまざまなものがある）を通じて私達の意識に到達するという。

keywords of keyword

精神分析学☞，意識，S. フロイト☞，自我☞，閾値☞，転換症状，C. G. ユング☞，系統発生，J. M. シャルコー，H. ベルネーム，ヒステリー☞，太古的イメージ，元型的イメージ

（進藤貴子）

夢中遊行（夢遊症）（sleepwalking: somnambulism）［医精］

　眠っていた人が急に起き上がり，目は開いているが表情はうつろでぼんやりとしている。そのままベッドや床から離れて部屋や家の中を歩き回り，再びベッドや床に就くことがある。翌朝，本人はその行動を覚えていない。このような異常行動を，夢中遊行あるいは夢遊症という。アメリカの睡眠障害センター（Association of Sleep and Arousal Disorders）の分類（1979）に従うと，夢中遊行は「睡眠・睡眠段階あるいは部分的覚醒（眠っている間に，脳波が速くなったり，筋活動が高まるなど，一過性に目覚めに近い状態になること）に伴う機能障害（睡眠時異常行動）（Dysfunctions Associated with Sleep, Sleep Stages, or Partial Arousals (Parasomnias)）」の一つである。

　この行動は，脳波が大きくゆっくりとしているδ波が出現している段階3と段階4（徐波睡眠☞）で始まることが多い。また，歩行している間の脳波も，徐波が観察され，行動的には覚醒しているが脳波では眠っているという，両者が一致しない状態が観察できる。これは，脳が十分に覚醒できないことが原因ではないかと考えられている。

main reference

Association of Sleep Disorders Centers and Association for the Psychophysiological Study of Sleep　1979　Diagnostic Classification of Sleep and Arousal Disorders. *Sleep*, **2**, 1-137.

keywords of keyword
徐波睡眠☞，部分的覚醒，δ波

(保野孝弘)

メタ認知 (metacognition) [心]

試験勉強で自分は数学が苦手なので入念にしよう，暗記物は得意だからあまり時間をかけなくてよい，この英語はワンセンテンスが長いので，文法的つながりの見極めが肝心，といった経験をよくする。これらは自分の能力や題材の特質を知っており，それに対処する行動をとっている事例である。このように，認知や情報処理についての知識と，それに従って，自己の行動をモニターしたり，コントロールしたりすべきことを自覚していることをメタ認知という。メタ認知の研究は記憶の領域において盛んである。記憶についての上のような知識とその自覚をメタ記憶 (metamemory) という。たとえば，5項目憶えるより，10項目憶える方が難しいとか，具体的な単語より，抽象的な単語の方が憶えにくい，といったようなことである。また，小さい子どもはメタ記憶が未発達であるが，このことは，たとえば，幼児に10個の単語を一度聞いただけで憶えられるかと質問すると，これを肯定したり，また，記憶するためのリハーサルを，促されればおこなうが，自発的にはおこなわないといった実験例によって裏づけられている。

(賀集　寛)

メランコリー親和型性格 [精・心]

テレンバッハ (H. Tellenbach: ドイツ，精神医学) (1961) が提唱したうつ病になりやすい病前性格。わが国の下田光造 (精神医学) (1941) が執着性格と記述したものとほぼ類似している。下田は仕事熱心，凝り性，徹底性，正直など「几帳面さ」と「熱中性」を強調し，テレンバッハは「秩序正しさ」「他人に心から尽くそうとする」「他者との共生」という傾向を述べている。

main references

下田光造　1941　躁うつ病の病前性格について　精神経誌, **45**, 101-135.

Tellenbach, H.　1983　*Melancholie 4th Aublage*. Springer-Verlay, Berlin.

(渡辺昌祐)

盲検法と二重盲検法 (blind test and double blind method) [統]

偽薬効果や実験者効果などの剰余変数の関与を排除するためには，薬を投与する側もされる側も薬の内容を知らない必要がある。この検査法を盲検法（ブラインド・テスト）という。さらに，確実を期すためには，薬の効果を調べる者も検査内容を知らない第三者が当たらなければならない。この検査法を二重盲検法という。心理学の研究においても同じで，研究目的や仮説などを知らない者が参加しなければ，反応や結果の分析が特定の方向に歪む危険性があり，盲検法や二重盲検法の手続きが採られる。

keywords of keyword
偽薬効果☞, 実験者効果, 剰余変数

（金光義弘）

妄想 (delusion) [精・心]

誤った思考内容あるいは判断で，根拠が薄弱なのに強く確信し，論理的に説得しても訂正不能なものをいう。

心理学的に，なぜそのような考えが起こされたのか，了解不能なものを一次妄想という。患者の異常体験や感情変調などから妄想の発生が心理的に了解不能なものを二次妄想（ヤスパース K. Jaspers : 1883-1996, ドイツ, 精神医学）という。

keyword of keyword
K. ヤスパース

（渡辺昌祐）

燃えつき症候群 (burnout syndrome) [心・精]

バーンアウト（burnout）とは，エネルギー，力などが過度に消費されてすり減ってしまうという意味の日常用語である。フリューデンバーガー（H. J. Freudenberger : アメリカ, 精神分析医）(1974) によって，社会復帰に従事しているソーシャルワーカーらにみられる特有の心身の消耗状態に対して burnout と名づけられた。自分では最善と確信してきた方法で打ち込んできた仕事や生き方などが，まったく期待はずれに終わることによって引き起こされる疲弊ないし欲求不満の状態である。その症状は，不安，焦燥，悲哀，自己不全感，無力感，頭痛，不眠などで，燃えつき症候群に特有な症状があるわけではなく，うつ病ないしうつ状態☞にきわめて類似している。ソーシャルワーカーの他に医師，看護婦など対人保健・福祉サービス関連の専門職に従事している人に出現しやすいとされている。

main reference
土居健郎（監） 1988 燃えつき症候群―医師・看護婦・教師のメンタルヘルス― 金剛出版

keywords of keyword
H.J. フリューデンバーガー, うつ状態☞

（横山茂生）

目撃証言 (eyewitness testimony)

交通事故等の事件の目撃者の証言の信憑性がよく問題になる。この問題を考える時，種々の要因を考慮しなければならないが，記憶の構成・統合的特質も見逃せないものの一つである。構成・統合的というのは，見たり，聞いたりした記憶材料を思い出す際に，その材料に関して個人のもつ知識の枠組み（スキーマという）によって影響されるということである。たとえば，ある実験で，二群の被験者に車の衝突場面に関する同じ映画を見せた後，一方の群には「車が衝突したときガラスがわれるのを見ましたか」，もう一方の群には「車がぶつかったときガラスがわれるのを見ましたか」という質問をした。その結果，「はい」の答は，前者は後者よりも約2.3倍多かった（実際は，ガラスはわれていなかった）。このちがいは，事件の情報（映画）と，事件についての質問に用いられた用語に対する被験者の知識とが統合した結果であると考えられる。つまり，ぶつかったよりも衝突したの方が事故は大きいという一般的知識による推論が働いた結果である。この結果は目撃証言者に対する尋問の仕方に，（たとえば，誘導尋問とならないように）慎重を期する必要のあることを教えているといえる。

（賀集 寛）

森田療法 (morita therapy) [精]

わが国で開発された精神療法のうちとくに著名なものであり，森田正馬（1871-1938, 高知県出身, 精神科医）が1920年頃に創始した神経症に対する心理療法である。森田自身が学生時代に神経衰弱症状に悩み，それを克服した体験をもとに神経症☞症状（気分，不安）は「あるがまま」にして，目的本位の行動をする生活態度を体得させることを目的とする。原法は入院治療で絶対臥床，作業および日記指導を特徴とするが，最近は外来治療でも「あるがまま」の心の姿勢と目的本位の生活態度を指導する森田療法的アプローチや，一般市民のメンタルヘルスの維持向上のための教育啓発的な用いられ方もなされている。

main reference

森田正馬 1995 強迫観念と神経衰弱の根治法（新版） 白揚社

keyword of keyword

神経症☞

(横山茂生)

モンテッソーリ (Montessori, Maria 1870-1952) [教]

イタリアに生まれ，幼児，知的障害児の教育法の提唱者として名高い。彼女の教育法は「モンテッソーリ法」の名で知られているが，感覚と協応運動の訓練を通して知的な発達を導く方法を築いたことで，幼児教育界に大きな影響を与えた。

モンテッソーリは，ローマ大学で医学を学んだ。その後は，知的障害児の研究と医療にたずさわっていたが，その折りに，イタール (J. M. G. Itard) ☞やセガン (E. O. Seguin) ☞の影響を受けて障害児の教育に関心が向かい，再びローマ大学で実験心理学，教育学も修めた（イタール，セガンについては別項を参照）。1907年，ローマ優良建築協会が貧民街改良の対策事業に取り組むことになり，この事業で3歳から7歳の幼児のための教育施設「子供の家 (Casa di Bambini)」が創設され，モンテッソーリはその責任者に抜擢された。ここで独自の教育法を編み出したことが，一躍，全世界の注目を集めたのであるが，これがモッテッソーリ法である。

この方法は，幼児期が感覚運動（感覚を通して外界の情報を調べ適切な運動反応をおこして対処する活動。感覚運動協応 sensori-motor coordinationともいう）の敏感期であることに目を向けて，子どもの感覚運動を誘発する環境と300種を越えるさまざまな教具を用意して，感覚運動機能を促進させながら，これをもとに知力，思考力を高めていく計画に立っている。この教具は，以来，「モンテッソーリ教具」として教育界に普及している。「円柱さし」「ピンクの塔」「色彩板」などの視知覚教具，「音感ベル」「音響筒」などの聴覚教具，「幾何学立体」などの触覚教具から，感覚素材を使った文字，数の学習用までにわたる。

モンテッソーリ法は幼児教育を目的としたが，知的障害がある幼児の治療教育法としての期待もあった。その実績も高く評価されている。わが国でも，1976年にこのための通園施設（うめだ「あけぼの学園」，東京都足立区）が開設され，この分野の開拓に貢献している。

main references

白川蓉子 1986 モンテッソーリ・メソッド入門 明治図書

Hellbrugge, T. 1977 *Unser Montessori Modell*. Kindler Verlag GmbH.（西本順次郎・福嶋正和・三谷嘉明・春美静子訳 1977 モンテッソーリ治療教育法 明治図書）

keywords of keyword

J. M. G. イタール☞, E. O. セガン☞, 感覚運動

(伊澤秀而)

や

夜驚症 (sleep terror) [精]

眠っていると，急に激しい叫び声や泣き声をあげて身体を起こしふとんに座る，表情はおびえており，興奮している。汗をかいていたり，呼吸が速くなったりなど，自律神経系が興奮状態にある。このような異常行動を夜驚症と呼ぶ。これは，夢中遊行（睡眠中に急に起き上がり，ベッドの床から離れて部屋や家の中を歩き回り，再びもとの場所に戻る睡眠異常行動）と同じように，深い眠りである徐波睡眠から起こる。小児期に始まり，思春期までには起こらなくなる。女子よりも男の子の方が発症しやすい。この行動の背景には，発達や成熟の遅れや，遺伝的な要素も関与していると考えられている。成人になってもこの行動がみられる場合には，何らかの心理的な問題が背景にあることが予想される。日中に怒りや攻撃の感情が抑圧されていることから，それらが夜驚症の発生と関連していると考えられている。

keywords of keyword
自律神経系☞，夢中遊行☞，徐波睡眠☞

（保野孝弘）

薬物依存 (drug dependence) [精・薬]

精神安定剤（抗不安薬とも呼ばれ，不安緊張を緩和する作用をもつ薬剤）や鎮痛剤などの薬物が両刃の働きをもつことはよく知られていることである。薬物の依存作用とは嗜癖（ある種の薬物を習慣的に使用しやめようと思ってもやめられない状態），中毒傾向に誘い込む働きをいう。すなわち精神機能に影響する薬物を摂取したために得られた精神的身体的体験を繰り返し得ようとして，あるいはその薬物をとらなかった時の不快さから逃れようとして，薬物を絶えず欲しがる状態をいう。このような薬物依存を起こす薬物のほとんどすべては，多少なりともその薬物がなくては我慢できないほど欲しくなる精神依存（psychic dependence）を引き起こす。この状態からさらに薬物摂取を続けると，やがてその薬物をやめると身体的障害が生じてくる。この状態を身体依存（physical dependence）という。このような状態になってから無理に薬物摂取を中断すると離脱症状群（withdrawal symptom：手のふるえ，発汗，嘔気，不快感など），禁断症状（abstinence symptom）が生じるようになる。薬物依存が成立するには，依存性作用のある薬物の存在（不快感を取り，多幸的となるような耽溺性のある薬物；麻薬，覚醒剤，アルコール，鎮静・催眠剤など），性格的問題（依存的，非社会的，情緒不安定（些細な動機で怒り，激情が起こり攻撃行動を示す），意志薄弱など）および環境（家庭内不和，薬物を手に入れやすい立場など）の三者の相互作用がある。

わが国の薬物依存の推移をみると，第二次大戦後の1940年代後半は覚醒剤，1960年代初期はハイミナールなどの催眠剤，1960年代中期はナロンなどの鎮痛剤，1960年代後半からはシンナーなどの有機溶剤が流行し，高度経済成長とともにアルコール依存が問題となっている。また1970年代以後は覚醒剤の乱用が増加している。

keywords of keyword
身体依存，精神安定剤，嗜癖，精神依存，離脱症状群，情緒不安定

（横山茂生）

野生児 (wild child, feral child) [教心]

捨てられたり，迷子になって，発達の早期から人間社会とは隔絶された環境で成長した子どもの例がある。ごく稀なケースであるが，野生児と呼ばれ，古くからそういう報告がおこなわれている。イタール（J.M.G. Itard）☞によるフランスの「アヴェロンの野生児」，ゲゼル（A. L. Gesell. 1880-1961, アメリカ，心理学）が報告したインドの「狼に育てられた子」はその代表的なものである。

「アヴェロンの野生児」については別に触れるので詳細は省くが（別項イタールを参照），1800年に発見された少年で，イタールの報告は彼への教育の記録である。「狼に育てられた子」は，インドのベンガルの洞穴で狼とともに暮らしていた二人の少女カマラとアマラである。1920年に，カマラが推定8歳，アマラが1歳6ヵ月の時，J.A.L.シング牧師が出会い，その後はシング師が院長であったミドナプル孤児院で過ごした。アマラは1年後に没したが，カマラについては17歳までの9年間の克明な記録が残されている。孤児院に入った時のカマラは，両手と膝ではい，四足で走る状態で，狼のほえ声はたてるが，人間の発音はできなかった。しかし，人と交わる生活が始まると，少しずつ人らしい行動や感情をみせ，9年後の17歳では簡単な会話もできるようになった。この年，病没したが，この時までに達した発達のレベルは3歳6ヵ月の程度であったという。

野生児の報告は，人の発達がすべて生得的に決まるのではなく，経験的な要因がいかに重要かを伝えている。「遺伝か環境か」の疑問に一つの答え

を提出したことになり，投げかけた意味は重大であった。

近年も，狭い一室で遮断されて育った少女ジーニーの例が，アメリカの言語学者カーチス（S. Curtiss）によって報告されている。父親が異常な性格で彼女を隔離したと伝えられているが，救出されたのは1970年11月，13歳7ヵ月の時であった。ほとんど着衣せず，歩行はできたが，話すことも，他人の話を理解することもできなかった。精神年齢は1歳5ヵ月であった。衰弱も激しく直ちに入院し，以後，社会復帰の集中的な指導がおこなわれた。カーチスの報告は，言語能力の回復に言語学から迫った記録であるが，4年間にほぼ年齢相当の言語水準まで達する優れた結果を収めている。ただ，文法規則の活用ができず，埋め込み文を使う力は損なわれたままであった。この経過は，指導の成果とは別に，言語の生得，習得をめぐる現代言語学の仮説に検証の糸口を与える意味でも注目を集めた。

main references
Gesell, A. L. 1941 *Wolf Child and Human Child*. Harper.（生月雅子訳 1967 狼に育てられた子 家政教育社）

亀井 尚 1979 ジーニー 現代版狼少女の言語学的分析 言語 7月号

keywords of keyword
アヴェロンの野生児，A. L. ゲゼル，J. M. G. イタール☞，J. A. L. シング牧師，S. カーチス

(伊澤秀而)

遊戯療法（play therapy）［心・精］
　おもちゃや遊びを媒介手段として，子どもに対しておこなわれる心理療法。成人の心理療法は主に言語を媒介にしておこなわれる。しかし，子どもの場合，その言語の未発達さから，言語によって内的体験を表現することができない。そこでことばの代わりに遊具や遊びを媒介にして，治療的関係を成立させようとする。
　アンナ・フロイト（A. Freud : 1895-1982, イギリス，精神医学・心理学）は1926年に児童分析入門を発表し，従来の精神分析の理論を，自由連想の代わりに自由遊びを用いて，子どもに適用できることを説いた。クライン（M. Klein）は遊戯療法における児童分析的立場を明らかにしている。
　アクスライン（V. M. Axline）に代表される非指示派（ロジャーズの来談者中心療法をアクスラインが遊戯療法に適用したがドルフマン（E. Dorfman）ムスターカス（C. E. Moustakas）などが代表者となっている）の人々によって，大きく発展してきたが，種々の治療理論をもつ治療法をみるようになった。
　児童分析理論を子どもにあてはめようとしすぎることを批判して，ローエンフェルト（M. Lowenfeld : 1890-1973, イギリス，心理学）は，世界技法（ウェールズの床ゲームにヒントを得て，床で遊んでいるのを，限られた空間である箱の中に凝縮させた。玩具の入った箱が柵に用意されており，箱の中で遊ぶように求めたもので現在の箱庭療法の原型となっている）（world technique）を1939年に発表しているが，これが今日の箱庭（sand play）となっている。
　そのほかに行動療法☞的立場に立った，ことばの習得，日常的な生活技術の形成，不適応行動の修正なども子どもに適用される。
　治療の経過や過程については，それぞれの治療者の依って立つ治療理論に従って異なってくることは当然であり，どの療法がより効果的であるかは，患者の年齢，症状，状態などによって異なる。
　遊戯療法は，主として精神年齢が2～3歳から12歳までの心因性の行動問題を示す子どもに適用する。治療者は対象となる子どもに適切な遊び，遊具を選択し，医師が薬を処方するごとく，遊び刺激を考慮し処方する役割をもっている。
　keywords of keyword
　心理療法☞, A. フロイト, 精神分析, 自由連想, 非指示派, 世界技法, V. M. アクスライン☞, M. ローエンフェルト, 行動技法☞, 箱庭療法☞

（島田　修）

夢分析　［心］
　夢は，その実体験性，神秘性，創造性などの次元において，昼間の現実とは異なるもう一つの現実として，古来から関心が払われてきた。主観的な体験や，内的・自発的な変化に重きをおく心理療法の中でも，夢はしばしば取り上げられる。フロイト（Freud, 1900）☞は「夢は無意識に至る大道である」と述べて，夢を読み解いていくことにより，その人の抱いている無意識的な欲動を理解することが可能であるとした。
　フロイトは，われわれが目覚めた後の記憶に留めている夢（顕在夢）は，夢におけるもとの情動や観念（潜在夢）が，われわれの良心や罪悪感に抵触しないように偽装されたものであると考えた。この，いわば偽装工作を「夢の仕事」と呼び，これを還元して，顕在夢から潜在夢を導き出す作業を「夢分析」と呼ぶ。フロイトが見出した夢の仕事には，圧縮（複数の人物や場面が凝縮されて表される），移動（テーマの焦点がぼかされる），視覚化（抽象的な観念が具体的な事物やドラマとして表現される），および，第二次工作（夢を想起するときに，意識レベルでつじつまが合うように筋道立てられる）などがある。
　ユング（C. G. Jung）☞も夢分析を治療の一つの中核に据えている。ユングは，その人の意識的な心的態度の一面性を補償（バランスをとること）しているのが夢であるととらえた。また，夢は，将来に向けて現在の意識の態度が達成するであろう方向性を，無意識が感知したものであるともとらえていた。したがって，夢の内容を探ることによって，われわれは，意識のありよう，その偏りなどについての教訓を得ることができるのである。ユングは夢を還元的にのみとらえることに反対し，拡充法（夢の素材を神話や文化的な象徴といった集合的なイメージと結びつけていく連想の方法）によって，できるだけ広大な文脈の中で夢の内容を重層的に理解していくことを目的とした。
　心理療法の中で夢を取り上げる場合，これらの特別な技法を用いるほかにも，夢の経験を面接者も丁寧に追体験できるように語ってもらい，それを「面接の中で普段いろいろな話を聞いているように聞く」（東山紘久）という態度で，夢の場面の中で主人公がおかれている状況の構造をつかんでいく，という聞き方がある。

ジェンドリン（E. T. Gendlin：1926－オーストリア→アメリカ）（1986）は，フォーカシング（感情になる以前の，体で感じられた感覚（フェルトセンス）に注意を向け，その感覚の意味するものを，感覚と照合しながら探していく過程。感覚のもっていた意味が明確になり，気づきが得られるときには，体の開放感が伴うものである）による身体感覚を手引きとして，夢を見た人自身が自分の夢を主体的また体験的に理解することの重要性を述べている。

夢からのメッセージを理解することができたならば，それは自分の内から出てきたものであるだけに，本人には，外からの助言や注意とは比べものにならないほどの説得力が感じられるものである。

main reference
Freud, S. 1900 Traumdeutung.（高橋義孝訳 1968 夢判断 フロイト著作集2 人文書院）

keywords of keyword
S. フロイト☞，C. G. ユング☞，夢，無意識☞，拡充法，心理療法☞，追体験，E. T. ジェンドリン，フォーカシング

（進藤貴子）

夢見 (dreaming) [生心]

眠っている間に夢を見ることを夢見という。夢見はREM睡眠☞と深く関係している。眠っている人を，眼球がきょろきょろと動いているところ（急速眼球運動出現時）で起こして目覚める直前の状態を聞くと，眼球の動きがみられないところで起こした場合に比べ，鮮明な夢をより多く見ていたという。たとえば，ディメント（W. C. Dement：アメリカ，生理学）とクレイトマン（N. Kleitman，アメリカ，生理学）（1957）は，REM睡眠と他の睡眠で被験者を起こし夢を見ていたかどうかを聞いた。その結果，REM睡眠で起こした場合は，約80％が夢の中に映像が見える視覚的な夢を報告したが，REM睡眠以外の睡眠で起こした場合は約7％であった。REM睡眠の夢は視覚などの感覚的に鮮明な夢が多いが，NREM睡眠では「何か考え事をしていた」などの思考を伴う夢が多いといわれている。また，刺激が夢の内容に取り込まれ，夢の一部になる現象がある。たとえば，ディメントは，REM睡眠中に眠っている人の腕に水をたらし，夢の内容を聞くと，その人は雨に濡れた夢を見ていたという。さらに，近年では，夢を見ている最中に自分が夢を見ていることに気づくことができる場合があるといわれ，この時の夢を明晰夢（lucid dream）と呼んでいる。睡眠中に与えられる刺激と夢との関連については数多くの研究報告はあるが，いずれもはっきりした因果関係（ある原因とそれによって生じる結果との関係）を見出すまでには至っていない。また，夢は精神分析的立場で，個人の潜在的に抑圧された人格投影の様式として重要な意味をもつとされる。

main reference
Dement, W. C., & Kleitman, N. 1957 The relation of eye movements during sleep to dream activity : An objective method for the study of dreaming. *Journal of Experimental Psychology,* **53**, 339 - 346.

keywords of keyword
REM睡眠☞，W.C. ディメント，N. クレイトマン，因果関係，明晰夢

（保野孝弘）

ユング (Jung, Carl Gustav 1875 - 1961) [心]

分析心理学（analytical psychology）の創始者である。バーゼル大学医学部を卒業後，ブルクヘルツリ精神病院で統合失調症者の治療にたずさわり，言語連想検査を案出するうち，『夢判断』(1900) に始まるフロイト（S. Freud）☞の精神分析学説に傾倒してフロイトと親交を深めた。ユダヤ人であるフロイトに代わって国際精神分析学会（1910年設立）の初代会長となるなど，深層心理学の確立にともに努めた。フロイトとユングが出会って7年後，エディプスコンプレックスや性的外傷理論（神経症は，性愛的体験それも主に家族との近親相姦的な性愛的欲求の挫折による心的外傷によって生じる，とするフロイトの病因論）にこだわるフロイトと，集合的無意識（collective unconscious：ある集団あるいは人類全体に共有されている無意識を指す。「普遍的無意識」とも訳される）や神秘的現象をも語ろうとするユングの方向的差異が明確化し，1913年（フロイト57歳，ユング38歳）に両者が決定的に離反したことは有名な事件である。この離反の後，ユングは内的混乱とイメージ☞の噴出にさらされたが，この間も精神科医，家庭人としての日常生活を保つことによって心のバランスをとりつつ，何年もかかって，自らの危機的体験を統合へと導く内的な力（自己の元型）を自覚し，新しい理論体系を築き始めた。

精神分析を方法論的モデルの端緒としたユング独自の理論体系は，ユング自身によって「分析心

理学」と名づけられている。その特徴としては，まず，従来は自我が心の中心であり王座であるとみなされていたのに対し，ユングは自己selfという心の中心を想定したことがあげられる。ユングは，この自己が心の全体性の中心であり，意識的・社会的自我すなわちペルソナ（元型の一つで，人が社会と向き合うときに身につけている社会的自己同一性のこと）と無意識との両者の相補性によって，心のバランスが保たれているのだと説明した。またもう一つの特徴として，普遍的無意識の領域を想定したことがあげられる。身体の発育が系統発生の過程を内包しているのと同様に，人間の心にも系統発生（生物としてのその種の進化の過程）の過程が痕跡を残しており，本能（先天的に備わっている，その種に特有の行動様式）や無意識的身体感覚（意識的には知覚されることのない，身体内部の感覚）と境を接するような心の部分が存在しているのである，とユングは考えた。この部分が普遍的無意識であり，洋の東西を問わず共通した内容を含んでいる。普遍的無意識の内容に迫るために，ユングは近代西洋の科学，哲学に留まらず，東洋思想や，少数民族の世界観，さらには，中世以前の宗教書や神話なども興味をもって参照した。そして，人間には心の本能ともいうべき「元型(archetype)」があり，この働きによって，太母(great mother)，アニマ（anima），影（shadow），老賢者(old wise man)，ペルソナ（persona）などの元型的イメージが表れることを，見出していった。

いわば神経症者の心の鎖を解くことを主なテーマとしていたフロイトに対し，ユングは，より病理の重たい精神病者の示す一見奇矯な言動や観念の中に治療的な手がかりを求める，という臨床経験を多くもっていた。このような体験的基礎，および，個人的性向の相違が，フロイトとユングとの学説の差異を生じさせた要因の一つであったとされている。

main references
河合隼雄　1967　ユング心理学入門　培風社
C. G. ユング　（小川捷之訳）　1976　分析心理学　みすず書房
河合隼雄(編)　1998　ユング派の心理療法　日本評論社（こころの科学セレクション）

keywords of keyword
言語連想検査，S. フロイト☞，エディプス・コンプレックス，集合的無意識，イメージ☞，普遍的無意識，系統発生，本能，無意識☞，自我，自己，ペルソナ，元型イメージ

（進藤貴子）

ライフサイクル理論　[心]

エリクソン(E.H. Erikson：1856-1939, アメリカ, 精神分析学)☞の提唱する理論である。彼は, フロイト(S. Freud：1856-1939, オーストリア, 精神分析学)☞の生物学的なものを基盤とする発達論から独自の発達論, ライフサイクル論を発展させた。

彼は, 発達を, 生まれてから死ぬまで, 社会との関わりの中でとらえている。これは文化によってもそれほど大差はなく, ある程度共通していると考えられている。多少のプロセスのちがいはあっても, ライフサイクルとして共通の節目があるとし, 人格の発達を生まれてから死ぬまで, 一定の規則の中でとらえているのである。以下, その規則を心理社会的危機と呼ぶ八つのテーマとしてあげた。

① 基本的信頼　　　対　不信
② 自律性　　　　　対　恥・疑惑
③ 自主性　　　　　対　罪悪感
④ 勤勉性　　　　　対　劣等感
⑤ 自我同一性達成　対　自我同一性拡散
⑥ 親和性　　　　　対　独自性
⑦ 世代性　　　　　対　自己陶酔
⑧ 統合　　　　　　対　絶望

この中で臨床心理学でよく取り上げられるのは青年期, 思春期における自我同一性のテーマである。しかし, エリクソンはこのテーマを特別とするわけではなく, 人生のライフサイクルの八つの危機における一段階として位置づけている。

最近の児童期の荒れを考えると, 基本的信頼や自律性のテーマがうまくクリアーされていないのではないかと思われる。①の基本的信頼では, 自分の存在価値を肯定し, 自分の周りの世界への信頼感を問う。まさに人間としての基本的な問題と関わる危機への直面であり, 人の存在を問うかなり深刻な状況である。周囲が信じられないと, 社会に適応的に生きることが困難になるのは当然である。このことは不信感に満たされた精神病理の世界とも深く関わってくる。相手が信じられなければ, 安定した状態を保つことは難しい。

また, ②の自律性の時期は排泄のしつけと重なるとされている。自分のものである便を自分の意思でコントロールするという生物学的な基礎があって, 周囲からのしつけをどう自分の中に取り込んでいくかが問われる時期である。自分の力というものを感じ始め, 自分と他人の区別がつき始めている子どもは, 時にわざと逆らってみたりということもあるだろう。そのことに対する周囲からの対応によって得られる体験を通して, 自分の力というものへの信頼感をつくっていくのではないだろうか。

keywords of keyword

E.H.エリクソン☞, S.フロイト☞, 心理社会的危機

(武井祐子)

リエゾン精神医学 (liason psychiatry) [精]

リエゾンとは「連携」という意味である。医学の発達とともに現代では，急性感染症（病原体の感染によって急性に発症する病気，赤痢，コレラ，腸チフス）や栄養失調などは減少し，代わりに生活習慣病やストレス関連疾患が増加するとともに，それまでは救い得なかった難病や重症疾患も治療の対象となるようになった。それとともに医療も従来の医師対患者の1対1の個人的関係だけでは不十分なケースが増え，複数の医師やコメディカルスタッフ（看護師，検査技師，心理技術者，ケースワーカーなどの医師以外の医療技術者）や家族の協力が必要となるチーム医療の時代になっている。そのような現場では患者を取り巻くさまざまな人間関係が治療に大きく影響するようになる。そこで患者対スタッフおよび家族，スタッフ同士，家族対スタッフなどの関係を精神医学の立場から調整し，患者理解を深めて治療の促進を目指すものをリエゾン精神医学という。このような役割は今後，内科，外科，産婦人科，などのいわゆる総合病院と呼ばれた比較的中枢的な病院や医療センターではますます必要となることが予想され，また臨床心理技術者がその役割の一部を負担することも期待されている。

keywords of keyword

コメディカルスタッフ，急性感染症

(横山茂生)

力動精神医学 (psychodynamic psychiatry) [精・心]

人間の思考や行動あるいは精神症状の起源をその人の無意識過程における不安の防衛として理解し，治療しようとする精神医学的理論と治療体系で，フロイト（S.Freud）☞の創始した精神分析理論を基盤として発達した精神医学的立場である。精神分析を応用した心理療法を力動的心理療法と呼び，精神医学的実践に精神分析理論を応用する立場を力動精神医学と呼ぶこともある。いずれにしても，力動精神医学とは人間の思考，行動，精神症状などの精神現象を過去のその人間のさまざまな体験との因果関係（原因とその結果とのつながり）として理解しようとするものである。

この力動精神医学の対極をなすのが従来の伝統的な記述精神医学（descriptive psychiatry：患者の述べる自覚的精神症状を先入観や仮説を除外して正確に把握する立場の精神医学）である。これは精神症状や精神現象の特徴を克明に記録し，疾病を分類しようとする立場で，その前提に精神病は身体的基盤をもつという考え方がある。

keywords of keyword

S.フロイト☞，因果関係，精神分析的心理療法☞

(横山茂生)

離脱症候群 [精]

長期に連用していたある種の薬物を急激に中止すると，自律神経機能の変化などの激しい精神的・身体的症状が現われるものをいう。通常は依存性薬物（麻薬，睡眠薬など）の急峻な中断によって起こる禁断症候群（離脱症候群）と同義に用いられ，薬物への強い渇望を伴うが，近年は副腎皮質ホルモンの中断による副腎クリーゼ（慢性副腎皮質機能不全によって起こる。脱力，疲労感，食欲低下などの他，情動不安定，抑うつ，不安，苦悶，健忘症状などが起こる）や，抗パーキンソン薬中断による悪性症候群なども含んで広義に使われる。

keywords of keyword

副腎皮質ホルモン，副腎クリーゼ，悪性症候群☞

(渡辺昌祐)

リハーサル (rehearsal) [心]

私たちが何かを憶えようする時，何度も繰り返すことが必要である。記憶すべき項目を，口に出したり頭の中だけで反復することを，リハーサルという。リハーサル中の項目は心に留まっている（つまり，短期記憶に存在している）だけでなく，後にまで記憶（つまり，長期記憶に保存）されやすい。リハーサルにはこのように二つの機能があるが，リハーサルの仕方によって，長期記憶への効果にちがいがある。たとえば，223-8783という電話番号を憶えるのに，ただ，機械的に数字を繰り返すだけでは，長期記憶には残りにくい。このようなリハーサルを維持リハーサル（maintenance rehearsal）という。これに対して，この番号を「フジサンのハナヤサン」とゴロ合わせ式に連想したり，有意味化して反復すると，長期記憶にまで記憶されやすくなる。このようなリハーサルを精緻化リハーサル（elaborative rehearsal）という。なお，二種のリハーサルの効果の違いを，処理水準説（levels of processing theory：単語の形や発音のような知覚的特徴だけに注目して処理する仕方を，浅い水準の処理，単語の意味やこれから連想されるものに関係づける処理の仕方を，深い水準の処理といい，後者の方が記憶に残りやすい。したがって，電話番号の数字だけを繰り返す維持

リハーサルは，浅い処理，ゴロ合わせして有意味化する精緻化リハーサルは，深い処理にあたるといえる）に結びつけた説明が試みられている（維持リハーサルは浅い処理，精緻化リハーサルは深い処理）。

keywords of keyword

精緻化リハーサル，処理水準説☞，短期記憶，長期記憶，維持リハーサル

（賀集　寛）

リラクセーション（relaxation）[心]

　恐怖や不安は，交感神経系の優位な状態にある。ウォルピ（J. Wolpe：1915-1998，南アフリカ，心理学）の逆制止療法（不安および恐怖に拮抗する生理的反応を利用する手法）にみるように，恐怖や不安に結びついた刺激は，副交感神経系に結びかえる必要がある。副交感神経系の優位な状態にある弛緩反応（relaxation response）は，種々の技法によってもたらされる。技法としては，ジェイコブソン（E. Jacobson：1888-1983，アメリカ，心理学）の漸進的筋弛緩法（progressive relaxation：緊張の後の弛緩を利用する手法）やシュルツら（J. H. Schultz & W. Luthe：ドイツ，医学）の自律訓練法（1955）（AT：autogenic training），バイオ・フィードバック法（bio-feedback training），マクギーガン（F. J. Mcguigan：アメリカ，心理学）のリラクセーション法（1988）などがある。

　ここでは，脳性麻痺児のリハビリテーションのために開発された成瀬ら（1993）による動作法にふれる。

　従来のリハビリテーションが受動的なトレーニングを主体にしているのに対し，動作法は，障害者が自分の体は自分で動かそうと努力することの必要性を提唱している。成瀬は，「動かそうとする意図，その努力，その結果としての身体運動を，一連の心理・身体活動を〈動作〉と呼び，その過程を解明する科学分野を動作学」と称している。症状は，「体が動かないのではなく，体そのものは動くのに，主体者である自己が自分の体を思いどおりに動かせない」というふうに理解されている。動作法の体系化の発端は，催眠暗示によって，脳性麻痺児の手が動き，体が弛緩するという発見であるとされている。このことから，脳性麻痺の示す運動困難と強い筋緊張は，身体的・生理的なものでないと考えられる。したがって，当初，脳性麻痺児へのリラクセーションが図られたが，今日では，動作法によって，「動きを妨げる随伴筋緊張のリラクセーションよりも，意図した動きを実現するための積極的な努力のしかたを習得する方が得策である」とみなされている。その後，リラクセーション，単位動作，書字，発声・発語，立位・歩行などの訓練が実施されたが，現在では，タテ系動作訓練が基本とされている。

　タテの姿勢を保持することは，目の焦点や呼吸の安定化，表情やしぐさの確立，空間座標軸の拡大（三次元の世界），重力に抗する時間的要因（四次元の世界）に有効である。また，転ばないための集中と姿勢保持は，「弛めたり動かすことは，自体を手がかりに現実への能動的・積極的に働きかけるような努力がうまくできるので（フィードバックが明確になるので）現実への能動的働きかけと現実感覚が育つ」と考えられている。脳性麻痺児に大きな個人差が認められるため，療育過程では，発達原理よりも動作原理が重視されている。

　動作法は，まさに行動を通じて得られる達成感をもとにした心理療法といえる。したがって，成瀬は，「動きを通して動く手応えを実感し，自己活動の快感を体験し，自分の力を発見し，新しい動きへの挑戦に取り組む勇気を得，動作の成功に満足する，こうした一連の過程が意味をもつ」と述べている。

　タテ系動作訓練は，①座位，②膝立ち，③立位および④歩行の4種類の下位動作訓練からなっている。寝たきりの重度障害児が，下位訓練を順次こなすことによって，歩行にいたった事例もあるという。多動児・広汎性発達障害・神経症・統合失調症に対しても勢力的な実践が試みられている。

main references

成瀬悟策　1993　身体運動障害児の心理臨床　発達障害の心理臨床第Ⅶ章　金子書房

Mcguigan, F. J.（三谷恵一・森　昭胤訳）1988　リラックスの科学―毎日のストレスを効果的に解放する　講談社

keywords of keyword

J. ウォルピ，逆制止療法，E. ジェイコブソン，F. J. マクギーガン，成瀬悟策，催眠暗示，タテ系動作訓練，多動児，広汎性発達障害

（鴨野元一）

REM睡眠（REM sleep）とNREM睡眠（NREM sleep）［生心・生］

脳波で一晩の眠りを連続的に調べると，質的にまったく異なる眠りがあることが発見された。それがREM睡眠である。これは，当時医学部の大学院生であった一青年アセリンスキー（E. Aserinsky：アメリカ，生理学）の観察から生まれた。スタンフォード大学医学部の教授であったクレイトマン（N. Kleitman：アメリカ，生理学）は，眠り込む時にみられるゆっくりとした眼球の動きと眠りの深さとの関連に興味をもっていた。彼は，睡眠中にこのような眼球運動がみられるかどうかを観察するようアセリンスキーに命じた。一般に，ゆっくりとした眼球の動きは寝込む時に現われ，緩徐眼球運動（slow eye movements, SEMs）と呼ばれる。アセリンスキーは，被験者の頭と目の周りに電極を貼り付け，その人の眠りを観察した。すると，奇妙な現象に気づいた。それは，外から見るかぎりでは眠っているにもかかわらず，閉じた瞼の下で眼球がきょろきょろと急激に動き出し，数分間続くものであった。その時の脳波を見ると，目覚めている時もしくは寝込む時の脳波に近かった。このように発見された眠りは，急速（rapid）に眼球（eye）が動く（movement）睡眠であることから，それぞれの頭文字をとってREM（レム）睡眠（rapid eye movement sleep, REM sleep）と呼ばれる。同じ医学部の当時学生であったディメント（W. C. Dement：アメリカ，生理学）は，動物でもREM睡眠が観察されることを明らかにした。そして，覚醒時に近い低振幅の速波が見られることから，これを賦活睡眠（activated sleep）と呼んだ。さらに，ジュベら（M. Jouvet：フランス，生理学）はネコを使った実験で，この睡眠中に姿勢を保つ抗重力筋の緊張が無くなることを見つけた。目覚めている時のような脳波が見られたが，外から刺激を与えてもネコはなかなか目覚めなかった。このように脳波と刺激への反応性が対応しないことから，この時期を逆説相（phase paradoxale du sommeil）あるいは逆説睡眠（paradoxical sleep）と呼んだ。

以上のことから，REM睡眠の主な特徴は，①脳波は目覚めている時もしくはうとうとしている時の波に似ている，②眼球が急速に動く，③筋の緊張が消えることである。このREM睡眠以外の睡眠相をNREM睡眠（non REM sleep）という。REM睡眠時には急速眼球運動が観察されるが，それ以外では急速眼球運動が観察されないために（non REM），このように呼ばれる。NREM睡眠は，レヒトシャッフェン（A. Rechtschaffen：アメリカ，生理学）とカレス（A. Kales： アメリカ，生理学）の睡眠段階分類法による段階1（stage 1），段階2（stage 2），段階3（stage 3），段階4（stage 4）に当たる。

main references

Aserinsky, E., & Kleitman, N. 1953 Regularly occurring periods of eye motility, and concomitant phenomena during sleep. *Science*, **188**, 273-274.

日本睡眠学会（編）1944 睡眠学ハンドブック 朝倉書店

鳥居鎮夫（編） 睡眠の科学 朝倉書店

keywords of keyword

W. C. ディメント，M. ジュベ，A. カレス

（保野孝弘）

恋愛の類型論（typology of romantic love theory）［心・社心］

恋する心や恋人同士の行動のパターンは人によってさまざまである。いつも一緒にいないと不安になる人がいたり，長距離恋愛のようにたまにしか会えないが長続きしている人もいる。また，公衆の面前でも他人の視線を気にせず愛を確認しあうカップルがいたり，お互いの気持ちはわかっているがなかなか言い出せない人もいる。

このように恋や恋愛のパターンは人によって異なっているようである。この相違に注目したリー（Lee, 1977）は，数多くの恋愛を検討した結果，恋愛のスタイルには，基本的に三つの類型があることを見出している。エロス（eros）：美への愛，ルダス（ludus）：遊びの愛，ストルジュ（storge）：友愛的な愛，である。そして，この基本型の混合タイプも存在し，マニア（mania）：狂気的な愛（ludic eros），アガペ（agape）：愛他的な愛（storgic eros），プラグマ（pragma）：実利的な愛（storgic ludus）の三つを加えた，恋愛の六つの類型論を提唱している。

これまでの研究から，エロスのタイプの人は，恋愛を美しく至上のものとしロマンティックな考えや行動を起こす。ルダスは，恋愛をゲームとしてとらえ複数の相手と恋愛でき相手に執着せず距離を置くように行動する。ストルジュは，穏やかな友情的恋愛で知らず知らずのうちに愛情が育まれる。さらに，マニアのタイプの人は，独占欲が強く嫉妬や悲哀など激しい感情を伴う。アガペは，

相手の利益だけを考え自分を犠牲にしてもかまわないと思いやすい。プラグマは，恋愛を手段とし恋愛相手の選択にも条件をつけ自分の利得のために行動しやすい，とされている。しかし，一人がいくつかのタイプの複合型であったり，恋愛の進展によっていくつかのタイプを体験したりする，といわれている。

また，この類型論から恋愛相手との相性に関する提言もある。たとえば，恋愛をゲームと考えるルダスのタイプ人と奉仕的な愛情を示すアガペの人，愛を道具として使うプラグマの人と恋愛至上主義のエロスの人，穏やかな愛しか示すことのできないストルジュの人と強烈な情動を表現してしまうマニアの人，などは相性が悪いとされている。

main reference
Lee, J. A. 1977 A Typology of Styles of Loving. *Personality and Social Psychology Bulletin*, **3**, 173-182

keywords of keyword
対人魅力☞, エロス, ルダス, ストルジュ, マニア, アガペ, プラグマ

（岩淵千明）

連想検査（association test）

たとえば，「切手」に対して「手紙」や「はがき」は誰もが思いつく連想反応であるが，「はんこ」とか「石」は思いつきにくい特異な反応である。ケントとロザノフ（Kent & Rosanoff, 1910）はこのような非常に稀な反応を多くする人の心的構造は特異であると考え，その診断のため，100語について1000人からデータを集め，各語に対する連想反応語を頻度順に並べた表（連想基準表）を作成し，この表に照らして，ある人の連想の特異性の多少を調べ，性格診断の目安とした。なお，現在，このような基準表は内外数多く作成されているが，性格検査のためだけでなく，言語構造や思考の特徴を知るためなど，広く活用されている。連想による診断はこの他，ユング（C. G. Jung）☞やフロイト（S. Freud）☞もおこなっている。ユングは個人に何かコンプレックスがあると，これに関したことばの連想は，かかる情緒的な問題のない中性語と比べ，その内容や反応時間にちがいがみられるとし，100語の自由連想を2回反復実施して調べた。フロイトも自由連想法を用いたが，これは刺激語を与えるのでなく，頭に浮かんだ語を出発点として，連続的に連想させるやり方である。こうして得られた連想内容を手がかりに，患者のコンプレックスや心のわだかまりを，糸のもつれをときほぐすが如く解明しようとするものである。

main reference
Kent, G. H. & Rosanoff, A. J. 1910 A study of Association in Insanty. *American Journal of Insanity*, **67**, 37-96; 317-390

keyword of keyword
語連想法☞

（賀集　寛）

ろ

ロイド・モーガンの公準（Lloyd Morgan's canon）
［心］

　ダーウィン（C. Darwin）の進化論の発表（1859）の後，動物と人間との連続性（心の進化）を主張せんがためになされていた動物の心の研究は逸話法によっており，動物の行動を擬人化してとらえる傾向が強かった。逸話法（anecdotal method：逸話的証拠，すなわち日常生活の中で観察され物語のごとく関連づけられる証拠にもとづいて何事かをいうこと。科学的方法として認められるものではないが，科学的探究の端緒とはなりうる）の危険性を認識していたモーガン（C. L. Morgan：1852-1936，イギリス，生理学・心理学）は，節約の原理（principle of parsimony：二つの科学的命題あるいは二つの理論の確かさが同じ程度ならばより単純明快な方を採用すべきであるとする，発見，問題解決，創造的定式化のための一般原理）を適用することによって動物の心の解釈における擬人観（anthropomorphism）の傾向を緩和しようとした。すなわち1894年，彼は，より基本的なメカニズム（「学習」とか「習慣形成」など）によって解釈しうるならば，動物のおこなう活動を高次の心的過程（「理解」とか「信念」など）の結果として解釈すべきではないことを提唱した。高次のより心理的な過程の働きを仮定するよりも，低次のないしはより原初的な概念による説明を採用する方が望ましいというのである。これが一般に「ロイド・モーガンの公準」として知られているものである。これは決して動物における高次の心的過程を否定するものではなかったのであるが，一般におこなわれた解釈はそうではなかった。この公準はワトソン（J. B. Watson）☞やソーンダイク（E. L. Thorndike：1874-1949，アメリカ，心理学）など初期の行動主義者に大きな影響を与え，動物の生活は遺伝に支配された行動か刺激-反応結合の学習による行動か（いずれもより低次の行動メカニズムである）のどちらかによるという考え方が支配的となり，動物に高次の心的過程（期待，理解，思考などの認知的過程）などないかのように論じるのが当然のようになったのであった。けれども今日，動物における認知研究の進展によって，このような見方は消滅しようとしている。動物はかつて考えられてきたよりもはるかに多くの認知能力をもっているという証拠が積み重ねられてきたのである。

main references

ボークス, R.（宇津木 保・宇津木成介訳）1990　動物心理学史：ダーウィンから行動主義まで　誠信書房

ヘイズ, N.（岩本隆茂監訳）2000　比較心理学を知る　ブレーン出版

keywords of keywords

C. ダーウィン，C. L. モーガン，逸話法，節約の原理，J. B. ワトソン☞，E. L. ソーンダイク，刺激-反応結合学習

（綱島啓司）

老人性痴呆疾患センター
(research centers of long-term care for the elderly with dementia)
［精心］

　厚生省はわが国の老人性痴呆疾患対策として，高齢者やその家族，一般市民に対する相談窓口として，老人性痴呆疾患センターを平成元年（1989年）に設けている。保健・医療・福祉機関の連携を図りながら，老人性痴呆疾患患者等について，専門医療相談，鑑別診断（表面に現われている症状は類似していても，抑うつ症であったり，老人性痴呆であったりする，当然治療法，介入の仕方が変わってくるので，確定診断を下さねばならない）・治療方針の選定，夜間・休日の救急対応，ケースワーク機能をおこなうほか，保健・医療・福祉サービスの情報を提供するようになっている。

　精神科を有する総合病院，また精神科のほか内科系および外科系のある病院に設置してある。

　老人性痴呆疾患の中には，うつ状態や甲状腺疾患等の基礎疾患の治療などをおこなうことにより，ある程度治療可能な人がいるため，たとえ痴呆症状を呈していても，注意深く鑑別診断をおこなわねばならない。

　また老人性痴呆疾患の中には，痴呆症状の専門治療を要する者，合併する身体症状の治療を要する者，治療よりも作業，看護を要する者などその処遇については高度な専門家の意見や技術が求められることが多い。

　岡山県下では岡山赤十字病院，川崎医科大学付属病院が老人性痴呆疾患センター施設となっている（平成2年11月1日運営開始）。

keyword of keyword

鑑別診断

（島田　修）

老人性痴呆疾患デイケア
(commuting rehabilitation for the elderly with

dementia）［精・心・福］

わが国における老人性痴呆疾患の対策として用意された施設である。

精神症状や問題行動が著しい痴呆性老人を対象として，生活機能回復訓練および指導，家族に対する介護指導をおこなうことを目的とする。

指導する環境については，60㎡以上，利用者一人あたり4㎡以上の床面積を用意しなければならない。指導者として精神科医，作業療法士，看護師，PSW（☞精神科デイケア），臨床心理技術者の専従スタッフが必要。

朝9時から午後3時まで痴呆老人のためのプログラムが設定されている。

施設には，家族に連れられて来る者もあるが，施設側からさしむけたバスで通ってくる。身体的バイタルサイン（血圧，脈拍，体温などの基本的指標）をチェックしたあとで，体操，工作，習字，コーラスなどがプログラムかグループでおこなわれる。昼食後は午前中とはちがった活動をおこない，15時頃に帰り支度をする。

keywords of keyword
作業療法士，PSW，臨床心理技術者，バイタルサイン

老人デイケア（health care facility for the elderly requiring care）［精・心・福］

痴呆☞などの精神障害を有する患者や，または脳血管障害（脳梗塞，脳内出血など）などによる運動障害を有する患者の心身機能の回復または維持を図ることを目的としている。

デイケアは要介護老人の社会的孤立感や閉じこもりを防止し，社会の一員として自覚をもつとともに心身機能の回復と日常生活動作の維持を図る。今一つは高齢者を抱える家族の介護負担を軽減し，生活のリズムを保ち，共倒れを防いで家庭介護のゆとりと意欲を継続していくことができる。

老人デイケアに関わるスタッフは医師，作業療法士，理学療法士，看護師または臨床心理士などである。実施場所は病院・診療所など知事が認める医療機関であり，重度痴呆デイケアは精神科病院でおこなわれる。提供するサービスの内容は病気の管理，機能回復訓練，手芸，ゲーム（風船バレーボールなど）などのレクリエーション，昼食，入浴サービスなどの提供をおこなっている。

平成9年10月末日現在の老人保健施設総数は1,885人で，入所定員は165,033人となっている。福岡県の施設数は116，入所定員は10,471人で，全国で1番となっている（老人保健施設報告，概数，厚生省老人保健福祉局老人保健課）。

keywords of keyword
痴呆☞，脳血管障害，作業療法士，理学療法士

（島田　修）

老年痴呆（senile dementia）［精］

老年期に好発する原因不明の脳変性疾患である。初老期に発病する初老期痴呆あるいはアルツハイマー病は，老年痴呆と同一の疾患としてアルツハイマー型痴呆と呼ばれている。症状の中軸は痴呆であり，記銘力障害，失見当識（時間や場所の認識ができない状態）であるが，進行すると興奮，幻覚，妄想，徘徊，不潔行為，攻撃行動などの周辺症状のため，看護困難となる。女性に多く進行性で，痴呆は全般性痴呆の型をとり人格の崩壊へ連なる。自覚症状は少なく，多幸的（上機嫌 euphoria：嬉しさが浅薄で，自分のおかれている境遇などに日々得々として満足しているような気分の状態）になり，病識欠如は早期に起こる。

（渡辺昌祐）

ロールシャッハテスト（Rorschach test）［心・精］

このテストに関してはあまりにも有名であり，ここで多くを語るには字数が少なすぎる。ごく簡潔にまとめると，10枚のカードへの反応を通して，パーソナリティの働きを知るための心理テストである。カードはインクブロット（インクのしみ）でできており，それが「何に見えるか」を尋ねていく。1921年にスイスの精神科医ロールシャッハによって公刊された。ブロイラー（E. Bleuler：1857-1939，スイス，精神医学）の弟子であったロールシャッハの本来の意図は分裂病（統合失調症）の認知障害を調べることだったが，その後マーレイ（H. Murray：1893-1988，アメリカ，臨床心理学）らの投影概念（投影そのものは，精神分析における防衛機制の一つで，不安の原因を外に求めて間違った思いこみをするという心の働き。マーレイはこの投影の一側面を，ロールシャッハやTAT（thematic apperception test：絵画統覚テスト，人格投影テストの一種）といった刺激の曖昧な心理テストを通して垣間見ることができると考えた）や精神分析の影響を受け，投影法としても用いられるようになった。

反応を記号化したり，カードごとに被検者の言語表現を追って継起的な分析をすることにより，感情，認知，思考，統制，自己イメージ（人が自分自身に対してもつイメージのこと。それが空想

ロゴセラピー

的なものか，それともより現実的なものかはそれぞれであるが，自らの身体，性格，社会的役割などさまざまな領域に対する集合的な見解），対人関係についての情報を引き出すことができる。別のいい方をすれば，内向型や外向型といったスタイル，精神病理，行動などについて評価するための資料となる。認知テスト（物事のとらえ方を知るためのテスト。知能検査ではウェスクラー法，神経心理学検査ではベンダーゲシュタルトテストなどが代表的である）としての側面と，投影法（投影法は，行動の隠されていたり無意識的なものになっている側面を，とくに鋭敏にはかる道具（リンゼー，1961）である。質問紙のように反応の意図的な歪曲が起こりにくい。刺激が曖昧な分，反応の読みとりには習熟を要する。①連想法（ロールシャッハテスト/言語連想テスト），②構成法（TAT/CAT），③完成法（PFスタディ/SCT），④選択法（ゾンディテスト），⑤表現法（バウムテスト/風景構成法/コラージュ法/箱庭）などに分類できる）としての側面をもつ。現在の日本では，施行法や記号化の規準が互いにいくらか異なる，片口法，包括システム，名大法，阪大法などが用いられている。

main references

Rorschach, H. 1921 *Psychodiagnostik*. Bern：Bircher.（鈴木睦夫訳 1998 新・完訳精神診断学―付形態解釈実験の活用― 金子書房）

片口安史 1987 改訂新・心理診断法 金子書房

keywords of keyword

認知障害，投影法，認知，自己イメージ，内向型や外向型，精神病理，認知テスト

（橋本忠行）

ロゴセラピー（logotherapy）［精・心］

フランクル（V. E. Frankl：1905-1997，オーストリア，精神医学）が，自分の第二次大戦中のナチスのユダヤ人収容所での体験をもとに提唱した精神療法である。ここでは「ロゴス」は人間の無意識の中に潜む「精神的なもの・実存」を意味する。人間存在の本質は，他者の愛，将来に向かっての選択の自由，人間存在の価値の自覚にあるとして，その方向に指導する。主として神経症，とくにフランクルのいう精神因性神経症（人間存在の価値の挫折が病因的基盤となっている神経症）が適応とされている。

main references

フランクル（霜山徳爾訳）1957 死と愛 みすず書房

フランクル（霜山徳爾訳）1961 夜と霧 みすず書房

keyword of keyword

精神因性神経症

（横山茂生）

ロジャーズ（Carl Ranson Rogers 1902-1987）［心］

シカゴ郊外の中産階級の家に生まれ，両親の教育観の影響で農学を志したが，YMCAの活動を通じて仲間との相互交流に目覚め，神学，ついで臨床心理学と教育心理学を学んだ。1928年から12年間，ロチェスターの児童虐待防止協会児童研究部での臨床に精力を注いだ。その中で，治療者からの強制的な介入（助言や指示や解釈）は表面的な効果しか上げることがなく，どの方向に進むべきかはクライエント自身が知っており，クライエント（および，その無意識の知性）を信頼することによって最もよい治療的成果を得られるのであると，確信するようになった。この間の臨床実験をもとに著した『問題児の治療』（1939）が契機となって，1940年，オハイオ州立大学教授として迎えられ，以後，臨床と教育と著作，そしてリサーチへと幅を広げた。オハイオ時代に『カウンセリングとサイコセラピー』（1942）を著し，「非指示的アプローチ nondirective approach」の輪郭を明確にした。ここでは面接の技術が問題とされたが，ロジャーズはのちにカウンセラーのクライアントに対する態度やクライアントに知覚された治療関係の質が重要であるとした。シカゴ大学時代には『クライエント中心療法 Client- Centered Therapy』（1951）を著し，これより，ロジャーズの治療姿勢は「クライエント・センタード／パーソン・センタード・アプローチ」（来談者中心／人間中心アプローチ）とされた。

この中でロジャーズは，クライエントに治療的な人格変化（その人らしい適応的なありのままの人格を生きていくことができるような変化）を引き起こすための治療者の三つの態度について述べている。それは，クライエントの内的準拠枠（その人が何かを感じ，考えるときに従っている，その人なりの一定の内的な基準。人間観や信念，信仰などもこれに含まれる）に対する治療者の共感的理解，治療者の自己一致，クライエントに対する無条件の肯定的配慮である。これら治療者の内的な言葉として表してみると，「私もあなたと同じ立場にあれば同じように感じるでしょう」（共感的理解），「私（治療者個人）は今，愉快さ（腹立ち，

悲しみ）を確かに感じている。大声で言うわけではないがそれをごまかすことなく知っている」（自己一致），「あなたはそう考え，感じるのですね。私はそれをあなたらしさとして尊重します」（無条件の肯定的配慮），とでもなろうか。

　ロジャーズは問題児の治療から臨床を始めたが，次第に，大人との面接，分裂病者（統合失調症）との面接，グループセラピー，エンカウンターグループ（健康な一般人を対象とし，人間関係の改善を目標とした，集中的グループ体験）へのその対象を広げた。また，リサーチや，研究・思索の成果を人々に伝えるために，面接のデモンストレーションをおこなったり，面接を録音・録画することに積極的であった。『グロリアと3人のセラピスト』(1962)や『出会いへの道』(1970)のテープは有名である。

main references

H. カーシェンバウム，V. L. ヘンダーソン編（伊東博・村山正治監訳）2001　ロジャーズ選集（上）　誠信書房

（進藤貴子）

わ

ワトソン（Watson, John Broadus 1878 – 1958）
［生心］

　ワトソンはストイックで過激な人柄であったようだ。ワトソンは行動主義☞の始祖といっていい。彼は1878年アメリカに生まれ心理学を学んだ。当時の心理学は意識本位の心理学で，内観ということを重んじていた。ワトソンは1913年，「行動主義者の考える心理学」という一文を寄稿し，その中で意識を否定し，内観を捨て，行動の分析こそが心に迫る唯一の手段であるとした。これが行動主義の原点である。彼はひたすらに極端な科学的客観主義を主張し，行動を分析し，そこに法則性を見出すことこそ心に迫る道であると説いた。さらに，環境的適応をうたい，遺伝的要因を否定している。彼の行動主義の主張はパヴロフの条件反射に負うことが多く，あらゆる行動を刺激と反応（S-R）の結合という図式に置き換えていった。したがって連合主義（associationism）ともS-R理論とも呼ばれている。ワトソンのこうした極端な考え方は現在の行動心理学の中でも全面的に肯定されるものではないが，科学として心を観察し，考えていくうえにおいてすべてを否定し去るわけにはいかない。ワトソンは1930年，突如として心理学から身を引き実業界に転身しているが，こうした身の処し方からしてもワトソンの人間性が匂ってくる。

keywords of keyword

行動主義☞，意識，I. P. パヴロフ☞，条件反射，S-R理論，連合主義

（三宅　進）

[付録1] 心理臨床にかかわる倫理問題

　心理臨床は，人間の心ないし精神をその本来的な対象としている。もちろん，さまざまな検査や観察におけるように，身体的な運動を含む人間の行動全般を直接の対象とすることもあるが，そのような場合でも，この行動は，心ないし人格の活動の表現として解釈されるのである。この点において，人間の身体を物体として対象化し，そこに現代の科学（物理学・化学等）を適用することによって成立する，通常の医学臨床とは明らかに異なっている。通常の医学臨床の場面においても，今日では「インフォームド・コンセント」やカルテの公開，患者のQOLへの配慮など，患者の人格を尊重する方向での改革が進められているが，次のような理由から，心理臨床においてはさらに徹底した倫理的配慮が必要であると思われる。

　まず第一に，心ないし精神は，身体以上に人間にとって本質的なものであり，ある人間の心を対象にするということは，まさにその人間自身を対象にすることになる。すなわち，心に対する治療は，その人間の人格そのものに関わる行為となり，極端な場合には，その人間を別人にする可能性さえ秘めているのである。この点に大きな倫理的な問題が存することは明らかであろう。また，心理臨床の場が人と人との直接的な1対1の関わりの場となるため，心理臨床をおこなう側が心理臨床を受ける側に巻き込まれ，当然必要とされる平静さや客観性を失うという事態も起こりうるのである。心理臨床に関わる者の責任の重さ，研究・教育・治療の各現場での倫理的トラブルの多さ，秘密保持の重要性，評価に要求される慎重さ，等々の問題は，対象が人間そのものであるということ，そしてその尊厳と福祉に配慮しなければならないという事態から生ずるのである。

　第二に，心理臨床が社会的に容認されるためには，それが科学的な普遍性をもった臨床であることが要求される。ところで，現代の科学は，物体を量的に規定し，そこに数学を適用することによって可能となった。色・音・暖かさ等々，物体のもつさまざまな性質が，現代の科学においては数的に記述されるのである。これに対し，人間の心や精神は，数的に規定することが最も困難なものである。したがって，心理臨床の基礎となる心理学は，科学的であることを望みながら，最も科学的でありにくいという，決定的なパラドックスを内に含んでいるのである。行動主義的な研究法やさまざまな検査・技法は，このような困難を克服するために，長い年月をかけて工夫されたものに他ならない。それゆえ，心理臨床で用いられるさまざまな検査や技法は，医学臨床で用いられるものと比較すると，通常きわめてデリケートであり，多くの制約・限界をもっている。被検者に検査の評価法を教えてはならないし，またそれぞれの検査や技法はきわめて限られた場面でしか有効ではない。心理臨床にオールマイティな方法などないのである。裏返して言えば，心理臨床は，無配慮におこなうと，きわめて容易に日常的・主観的行為へと退行してしまう危険性を内に含んでいることになる。心理臨床は，さまざまな制約の下でようやく科学的となりうるような，きわめてデリケートなものであることをけっして忘れてはならない。

　ところで，すでに心理臨床が職業として社会的承認を得ているアメリカ合衆国では，1938年に早くもアメリカ心理学会(American Psychological Association)が倫理問題の検討に着手している。そして，実際に生じた多くの事例に対する個別的な検討を踏まえて，1953年に"Ethical Standards of Psychologists（サイコロジ

ストの倫理規準)" 採択された。この『規準』は，その後1958,1963,1968,1977,1979年に，それぞれ改訂されている。また，1967年には，この『規準』に基づく "Casebook on Ethical Standards of Psychologists（事例集）" が出版された。さらに1981年に，この『規準』は，内容の改訂に伴い，"Ethical Principles of Psychologists（サイコロジストの倫理綱領）" と改名され，1990年の改訂を経て1992年の "Ethical Principles of Psychologists and Code of Conduct（サイコロジストの倫理綱領および行動規範）" に至っている。また，"Casebook on Ethical Principles of Psychologists（事例集）" も合わせて出版されている。もちろん，以上のような一般的な倫理規定の他にも，さまざまな特殊領域において，それぞれのガイドラインや規準が，アメリカ心理学会・アメリカ精神分析学会(American Psychoanalytic Association)などを中心に採択されている。

　これに対して，ようやく心理臨床が社会的に認知されようとしているわが国においては，日本心理臨床学会が中心となり，1990年，臨床心理士の資格認定を業務とする公益法人格「財団法人日本臨床心理士資格認定協会」の発足に際して，前文と9箇条からなる『臨床心理士倫理綱領』が制定された。その後，実際に生じた倫理問題に関するアンケート調査などの結果を踏まえて，1998年に，『日本心理臨床学会倫理規程』『日本心理臨床学会倫理綱領』『日本心理臨床学会会員のための倫理規準』が採択され今日に至っている。

　以下の各項目は，以上のようなアメリカ等の現状を踏まえ，心理臨床をおこなう際に配慮すべき主要な倫理的問題について，簡潔に説明を加えたものである。

【守秘義務】　Duty of Confidentiality

　公務員や医師などが職務上知ることとなった個人の功罪に関連する情報に対して守秘義務が問われるように，サイコロジストもまた，心理臨床において知りえた個人（団体）についてのプライベートな情報の秘密保持に関して，最大の注意を払わねばならない。公開する必要のある場合は，原則として当人またはその法的な代理人の承認を必要とする。また，公開にあたっては，公開する範囲を必要最小限に限定する必要がある。とくに，個人を特定できるような情報に関しては配慮する必要がある。理由は説明するまでもない。クライエントの人権保護のためである。また，この件に関する信頼関係がなければ，クライエントは決して心を開かないであろうし，したがって心理臨床は不可能となるであろう。

　日常的な会話，口頭での発表・報告や論文発表の際のみならず，資料の保管についても細心の注意が必要である。とくに，今日コンピュータ処理が日常的におこなわれるので，他者がコンピュータを使用した場合や，ネットワークを介してのハッキング等にも充分注意しておかなければならない。また，自らの死後の資料処理についても考えておく必要がある。

　守秘義務に関しては，その義務履行の程度と範囲に関して問題となることが多い。たとえば，クライエントが殺人等の罪を犯したことを告白したような場合どうするか。研究のため保育園に協力してもらいIQテストをしたが，後に成績の一覧表の提出を求められたらどうするか。学生相談のカウンセリングにおいて，ある先生に対する苦情が多く寄せられたが，その先生の処分に関わる委員会から資料の提出を求められた場合どうするか。このように悩ましい事例は多く考えられる。いずれの場合でも，守秘義務はサイコロジストの最大・第一の義務である。個人あるいは社会に対して明らかに緊急の危険があると認められる場合を除いて，この義務は履行されねばならない。また，緊急の危険がある場合でも，秘密の開示が許されるのは，適切な専門職の人あるいは公的な権威者に対してのみで

ある。

【技能の維持】 Competence

　サイコロジストにかぎらずあらゆる領域において，研究者・教師・実践家が自らの技能を可能なかぎり高い水準に保たねばならないことは当然のことである。それにもかかわらず，この点が心理臨床家の倫理綱領に特記されているのはなぜであろうか。一つの理由としては，今日の心理学が急速に進歩しているということが考えられる。しかし，このような事情は，生科学やコンピュータ技術等多くの研究分野で認められることであり，心理臨床に固有な理由とは考えにくい。見落としてはならないのは，十分な心理学的知識をもたない者でも，一般人からは見分けにくい真似事が容易にできるという事実である。こうした事態は，無資格者が不法に心理学的専門行為をおこなう場合のみならず，サイコロジストが自らの技能の限界を越えて研究・教育・治療をおこなう場合にも生ずる。サイコロジストは，このような越権行為が容易に生じうるということを十分に注意しておく必要があり，自らの能力と技術の限界をわきまえて，そのような越権行為に及ばないよう自制しなければならない。研究会や学会への参加など日頃からの研鑽は当然であるが，問題を感じた場合には，スーパーヴィジョンを受けるなり，他の専門家を紹介するなり，即座に適切な措置を取らなければならない。

　また，心理臨床に要求される技能は通常きわめてデリケートであるので，個人的な問題が自らの技能を容易に劣化させるということを，十分認識していなければならない。そのためにも，二重の利害関係に巻き込まれるなど，トラブルの原因となる可能性をもった事態を，日頃から可能なかぎり避けるよう注意していなければならない。

【教育と出版】 Teaching and Publication

　別の項目（「技能の維持」など）でも述べたように，心理臨床に必要とされる知識や技法は，通常きわめてデリケートであり，さまざまな制約をもつと同時に，日常的な行為と見分けることが容易ではない。したがって，資格や免許の供与に対しては，サイコロジストは常に慎重である必要がある。実際，一般人にとっては，資格や免許の有無が，正当なものを見分ける唯一の手がかりとなるからである。

　そこで，心理臨床の教育やトレーニングを企画する際には，目的・必要な知識・必要な実践・有効な範囲・教育者の技能・目的達成を見分ける方法等について，十分慎重であらねばならない。また，専門家を目指してはいない人々に，安易に検査や技法を教えないよう注意する必要がある。したがって，不特定多数を対象とするテレビ・ラジオ・新聞等のマスメディアを媒体とする専門教育はおこなってはならない。理由は明白であって，心理臨床で用いられる検査や技法は，被検者がその評価方法等を知っている場合には無効となるからである。

　また，研究成果の発表や出版に際しては，当然ながらデータの改竄や剽窃をおこなってはならない。また，守秘義務に反することがないように，公開事項を必要最小限に留めることはもちろんのこととして，その場合でも本人ないしは法的な代理人の許可を得ることを忘れてはならない。

【公的な発言・表示】 Public Statements

　心理学上の命題は，通常対象の年齢・性・人種・社会的経済的身分等々の制約をもっている。このような制約をおろそかにすると，容易に日常言語として拡大

解釈されたり誤用されたりする恐れがある。「心理学的」と銘打ったテレビ番組や教育機器の宣伝等を見れば明らかであろう。したがって，サイコロジストが公的に発言する場合には，扇動的・誇張的・表面的な不誠実な発言を避け，科学的慎重さを旨として，有効性の制約・現段階での限界等について正確を期さなければならない。

　また，一般人にとって，サイコロジストの技能を直接評価することは困難であるので，資格・最終学歴・所属機関（施設）名・提供可能なサービスの種類等の表示に関しては正確でなければならない。さらに，権威づけのために，「〇〇学会特別会員」等の表示をおこなってはならない。このような表示が許されるのは，そのサイコロジストの活動が，当の学会等の直接的な監督指導ないしは継続的な管理下でおこなわれている場合のみである。

【責任】 Responsibility

　心理臨床にたずさわるサイコロジストは，クライエントの全人格に関わる重大な行為をするのだ，という自覚をもたねばならない。このような責任の重さの自覚が，心理臨床に関わる倫理問題の基礎となる。くれぐれも，クライエントに対する自らの影響力を誤用・悪用へと導く可能性をもった，個人的・社会的・組織的・経済的・政治的な状況や圧力に対しては用心しなければならない。

　また一般に，サイコロジストは，自らの知識や技法が個人ないしは社会全体に対して誤用・悪用されないように，日頃から注意していなければならない。身近なところでは，電話や訪問によってなされる迷惑な勧誘や商業行為に，心理学的な知見が悪用されていると言われている。またアメリカでは，料金取り立て業者に策略や脅迫を含む心理学的技法を教えたとか，人種差別組織の相談役を務めたとか，企業の人事課の職員に適正検査の技法を教えたとか，さまざまな問題が提起されている。このようなトラブルに巻き込まれないためにも，サイコロジストは，常に自らの良心に従って自由に行為できるような環境を，可能なかぎり維持しなければならない。

【道徳的・法的規準】 Moral and Legal Standards

　心理臨床は，社会から隔離された環境でおこなわれることが多い。すなわち，クライエントは，密室や心理臨床家の守秘義務などによって，社会的なさまざまな関係から切り離されている。このような環境は，クライエントの深い悩みなどに踏み込むためには，どうしても必要なのであって，このような環境なしには心理臨床は不可能とすらいえるであろう。しかし，このような社会から隔離された環境は，えてして社会一般の道徳や法律に反した行為を生み出しやすい。心理臨床家は，自分もクライエントも，他の一般人と同じ社会に帰属しており，心理臨床の場においても，その社会の道徳や法律から独立してはいないことを常に自覚しておく必要がある。

　クライエントとの社会常識を越えた親密な関係や同僚に対する誹謗・中傷など，この範疇に入る倫理的問題は数多い。

【評価技法】 Assessment Techniques

　別の項目（「公的な発言・表示」など）でも述べたことであるが，サイコロジストの用いる評価技法は，通常きわめてデリケートであって，さまざまな制約のもとに初めて科学的となりうる類のものである。したがって，その信頼性・妥当性・確実性を越えて拡大解釈することのないように，あるいは自らの発言が不用

意に拡大解釈されることのないように，常に注意しておく必要がある。
　すなわち，サイコロジストのおこなう評価は，その結果を裏づけるに足る十分な情報および技法に基づいたものでなければならない。また，対象の性・年齢・人種・出身国・宗教・性的志向・障害・言語・社会経済的身分等の制約や確実性の限度などをわきまえて，科学的慎重さを維持しなければならない。また，時代遅れになったデータや技法を用いて評価をおこなうことには，十分な配慮を必要とする。さらに，一般人に評価技法を教えたり，勝手に解釈される恐れのある生のデータを公開することには注意すべきである。

【専門職間の関係】　Professional Relationships
　心理臨床で用いる技法にはさまざまな種類がある。裏返していえば，あらゆるタイプのクライエントに対していつでも有効であるような万能の技法はない。さらに，それぞれの技法は，それぞれ違った人間理解を自らの有効性の根拠としている。行動主義，フロイト，ユング，ロジャース，精神医学等々，それぞれが有効な臨床場面をもっているといえるだろう。しかも，それぞれの有効な臨床場面は，多くの場合重なり合っているので，サイコロジスト相互の間では，臨床の在り方に関する見解の相違が生じやすい。サイコロジストは，このような状況が実際に存在していることに留意すべきである。具体的にいえば，すでに治療を受けている人に対して担当者に無断で働き掛けたり，心理臨床の場で同僚や他の臨床家を不当に誹謗・中傷したりして，不必要なトラブルを引き起こすことのないよう，くれぐれも注意しなければならない。とくに，複数のサイコロジストが所属しているような施設や組織で活動する際には，その施設や組織の保全・名声・権益などを損ねることのないよう，十分に注意する必要がある。
　また，他のサイコロジストが倫理規定に違反したことを知るに至った場合には，可能なかぎりその状況を正す努力をしなければならない。非公式なレベルでの解決が不可能な場合は，関係する公的な諸委員会や諸機関，学会等に通告する義務がある。

【クライエントとの関係】　Relation to Clients
　今日通常の医療の現場で盛んにいわれているインフォームド・コンセントの考え方は，心理臨床にもそのまま適用される。すなわち，サイコロジストは，心理臨床に入る前に，クライエント本人かその法的代理人に，関連すると思われる重要な事項についての正確な情報を，平易な言葉で提供しなければならない。過剰な宣伝や勧誘は禁じられている。そして，心理臨床を受けることへの同意は，文書化する必要がある。
　また，「道徳的・法的規準」の項目でも述べたが，心理臨床においては人間対人間の関係が生じるので，職業的な関係を越えて私的関係をもたないように注意する必要がある。一般に，すでに私的な関係にあるクライエントの心理臨床は避けた方がよい。
　さらに，サイコロジストが何らかの組織に所属して心理臨床をおこなう場合，クライエントと自らの雇用主との間の利害の対立に巻き込まれる可能性が高い。このような場合，サイコロジストは，常にクライエントの福祉を第一に考えなければならない。
　それぞれに関係のある複数の人達（夫婦，両親と子ども等々）に心理臨床をおこなう場合，誰が本来のクライエントなのかを明確にしておく必要がある。そして，サイコロジストが相容れない役割を演ずることを求められる事態が明白にな

った場合には，このような役割を明確にして調整するか，それが不可能な場合には，この心理臨床から身を引くのが適当である。

【協力者を必要とする研究】 Research with Human Participants
　被験者として協力者を必要とする研究をおこなう場合には，インフォームド・コンセントが必要である。研究の目的，種類，また可能性のあるリスク，不快感，悪影響，秘密保持の制約等々について，正確で平易な言葉で説明しなければならない。研究への参加・不参加は自由でなければならず，研究途中で身を引くことも当然許されていなければならない。また，協力者が何らかの不利益を被った場合，この協力者を保護するため，特別のケアをする必要がある。そして，当然ながら，過剰ないし不適切な経済的その他の報酬を提供してはならない。協力者の同意は，文書化するべきである。

【動物の保護と利用】 Care and Use of Animals
　研究に動物を用いる場合には，動物の入手・世話・使用・処分に関して，公的な法律・規則に従わなければならない。とくに，動物の不快，感染，病気，苦痛等々を最小限に留めるよう，麻酔等の手法を用いるなど，必要な処置をしなければならない。また実験は，トレーニングを受けたサイコロジストのスーパーヴィジョンのもとでおこなわれなければならない。

【ヒポクラテスの誓い】 Hippocratic Oath
　ヒポクラテスは，紀元前5世紀から4世紀にかけてギリシアで活躍した医者である。現在のカルテのような記録を残し，観察に基づいた医療を心掛けていた点で，「医学の父」と呼ばれている。「ヒポクラテスの誓い」は，医者が治療にあたっての心得を述べたもので，医療に関する倫理の原点とされる。現在文献学的には，ヒポクラテスによって書かれたとは思われていない。
　現在の医療においては，従来のパターナリズム（父権主義）から患者の権利を認める立場へと，改革が進められているが，この観点からすれば，「ヒポクラテスの誓い」をパターナリズムの象徴と見る向きもある。すなわち，古くは神学・法学・医学の三つにたずさわる者は，Professional と呼ばれ，職に就く時に宣誓 (profess) する必要があった。それは，彼らが正しく職務を果たしているか否かが一般人にはわからないため，彼らの倫理に関しては自主規制しか方法がなかったからである。まさに，何が善くて何が悪いかよくわかっていない子どもに対して，父が全権をもって道を示すかのように，医者は，全権をもって患者の治療をおこなってきた。このような状況のなかで，「ヒポクラテスの誓い」は，医学を学んだ者が医者となる時に，誓いの言葉として用いられてきたのである。
　しかし，以上のような背景を別にすれば，「ヒポクラテスの誓い」の内容は，やはり医療に関わる者の基本的な倫理的態度を示すものとして，現代でも意味をもっている。以前から医療ミスは存在していたと思われるが，明確な形で社会に浮上することは稀であった。しかし，情報化時代の今日に至り，クライエントの人権保護という観点から，厳しい眼が注がれ始めた。こうした医療における状況は，心的問題を抱えて苦悩する人々に寄与する心理臨床の世界でもまったく同じである。クライエントの福祉を第一の目的とすべきこと，守秘義務の重要性など，心理臨床家にとっても，「ヒポクラテスの誓い」は倫理的心得の基本といえるであろう。
　以下に，全文の和訳を紹介しておく。

誓い

私は誓います。医神アポロン，アスクレピオス，ヒュギエイア，パナケイア，およびすべての男神，女神にかけて，またこれらの神々を証人として，私の能力と判断に従い，この誓いと契約とを実行することを。

私はこの術の師をば私自身の両親と同様に敬愛し，生活をともにし，師が金銭を必要とするときには私の財を分かち，師の子息をば私の兄弟に等しい者と考え，もしも彼らが学ぶことを望むならば，報酬も契約もなしにこの術を教授いたしましょう。教規と口述とそのほかのあらゆる教育を授けるのは，私の子息，わが師の子息，および医師の法に従って契約し誓いをたてた弟子に限り，そのほかの者にはこれを許しません。
私が自己の能力と判断とに従って医療を施すのは，患者の救済のためであり，損傷や不正のためにはこれを慎むでありましょう。

たとえ懇願されても，死を招くような毒薬はだれにも与えず，だれにもこのような示唆を慎み，また同様に婦人に堕胎具を供することはいたしません。

純粋に清潔に，私の生涯と私の術とを守りぬくでありましょう。

手術は，結石患者にさえも実施せず，これを職業とする者にゆだねます。

いかなる家を訪ねるにしても，それはひたすら患者の救済のためであり，あらゆる意識的な不正と損傷とを避け，とりわけ婦人であれ男子であれ，自由人であれ奴隷であれ，これと淫らな交わりを結ぶことを慎むでありましょう。

診察にあたって見聞したこと，また診療以外にも人々との交際において経験したことで，他言すべきでない事柄は，これを秘密とみなして沈黙を守ります。

もし私がこの誓いを成就して破棄することがなければ，万人から永久に名声を博して，私の生涯と術とを享受せんことを願います。もしこの誓いを破り，これに違反することがあれば，この逆の運命をたまわらんことを。

(大橋博司 訳，世界の名著 9『ギリシアの科学』，中央公論社 収録)

【ナイチンゲールの誓詞】 The Nightingale Pledge
　ナイチンゲール (Florence Nightingale, 1820 – 1910) は，クリミア戦争に従軍し，献身的な看護で現代看護学確立の功労者となった，イギリスの従軍看護婦である。彼女の名を冠した誓詞は，1892年にアメリカの Ferrand 看護学校の Lystra E. Gretter によって書かれたものであり，看護婦の基本的な心構えを表わしている。ただ，パターナリズム（父権主義）から『患者の権利章典』へという現代の潮流の中では，医者の命令に絶対的に服従し，労を厭わず正確・迅速に業務をこなすという看護婦像は，やや問題となっている。現在の国際看護婦協会の倫理規定は，看護婦の第一の責任が看護を必要としている人に対してあることを明記しているのである。しかし，この点にさえ注意しておけば，彼女の誓詞は現在でも十分意味をもつと考えられる。以下にその和訳を紹介しておく。

われはここにつどいたる人々の前におごそかに神に誓わん。

わが生涯を清く過ごし，わが任務を忠実に尽くさんことを。

われはすべて毒あるもの害あるものを絶ち，悪しき薬を用いることなく，また知りつつこれをすすめざるべし。
われはわが力のかぎり，わが任務の標準を高くせんことをつとむべし。

わが任務にあたりて，取り扱える人々の私事のすべて，わが知りえたる一家の内事のすべて，われは人にもらさざるべし。

われは心より医師をたすけ，わが手に託されたる人々の幸のために身をささげん。

(三谷恵一，菅　俊夫 編，『医療と看護の心理学』，ナカニシヤ出版 収録)

(安藤正人)

[付録2] キーワーズ番外編

　川崎医療福祉大学の臨床心理学科にあっては，大学4年間はもとより，大学院においても協力施設，病院などにおける学外実習が実施されている。これらの実習先は精神科領域の病院，老人，児童の福祉施設，障害者の治療施設などその領域は広範囲に渡る。そして，そこで実習に励む学生，院生は大学内での机上の勉学とは異なる実際の知識を身につけてゆく。しかしいざ現場に立つと実習生達はただうろうろするだけで，見，聞きするものに戸惑うことが多いようである。当然のことであるが，実習先の機関に勤務される方々は各施設の目的に応じた専門用語，略語などをもち，それが日常会話の中で飛びかう。専門用語は，医学，薬学，心理学，教育学，行政など多岐に及び，略語はその現場だけの特別ないい方のものもある。これら用語の基本的なものは机上の講義の中でも語られ，その多くが本キーワーズの中に採録されているはずである。それでも語り切れない戸惑うことばがあるようなので，それをキーワーズ番外編としてここに収録した。

　番外編で取り上げたワーズは2003年，本大学所属の10名の大学院生が（池内豊，石垣明美，梅原章利，河本麻衣子，木倉礼子，倉田朋良，松浦由子，中村知子，西山温美，佐々木新　abc順）が，現場実習中に「えっ，それって何のこと？」「それなんです？」と，思わず聞き直したく思ったのだが，「そんなことも知らんと実習に来ているのか」と馬鹿にされないかと，質問のことばを呑み込んだワーズを，各実習生に5～6語を実習終了後提出してもらった中から選び出したものである。そしてそのワーズにごく短文の解説を武井祐子講師と水子学助手にお願いして付け加えてもらったものである（☞Ⅰ実習生のギモン）。

　薬学関係に関するところは臨床心理学の最も弱いところであるが，薬物療法として現在精神科関連で頻度高く使用されている薬物についても簡単に一般名，製品名，効果副作用など付録として採録して川原田美保氏（関連病院勤務）にお願いしてここに掲載する（☞Ⅱ薬物療法）。

Ⅰ　実習生のギモン

悪性症候群
　一般に抗精神病薬の服薬中，または抗パーキンソン病薬の中止や投与量の変更に伴い認められる高熱，意識障害など自律神経症状を主徴とする症候群。早期に適切な治療がおこなわれなければ重篤な症状となる。

一時保護機能
　児童相談所を有する主たる機能の1つ。子どもを緊急に保護しなければならない場合，今後の処遇方針を定めるために行動観察をおこなう場合，宿泊を伴う指導をおこなう場合など，原則として児童，保護者の同意を得て実施する。児童をそのまま放置することが児童の福祉を害すると認められる場合は保護者の同意がなくても実施される。

医療保護入院
　入院体系の一種。患者の意思が尊重される任意入院と異なり，医療側や家族の判断で強制的に入院させるもの。

動く重症児
　知的障害あるいはその他の精神障害があり，反社会的行動や他動など著しい異

常行動をとる，知的障害施設重度棟，および重度心身障害児施設等においてその指導がきわめて困難な者を指す。

ADL（Activities of Daily Living; 日常生活動作）
　人が日常生活を送るうえで必要な基本的な動作の総称。具体的には，食事，着替え，排泄，入浴といった身の回りの動作や移動動作を指す。（水子）

A－Tスプリット
　身体管理，投薬，生活指導，入退院の調整などを担当する管理医（医師）と心理療法を担当する治療者（心理療法家）との役割分担を明確にし，両者が独立した立場をとりながら連携をおこなうこと。

SSRI
　選択的セロトニン再取り込み阻害薬ともいわれている。うつ病および強迫性障害の治療薬（抗うつ薬）として，1983年より欧米諸国で発売，日本では1999年4月に承認された。

SNRI
　うつ病が脳内のセロトニンとノルアドレナリンの欠乏によって起こってくるという考え方から生まれた抗うつ薬。これらの脳内物質の働きを強める作用によって，うつ病の障害を改善させる。セロトニンとノルアドレナリンにしか働かないので，副作用の少ない点に特徴がある。

合併症病棟
　精神障害と身体疾患を合併した患者の治療をおこなう病棟。

基底欠損
　基本的信頼の欠損。Balintによると「自分の内部にできそこないの部分がある気がする」と患者が語る心的領域。

強度行動障害者
　知的，発達障害児・者であって，自傷，他傷，多動，興奮，こだわり，睡眠の乱れなど，生活環境に対するきわめて特異で不適切な行動が頻発し，日常生活に強い困難をきたす者。（水子）

グリカン
　グリセリン浣腸の略。院内ではよく使われている略称。向精神薬の副作用で便秘になることが多いが，普通の便秘薬では便が出ないときにはグリカンの登場となる。

（成年）後見人制度
　成年者で社会的能力の低い者（痴呆や精神的障害などで判断が困難など）を法的に保護するため，執行機関として後見人をつけ，その意思決定や決断をできるかぎり生かすことを目的とした制度。

甲状腺機能低下症
　甲状腺ホルモンが欠乏して起こる。特徴は，不活発，あるいは代謝の低下である。食事に含まれるヨード不足が主な原因と考えられる。クレチン症という先天性甲状腺機能低下症は遺伝的に甲状腺機能に欠陥のある病気で，およそ数千人に一人の割合で生まれる。

コミュニケーションエイド
　障害をもつために話すことができない人が，コミュニケーションをおこなうために使用するボイスレコーダなどの道具。

児童虐待
　両親や保護者が意図的に子どもを傷つけたり，死に至らしめるような精神的・身体的暴力や放置を指す。

児童虐待防止法
　2000年5月，国会で議員立法による「児童虐待の防止などに関する法律」が成立。この法律で初めて虐待の定義がなされた。

児童福祉法
　児童の生活上の困難や障害に対して，児童が人として尊重され，よりよい生活の中で成長する権利を保障することを理念とした法律。法律の制定50年にあたる1997年（平成9年），児童福祉法改正案が大改正された。

障害基礎年金
　病気やケガで障害者になった時，受けることのできる年金。

障害者手帳
　障害者手帳には，身体障害者手帳，療育手帳，精神障害者保健福祉手帳の三つがあり，障害を有する方やその家族が法律上の各種援助を受けるために交付される。（水子）

スティグマ(stigma)
　もともとはギリシャで犯罪者や奴隷に押されていた焼き印のことで，不名誉，汚名といった否定的な意味をもっている。つまり，正常から逸脱していると見なされ，汚らわしい，望ましくないものとして他者の不信や蔑視を受けるような欠点・短所などの属性のことを指す。病気や障害をもっている，同性愛者であるといった属性，さらに生活保護を受けていること自体がスティグマになりうる。スティグマは，ある属性の特徴（手足が不自由など）自体によって生じるのではなく，そのような特徴に対する否定的な周囲の反応によって生じるということが重要な点の一つである。（水子）

生活保護
　保険料の事前拠出を要件とせず，生活困窮者にその必要な程度に応じて国などの一般財源から支出される経済的給付。公的扶助とも呼ばれる。

精神保健指定医
　臨床医として実務経験5年以上，精神科臨床医として実務経験3年以上など，指定を受ける用件に該当する医師のうち，精神保険福祉法に規定された「指定の職務」をおこなううえで必要な知識および技能を有すると認められると厚生大臣が指定した医師。

セロトニン
　中枢神経伝達物質の一つ。摂食行動，体温調節など多くの脳生理機能に関わっている。躁うつ病，不安発作，強迫症状，衝動性，幻覚・妄想，過食や拒食などの摂食障害などもセレトニンの機能異常が関与していると考えられている。

通園施設A型B型
　重症心身障害児・者の通園・通所施設には，利用者数のちがいにより通園施設A型と通園施設B型の二つがある。通園施設A型は，1日の利用者15名を基本としており，重症心身障害児施設，もしくは肢体不自由児施設に併設されるため医療機能が確保されている。一方，通園施設B型は，1日の利用者5名を基本としており，重症心身障害児施設でなくても併設できるため，重症心身障害児施設や肢体不自由児施設のない地域でも重症心身障害児・者が通園できる。（水子）

デポ剤
　特殊な注射剤。数時間しかもたない通常の注射と違い，油に薬を溶かし込んでいるため，筋肉注射するとそれが次第に体内に溶けだし，1回の注射で作用が2週間から1ヶ月もつ。

任意入院
　入院も退院も本人の意思に基づくことが原則。一般衣料における自由入院と違い，本人が退院を希望しても，精神保健指定医が入院の継続を必要と診断する場合には，入院治療の必要性の説明，今後の治療について家族等との連絡，調整などで，72時間は退院を制限でき，閉鎖病棟で治療を受けるなど行動制限がおこなわれる場合がある。

パーキンソン症状
　ふるえ，筋肉のこわばりのほか，随意運動ができなくなり，体のバランスが悪くなる。顔が無表情になり，唾液が過剰に分泌される。首筋にそった筋肉が縮むため，頭をたれ，前かがみの姿勢をとることが多い。

バイタルサイン（vital sign）
　人の健康状態を示す基本的な徴候のこと。一般的には体温，呼吸，脈拍，血圧の四つの生理機能を指す。（水子）

パニック障害
　実際には危険でないのに，脳が幻の危機を感知して，息苦しくなって，心臓が速く打ち，胸が痛くなる，汗が出る，体がふるえるなどのパニック状態が急に出てくること。

パラフィリア
　性障害に分類される。繰り返し強い性衝動を抱き，標準的な興奮では満足できず，衝動に駆られて行為に及ぶか，または著しく苦しんでいる。

光療法
　朝の時間帯（実習先の病院では6時から8時）に4000ルクスの光を2時間照射するもの。感情病に効果を示すことがある。

被虐待児症候群
　幼少時が実父母あるいは養父母などから種々の肉体的な虐待を通常繰り返し受けた状態を指す。

非定型抗精神病薬
　従来型抗精神病薬とは異なる機序で作用するため「非定型」と呼ばれる。主にドーパミンとセロトニンという神経伝達物質に作用することにより，陽性症状，陰性症状の両方に対する効果が期待されている。従来の抗精神病薬に伴う耐え難い副作用の一部を避けることができる。

VDS
　服用時期で，就寝前のこと。朝食後，昼食後，夕食後，VDSと分けられる。

水中毒
　多飲水から希釈性の低Na血症を起こし，意識障害やけいれん発作などの症状を呈する。水をたくさん飲むことによって，血液が薄くなってしまい，水のような血液となってしまう。

ミラーリング
　コミュニケーション療法の一つ。発達障害の子どもに適用される場合，子どもがしていることをそのまま真似ることなどを指す。

リバウンド
　向精神薬の摂取を急に取りやめると，一時的に以前よりも激しい精神病症状が出現すること。

療育手帳
　知的障害児・者とその家族が療育や相談，各種援助を受けやすくするために児童相談所または知的障害者更生相談所において知的障害があると判定された方に

対して交付される。療育手帳には，障害の程度により，A1（最重度），A2（重度），B1（中度），B2（軽度）の区分がある。（水子）

II 薬物療法（pharmacotherapy）

向精神薬：中枢神経系に作用し，精神科治療に用いる薬物全般。
抗精神病薬：統合失調症や躁病などに用いられる。

●抗精神病薬
▽フェノチアジン系
［一般名］クロルプロマジン（chlorpromazine）
［製品名］コントミン，ウインタミン
［効能・効果］統合失調症，躁病，神経症における不安・緊張・抑うつ，悪心・嘔吐，催眠・鎮静・鎮痛剤の効力増強
［副作用］便秘，頻脈，血圧低下，白血球減少，肝障害，錐体外路症状，悪性症候群，など

［一般名］レボメプロマジン（Levomepromazine）
［製品名］レボトミン，ヒルナミン
［効能・効果］統合失調症，躁病，うつ病における不安・緊張
［特徴］鎮静作用強
［副作用］クロルプロマジンに類似

［一般名］チオリダジン（Thioridazine）
［製品名］メレリル
［効能・効果］統合失調症，神経症における不安，緊張，抑うつ及び興奮．うつ病，老年精神病，精神遅滞における不安・焦燥・興奮・多動
［副作用］クロルプロマジン参照

［一般名］ペルフェナジン（Perphenazine）
［製品名］ピーゼットシー/PZC，トリオミン，トリラホン
［効能・効果］統合失調症，術前・術後の悪心・嘔吐，メニエル症候群（めまい，耳鳴）
［副作用］クロルプロマジン参照

［一般名］フルフェナジン（Fluphenazine）
［製品名］フルメジン，アナテンゾール，フルデカシン
［効能・効果］統合失調症
［副作用］クロルプロマジン参照

▽ブチロフェノン系
［一般名］ハロペリドール（Haloperidol）
［製品名］リントン，セレネース，ケセラン，ハロステン
［効能・効果］統合失調症，躁病
［副作用］血圧降下，頻脈，肝障害，錐体外路症状，貧血，白血球減少，不眠など，悪性症候群

［一般名］ピパンペロン（Pipamperone）
［製品名］プロピタン
［効能・効果］統合失調症
［副作用］クロルプロマジン参照

［一般名］リスペリドン
［製品名］リスパダール
［効能・効果］統合失調症
［副作用］頻脈，肝障害，錐体外路症状，不眠，眠気，貧血，高血糖，口渇，悪性症候群，脳血管性障害など

［一般名］ペロスピロン（Perospirone）
［製品名］ルーラン
［効能・効果］統合失調症
［特徴］錐体外路系副作用が弱い
［副作用］末梢循環不全，頻脈，パーキンソン症候群，ジスキネジー，肝機能異常，便秘，悪心・嘔吐，月経異常・排尿障害，不眠，眠気，貧血，倦怠感，悪性症候群，錐体外路症状など

［一般名］クエチアピン（Quetiapine）
［製品名］セロクエル
［効能・効果］統合失調症
［特徴］錐体外路症状は生じにくい
［副作用］不眠，不安，神経過敏，頻脈，便秘，食欲不振，悪性症候群，錐体外外路症状，高血糖など
［禁忌］糖尿病など

▽MARTA
［一般名］オランザピン（Olanzapine）
［製品名］ジプレキサ
［効能・効果］統合失調症
［副作用］不眠，眠気，体重増加，倦怠感，不安，焦燥，興奮，易刺激性，悪性症候群，錐体外路症状，高血糖など
［禁忌］糖尿病など

▽ベンズアミド系
［一般名］スルピリド（Sulpiride）
［製品名］ドグマチール，ミラドール，アビリット（住友）
［効能・効果］統合失調症，うつ病・うつ状態，胃・十二指腸潰瘍
［副作用］アカシジア，乳汁分泌，月経異常，睡眠障害，倦怠感，発疹，悪性症候群，錐体外路症状など

［一般名］スルトプリド（Sultopride）
［製品名］バルネチール
［効能・効果］躁病，統合失調症の興奮および幻覚，妄想状態
［副作用］頻脈，血圧降下，血圧上昇，肝障害，錐体外路症状，口渇，胃腸障害，

痙攣，悪性症候群など

▽その他
［一般名］ゾテピン（Zotepine）
［製品名］ロドピン
［効能・効果］統合失調症，ロシゾピロン
［副作用］血圧降下，頻脈，肝障害，錐体外路症状，不眠，口渇，月経障害，乳汁分泌，悪性症候群，痙攣発作など

［一般名］ピモジド（Pimozide）
［製品名］オーラップ
［効能・効果］統合失調症，小児の自閉性障害，精神遅滞に伴う症状（動き，情動，意欲，対人関係等にみられる異常行動，睡眠，食事，排泄，言語等にみられる病的症状，常同症等がみられる精神症状）
［副作用］パーキンソン症候群，アカシジア，ジスキネジア，排尿障害，発汗，口渇，性欲亢進，けいれん作用，悪性症候群など

●抗うつ薬
▽三環系抗うつ薬
［一般名］イミプラミン（Imipramine）
［製品名］トフラニール，イミドール
［効能・効果］精神科領域におけるうつ病・うつ状態，遺尿症（昼，夜）
［副作用］頻脈，パーキンソン症状，口渇，便秘，肝障害，排尿困難，振戦，眠気，めまい，全身倦怠感，てんかん発作など

［一般名］クロミプラミン（Clomipramine）
［製品名］アナフラニール
［効能・効果］精神科領域におけるうつ病・うつ状態，遺尿症（昼，夜）
［副作用］イミプラミン参照

［一般名］アミトリプチリン（Amitriptyline）
［製品名］トリプタノール，ラントロン
［効能・効果］精神科領域におけるうつ病・うつ状態，夜尿症
［副作用］頻脈，パーキンソン症状，口渇，便秘，肝機能異常，排尿困難，振戦，眠気，めまい，全身倦怠感，心筋梗塞，幻覚，譫妄など

［一般名］ノルトリプチリン（Nortriptyline）
［製品名］ノリトレン
［効能・効果］精神科領域におけるうつ病・うつ状態（内因性うつ病，反応性うつ病，退行期うつ病，神経症性うつ状態，脳器質精神病障害のうつ状態）
［副作用］イミプラミン参照，てんかん発作

［一般名］アモキサピン（Amoxapine）
［製品名］アモキサン
［効能・効果］うつ病・うつ状態
［副作用］動悸，頻脈，血圧降下，めまい，ふらつき，頭痛，譫妄，口渇，胃腸

障害，発汗，悪性症候群，痙攣，幻覚など

▽四環系抗うつ薬
［一般名］マプロチリン（Maprotiline）
［製品名］ルジオミール
［効能・効果］うつ病・うつ状態
［副作用］イミプラミン参照

［一般名］ミアンセリン（Mianserin）
［製品名］テトラミド
［効能・効果］うつ病・うつ状態
［副作用］動悸，頻脈，血圧降下，めまい，ふらつき，頭痛，口渇，胃腸障害，発汗，悪性症候群など

［一般名］セチプチリン（Setiptiline）
［製品名］テシプール
［効能・効果］うつ病・うつ状態
［副作用］ミアンセリン参照

▽選択的セロトニン再取込み阻害薬(SSRI)
［一般名］フルボキサミン（Flvoxamine）
［製品名］デプロメール，ルボックス
［効能・効果］うつ病およびうつ状態，強迫性障害
［副作用］眠気，めまい，頭痛，不眠，嘔気・悪心，口渇，便秘，嘔吐，下痢，肝障害，セロトニン症候群，悪性症候群など

［一般名］パロキセチン（Paroxetine）
［製品名］パキシル
［効能・効果］うつ病・うつ状態，パニック障害
［副作用］傾眠，めまい，頭痛，嘔吐，嘔気，口渇，便秘，疲労，倦怠感，ほてり，心悸亢進など

▽セロトニン・ノルアドレナリン再取込み阻害薬(SNRI)
［一般名］ミルナシプラン（Milnacipran）
［製品名］トレドミン
［効能・効果］うつ病・うつ状態
［副作用］口渇，悪心・嘔吐，便秘，腹痛，味覚・舌異常，起立性低血圧，頻脈，動悸，眠気，めまい，立ちくらみ，頭痛，振戦，躁転，焦燥感，不眠，筋緊張，亢進，倦怠感，排尿障害，発汗，悪性症候群など

●抗躁薬
［一般名］炭酸リチウム（Lithium carbonate）
［製品名］リーマス
［効果・効能］躁病，および躁うつ病の躁状態
［副作用］振戦，脱力，倦怠感，血糖上昇，脱水，リチウム中毒，徐脈

●抗てんかん薬
▽ベンゾジアゼピン系
［一般名］クロナゼパム（Clonazepam）
［製品名］リボトリール，ランドセン
［効能・効果］小型（運動）発作，精神運動発作，自律神経発作
［副作用］眠気，ふらつき，喘鳴，睡液増加，食欲不振，尿失禁，白血球・血小板減少，肝障害，脱力，依存症，呼吸抑制，睡眠中の多呼吸発作，刺激興奮錯乱など

▽バルビツール酸系
［一般名］フェノルバルビタール
［製品名］フェノバール，ワコビタール，ルピアール
［効能・効果］不眠症，不安緊張状態の鎮静，てんかんのけいれん発作，強直間代発作，焦点発作，自律神経発作，精神運動の発作
［副作用］

▽その他
［一般名］カルバマゼピン（Carbamazepine）
［製品名］テレスミン，テグレトール
［効果・効能］精神運動発作，てんかん性格及びてんかんに伴う精神障害，てんかんのけいれん発作，全般けいれん発作，大発作，躁病，躁うつ病の躁状態，統合失調症の興奮状態，三叉神経症
［副作用］眠気，めまい，ふらつき，発疹など

［一般名］バルプロ酸ナトリウム
［製品名］デパケン，デパケンR
［効能・効果］各種てんかん（小発作，焦点発作，精神運動発作ならびに混合発作）およびてんかんに伴う性格行動傷害（不機嫌，易怒性等）の治療
［副作用］傾眠，めまい，頭痛，不眠，嘔吐，腹痛，口渇など

●抗パーキンソン薬
▽抗コリン系
［一般名］トリヘキシフェニジル
［製品名］アーテン，トレミン
［効能・効果］特発作パーキンソニズム，向情新薬投与によるパーキンソニズム・ジスチネシア・アカシジア
［副作用］精神錯乱，幻覚，見当識障害，せん妄，口渇，便秘，排尿困難，心悸亢進

［一般名］ビペリデン
［製品名］アキネトン，タスモリン
［効能・効果］トリヘキフェニジル参照
［副作用］精神錯乱，幻覚，譫妄，不安，口渇，便秘，悪心，嘔吐，食欲不振など

▽配合剤
［製品名］メネシット
100mg（レボドパ100mg，カルビドパ10mgの配合剤）
250mg（レボドパ250mg，カルビドパ25mgの配合剤）
［効能・効果］パーキンソン病，パーキンソン症候群
［副作用］不随意運動，幻覚，せん妄，妄想，抑うつ，不安・焦燥感，歩行障害，眠気，めまい，食欲不振，口渇など

［一般名］アマンタジン（Amantadine）
［製品名］シンメトレル
［効能・効果］パーキンソン症候群，脳梗塞後遺症に伴う意欲・自発性低下の改善，A型インフルエンザ
［副作用］幻覚，せん妄，興奮，精神不安，頭痛，不眠，口渇，肝機能異常など

● 抗不安薬
▽ベンゾジアゼピン系
［一般名］ブロマゼパム（Bromazepam）
［製品名］レキソタン
［効能・効果］神経症における不安・緊張・抑うつおよび強迫・恐怖，うつ病における不安・緊張，心身症（高血圧症，消化器系疾患，自律神経失調症）における身体症候ならびに不安・緊張，抑うつおよび睡眠障害，麻酔前投薬
［副作用］眠気，ふらつき，めまい，気分高揚，歩行失調，不眠，頭痛，口渇，食欲不振，便秘，排尿困難，動悸，嘔吐など

［一般名］ロラゼパム（Lorazepam）
［製品名］ワイパックス
［効能・効果］神経症における不安・緊張，抑うつ，心身症（自律神経失調症，心臓神経症）における身体症候ならびに不安・緊張・抑うつ
［副作用］依存性，刺激興奮，呼吸抑制，神経運動の低下，健忘作用，反跳性不安と依存，眠気，ふらつき，めまい，立ちくらみ，易刺激性，不安，焦燥，急性中毒など

［一般名］ロフラゼプ酸エチル（Ethyl loflazepate）
［製品名］メイラックス
［効能・効果］神経症における不安・緊張・抑うつ・睡眠障害，心身症（胃・十二指腸潰瘍，慢性胃炎，過敏性腸症候群，自律神経失調症）における不安・緊張・抑うつ・睡眠障害
［副作用］眠気，頭がボーッとする，朝起きづらい，ふらつき，めまい，頭痛，言語障害，味覚倒錯，健忘，耳鳴，不眠，口渇嘔気，便秘，食欲不振，肝障害，貧血，白血球減少，頻尿，残尿感，倦怠感，依存性，刺激興奮，錯乱，幻覚など

▽チエノジアゼピン系
［一般名］エチゾラム（Etizolam）
［製品名］デパス
［効能・効果］神経症における不安・緊張・抑うつ・神経衰弱症状・睡眠障害，うつ病における不安・緊張・睡眠障害・心身症（高血圧症，胃・十二指腸潰瘍）

における身体症候ならびに不安・緊張・抑うつ・睡眠障害，統合失調症における睡眠障害，頸椎症，腰痛症，緊張型性頭痛における不安・緊張・抑うつおよび筋緊張など
［副作用］眠気，ふらつき，めまい，依存性，呼吸抑制，口渇，動悸など

●睡眠薬
▽ベンゾジアゼピン系（超短時間型）
［一般名］トリアゾラム（Triazolam）
［製品名］ハルシオン
［効能・効果］不眠症・麻酔前投薬
［副作用］眠気，ふらつき，薬物依存，離脱症状，痙攣発作，せん妄，振戦，幻覚，刺激興奮，錯乱，呼吸抑制，一過性前向性健忘など

▽非ベンゾジアゼピン系（超短時間型）
［一般名］ゾピクロン（Zopiclone）
［製品名］アモバン
［副作用］ふらつき，眠気，頭重，頭痛，不快感，めまい，口中の苦味，口渇，嘔気，白血球減少，赤血球減少，幻覚，連用により薬物依存，呼吸抑制，肝機能障害，精神症状，意識障害，一過性前向性健忘

［一般名］ゾルピデム（Zolpidem）
［製品名］マイスリー
［効能・効果］不眠症（統合失調症および躁うつ病に伴う不眠症は除く）
［副作用］ふらつき，眠気，頭痛，倦怠感，残眠感，悪心，依存症，離脱症状，錯乱，一過性前向性健忘，呼吸抑制など

▽ベンゾジアゼピン系（短時間型）
［一般名］リルマザホン（Rilmazafone）
［製品名］リスミー
［効能・効果］不眠症，麻酔前投薬
［副作用］眠気，ふらつき，頭痛，めまい，妄想，肝障害，不整脈，口渇，悪心・嘔吐，発疹，呼吸抑制，依存症，刺激興奮，錯乱など

▽チエノジアゼピン（短時間型）
［一般名］ブロチゾラム（Brotizolam）
［製品名］レンドルミン
［効能・効果］不眠症，麻酔前投薬
［副作用］大量連用により薬物依存，眠気，ふらつき，頭痛，肝障害，軽度の脈拍数増加，肝機能障害，呼吸抑制，嘔気・悪心，口渇，過敏症，倦怠感，貧血，中途覚醒時の一過性健忘など

▽ベンゾジアゼピン系（中間型）
［一般名］ニトラゼパム（Nitrazepam）
［製品名］ネルボン，ベンザリン
［効能・効果］不眠症，麻酔前投薬，異型小発作群
［副作用］呼吸抑制，依存性刺激，興奮，錯乱，歩行失調，不機嫌，頭痛，ふら

つき，倦怠感，血圧降下，徐脈，食欲不振，下痢，悪心・嘔吐など
［一般名］エスタゾラム（Estazolam）
［製品名］ユーロジン
［効能・効果］不眠症，麻酔前投薬
［副作用］ニトラゼパム参照

［一般名］フルニトラゼパム（Flunitrazepam）
［製品名］ロヒプノール，サイレース
［効能・効果］不眠症，麻酔前投薬など
［副作用］ニトラゼパム参照

▽ベンゾジアゼピン系（長時間型）
［一般名］クアゼパム（Quazepam）
［製品名］ドラール
［効能・効果］不眠症，麻酔前投薬
［副作用］大量連用により依存症，刺激興奮，錯乱などの精神症状，呼吸抑制，眠気，ふらつき，頭重感，口渇，悪心，倦怠感，食欲不振，発疹，昏迷など

［一般名］フルラゼパム（Flurazepam）
［製品名］ダルメート，ベノジール
［効能・効果］不眠症，麻酔前投薬
［副作用］ニトラゼパム参照

［一般名］ハロキサゾラム（Haloxazolam）
［製品名］ソメリン
［効能・効果］不眠症
［副作用］呼吸抑制，依存症

▽配合剤
［製品名］ベゲタミンA（赤色錠：クロルプロマジン25mg，プロメタジン
　　　　　　　　12.5mg，フェノバルビタール40mgの配合剤）
　　　　　ベゲタミンB（白色錠：クロルプロマジン12.5mg，プロメタジン
　　　　　　　　12.5mg，フェノバルビタール30mgの配合剤）
［効能・効果］統合失調症，老年精神病，躁病，うつ病またはうつ状態，神経症における鎮静催眠

あ と が き

　本学は平成3年4月に開学した。平成13年に満10歳を迎えるに当たり，大学として十周年記念誌の発刊をはじめ数々の事業が企画されたが，平行して各学科も独自の記念事業を計画した。本学科は学科同窓会の立ち上げと，学科プロジェクトとして「臨床心理学キーワーズ集」を刊行することになった。本学科は基礎心理学や臨床心理学はもとより，医学や哲学などの重要領域の専任スタッフを20名以上も擁しており，全国的にも類い稀な豊富な人的資源を有効に活用すべく，本書の刊行に向けて作業を開始した。そのプロモート役を務めていただいたのが三宅進教授であった。

　序文にも述べられたように，本書の性格は本学に在籍する学生はもとより，卒業生や現場の方々，あるいは心理学や臨床心理学に関心を持たれる人々に気軽に利用していただけるハンドブック的なものである。執筆方針として，各教員は日ごろの授業の中で学生に語るように楽な気持ちで文章化することを申し合わせた。したがって読者は，項目によって，あるいは教員によって表現の形や内容の深度において差異があることに戸惑われるかもしれない。

　もう一つは，平成13年度の刊行を目指したのであるが，教員の入れ替わりや編集方針の変更などによって大幅な遅延を招くことになり，項目によっては時間的ずれにともなう記載内容における不適切性が生じたことを断らねばならない。可能な限りの見直しはしたつもりであるが，遺漏の存在についてはお許し願いたい。こうした不備などを含め，不足部分に対して加筆や訂正を加え，近い将来に改めて世に問うつもりである。読者諸氏からの忌憚のないご指摘とご指導を切に願うものである。

　最後に，まとまりを欠いた原稿を根気よく整理し，見やすく利用しやすいハンドブックの形に仕上げる労をとっていただいた，ナカニシヤ出版編集部長の宍倉由高氏に心からの感謝の意を表したい。

平成15年12月
臨床心理学科長　　金光義弘

執筆者一覧 （五十音順）

安藤正人
最終学歴：京都大学・大学院文学研究科　文学修士
現　　職：川崎医療福祉大学医療福祉学部臨床心理学科教授
主要著作：デカルトにおける意志と情念　現代デカルト論集Ⅲ収録　1996
　　　　　情念の分析と道徳　デカルト読本収録　1998
　　　　　翻訳　ホイヘンス：光についての論考　科学の名著・ホイヘンス収録　1989

伊澤秀而
最終学歴：東京大学教育学部・大学院人文科学研究科博士課程　教育学修士
現　　職：川崎医療福祉大学医療福祉学部臨床心理学科教授
主要著作：読書案内心理学　社会思想社　1975
　　　　　障害児心理学　有斐閣　1979
　　　　　16PFの臨床的利用　日本文化科学社　1985

岩淵千明
最終学歴：関西学院大学・大学院社会学研究科博士後期課程　社会学修士
現　　職：川崎医療福祉大学医療福祉学部臨床心理学科教授
主要著作：あなたもできるデータの処理と解析　岩淵千明編著　福村出版　1997
　　　　　パーソナリティと対人行動　対人行動学研究シリーズ5　大渕憲一・堀毛一也編　誠信書房　1996
　　　　　社会心理学　現代心理学シリーズ9　藤原武弘編著　培風館　1997

賀集 寛
最終学歴：関西学院大学・大学院文学研究科博士課程　文学博士
現　　職：川崎医療福祉大学医療福祉学部臨床心理学科客員教授
主要著作：連想の機構—心理学モノグラフNo.1—　東京大学出版会　1966
　　　　　日本語の表記形態に関する心理学的研究（共著）—心理学モノグラフNo.25—　日本心理学会　1996
　　　　　言語と記憶（共編著）　培風館　1997

金光義弘
最終学歴：京都大学・大学院文学研究科博士課程　文学博士
現　　職：川崎医療福祉大学医療福祉学部臨床心理学科教授
主要著作：霊長類動物の認知行動に関する研究　風間書房　1998
　　　　　心理検査・測定ガイドブック（共著）　塩見邦雄・金光義弘・足立明久編　ナカニシヤ出版　1990
　　　　　事故の心理・安全の心理　企業開発センター　2002

鴨野元一
最終学歴：関西学院大学・大学院文学研究科博士後期課程　文学修士
現　　職：川崎医療福祉大学医療福祉学部臨床心理学科助教授

川原田美保
最終学歴：川崎医療福祉大学・大学院医療福祉学研究科修士課程　修士（臨床心理学）
現　　職：川崎医科大学附属川崎病院精神科臨床心理士

佐野開三
最終学歴：岡山大学医学部　医学博士
現　　職：川崎医療福祉大学医療福祉学部臨床心理学科客員教授
主要著作：新外科学大系　大本誠二監修　出月康夫他編　中山書店　1989
　　　　　肝・胆・膵・脾手術のすべて　陣内伝之助他編　金原出版　1982
　　　　　図説　標準外科手術　井口潔他編　へるす出版　1987

嶋崎まゆみ
最終学歴：信州大学教育学部・関西学院大学大学院文学研究科博士後期課程　文学修士
現　　職：兵庫教育大学学校教育学部教育臨床講座講師　（川崎医療福祉大学医療福祉学部臨床心理学科元講師）
主要著作：自閉症児の社会的行動Ⅰ（共訳）E.ショプラー・G.B.メジボフ編　久野能弘・宮下照子監訳　岩崎学術出版社　1990
　　　　　感情心理学（共訳）　C.E.イザード著　荘厳舜哉監訳　ナカニシヤ出版　1996

島田 修
最終学歴：関西学院大学・大学院文学研究科博士後期課程　文学修士
現　　職：川崎医療福祉大学医療福祉学部臨床心理学科教授
主要著作：精神医学的診断法と検査法　臨床精神医学講座第16巻　小椋力他編　中山書店　1999
　　　　　心理アセスメントハンドブック第2版　上里一郎監修　西村書店　2001
　　　　　仕事とライフ・スタイルの心理学　（共著）　西川一廉・森下高治・北川睦彦・三戸秀樹・島田修他編　福村出版　2001

進藤貴子
最終学歴：京都大学・大学院教育学研究科博士後期課程　教育学修士
現　　職：川崎医療福祉大学医療福祉学部臨床心理学科助教授
主要著作：介護福祉ハンドブック　高齢者の心理　一橋出版　1999
　　　　　心理臨床の実際　病院の心理臨床　（共著）　山中康裕・馬場禮子編　金子書房　1998
　　　　　意味の形成と発達―生涯発達心理学序説　（共著）　岡本夏木・山上雅子編　ミネルヴァ書房　2000

武井祐子
最終学歴：岡山大学文学部・広島大学大学院教育学研究科博士前期課程　心理学修士
現　　職：川崎医療福祉大学医療福祉学部臨床心理学科講師
主要著作：重要用語300の基礎知識20　教育相談重要用語300の基礎知識　鑪幹八郎他編　明治図書　1999
　　　　　教科別にみる学習障害児の指導　基礎から高校進学まで　平山諭他編　福村出版　2000

執筆者一覧

綱島啓司
最終学歴：岡山大学・大学院文学研究科修士課程　文学修士
現　職：川崎医療福祉大学医療福祉学部臨床心理学科助教授
主要著作：臨床心理学の理論と実践　（共著）　牧正興他編著　ミネルヴァ書房　1990
　　　　　比較心理学を知る　（共訳）　N.ヘイズ著　岩本隆茂監訳　ブレーン出版　2000

橋本忠行
最終学歴：九州大学・大学院教育学研究科博士後期課程　教育学修士
現　職：札幌学院大学人文学部臨床心理学科講師　（川崎医療福祉大学医療福祉学部臨床心理学科元助手）
主要著作：臨床心理学シリーズ3　臨床心理アセスメント演習　（共著）　松原達哉他編　培風館　2003
　　　　　ロールシャッハの焦映反応と自己意識に関する基礎研究　九州大学特撰題目　1999

林 明弘
最終学歴：京都大学・大学院文学研究科博士後期課程　文学修士
現　職：川崎医療福祉大学医療福祉学部臨床心理学科助教授
主要著作：『教師論』における「異なる意味表示作用」について　中世哲学研究第7号　1998
　　　　　われわれは「自然」をどう考えてきたか　（共訳）　伊坂青司・長島隆監訳　どうぶつ社　1998

保野孝弘
最終学歴：福井大学教育学部・関西学院大学大学院文学研究科博士後期課程　博士（心理学）
現　職：川崎医療福祉大学医療福祉学部臨床心理学科助教授
主要著作：新生理心理学2　宮田洋監修　柿木昇治・山崎勝男・藤澤清編　北大路書房　1997
　　　　　脳と心　現代心理学シリーズ2　宮田洋編著　培風館　1997
　　　　　睡眠学ハンドブック　（共著）　日本睡眠学会編　朝倉書店　1994

水子 学
最終学歴：川崎医療福祉大学・大学院医療福祉学研究科博士後期課程　博士（臨床心理学）
現　職：川崎医療福祉大学医療福祉学部臨床心理学科助手

三宅 進
最終学歴：関西学院大学・大学院文学研究科博士課程　文学博士
現　職：川崎医療福祉大学医療福祉学部臨床心理学科客員教授
主要著作：異常の精神生理学　三和書房　1979
　　　　　心理学ウォッチング　ブレーン出版　1988
　　　　　ウソ発見　中公新書　1989

横山茂生
最終学歴：岡山大学医学部　医学博士
現　職：川崎医療福祉大学医療福祉学部臨床心理学科教授
主要著作：内観療法の臨床　理論とその応用　（共著）　川原隆造編　新興医学出版　1998
　　　　　内観　心は劇的に変えられる　（共著）　法研　1997
　　　　　精神科診療ガイドブック　（共著）　中外医学社　1994

渡辺昌祐
最終学歴：岡山大学医学部　医学博士
現　職：財団法人河田病院心療内科勤務　（川崎医療福祉大学医療福祉学部臨床心理学科元教授）
主要著作：うつ病は治る（四訂版）　保健同人社　2000
　　　　　うつ病と神経症（改訂増補版）　主婦の友社　1998
　　　　　プライマリケアのためのうつ病診療Q&A（改訂第2版）　金原出版　1997

執筆・編集協力者一覧

　　　　　　　　　　　　現在の所属（執筆・編集協力当時の所属）

池内　豊　　　　　社会福祉法人　旭川荘岡山県立津島児童学院
　　　　　　　　　（川崎医療福祉大学大学院　医療福祉学研究科臨床心理学専攻　修士課程）
石垣　明美　　　　岡山中央病院　ウィミンズメディカルセンター
　　　　　　　　　（川崎医療福祉大学大学院　医療福祉学研究科臨床心理学専攻　修士課程）
梅原　章利　　　　医療法人　仁生会細木ユニティ病院
　　　　　　　　　（川崎医療福祉大学大学院　医療福祉学研究科臨床心理学専攻　修士課程）
木倉　礼子　　　　国立療養所北陸病院
　　　　　　　　　（川崎医療福祉大学大学院　医療福祉学研究科臨床心理学専攻　修士課程）
倉田　朋良　　　　社会福祉法人　びわこ学園　第二びわこ学園
　　　　　　　　　（川崎医療福祉大学大学院　医療福祉学研究科臨床心理学専攻　修士課程）
佐々木　新　　　　社会福祉法人　旭川荘 いづみ寮
　　　　　　　　　（川崎医療福祉大学大学院　医療福祉学研究科臨床心理学専攻　修士課程）
冨田　俊昭　　　　医療法人　明精会　羽金病院
　　　　　　　　　（川崎医療福祉大学大学院　医療福祉学研究科臨床心理学専攻　博士後期
　　　　　　　　　課程）
栩原　知子（旧姓中村）　財団法人　仁和会　笠岡病院
　　　　　　　　　（川崎医療福祉大学大学院　医療福祉学研究科臨床心理学専攻　修士課程）
中山　麻衣子（旧姓河本）　医療法人　清峰会田主丸中央病院
　　　　　　　　　（川崎医療福祉大学大学院　医療福祉学研究科臨床心理学専攻　修士課程）
西山　温美　　　　川崎医療福祉大学　学生相談室
　　　　　　　　　（川崎医療福祉大学大学院　医療福祉学研究科臨床心理学専攻　修士課程）
松浦　由子　　　　医療法人　不二尚和会　日笠クリニック
　　　　　　　　　（川崎医療福祉大学大学院　医療福祉学研究科臨床心理学専攻　修士課程）
森本　寛訓　　　　川崎医療福祉大学医療福祉学部臨床心理学科助手
　　　　　　　　　（川崎医療福祉大学大学院　医療福祉学研究科臨床心理学専攻　博士後期
　　　　　　　　　課程）

索引

事項索引

あ
RCU　1
ICD-10　23, 29, 32, 63
ICU症候群　1
愛着　1
愛着理論　42
IPI　2
アカシジア　2
悪性症候群　3
悪夢　3
朝型―夜型　3
朝型―夜型質問紙　4
アセチルコリン　117
アダルトチルドレン　5
アデノウィルス　9
アドレナリン　40
アメンチア　59
アルコール（依存）症　5, 92
アルツハイマー病（アルツハイマー型痴呆）　92, 147
α波　5
αブロッキング　6
アレキシサイミア　6
暗黙裡の性格観　6

い
閾・閾値　7
育児ノイローゼ　7
医原心因症　7
医原身体病　7
医原性疾患　7
移行対象　12, 84
意識　150
意識障害　3, 59
意識低下状態　35
意識野　8
意識変容状態　7
異種　80
異常感覚　110
異常体験　134
移植　80
移植コーディネーター　80
維持リハーサル　142
依存形成　40

依存症予備軍　5
依存性　63
一次過程　49
一試行学習　8
一次的共感　32
一次妄想　134
逸話法　146
遺伝カウンセリング　57
遺伝子治療　9
いのちの電話　27
いびき　69
意味　9
意味記憶　92
意味処理　61
イミプラミン　38
イメージ　9, 109
イメージ・トレーニング　10
イメージ化　26
イメージの二重符合化　10
イメージ療法　10
イメージ論争　10
意欲の欠如　75
イリノイ式言語能力検査　10
医療保護入院　76
因子分析　78, 87
印象管理　52
印象操作　52
陰性症状　75
陰性転移　98
インテーク面接　10
インパルス　40, 60, 93
インフォームド・コンセント　11
インフラディアンリズム　46

う
ウィルスや細菌の感染　59
ウェルニッケ中枢　12
うそ発見　74
うつ状態　12
うつ病　21
ウルトラディアンリズム　13

え
エイズ恐怖　33

A群　63
ATI　14
ADA（アデノシンデアミナーゼ）欠損症　9
エクスポージャー　105
S-R理論　39
S-V-R理論　15
SSRI　32, 33, 63, 111
SD法　10
エディプス　75
エディプス・コンプレックス　119
エピソード記憶　15, 92
MAO阻害薬　38
演繹　16
演技性　63
塩酸アミトリプチリン　38
塩酸イミプラミン　38
遠刺激と近刺激　16

お
音象徴　36
オノマトペ　36
オペラント　45
オペラント条件づけ　71
音韻処理　61
音声記号　35
音声ループ　47

か
外因好発型　59
外因反応型　59
外延的意味　9
快感原則　49
開眼手術　18
外言　18
回顧的記憶／展望的記憶　18
解釈　75
外傷体験　119
会食恐怖　33
外制止　59, 98
階層的ネットワークモデル　92
概念　18
概念作用　19
回避性　63

事項索引

解離症状　32
解離性障害　19
会話・思考の貧困　75
カウンタ・バランス　19
過換気症候群　19
可逆性　63
可逆的モノアミン酸化酵素A阻害薬　38
学習曲線　19
学習性無力感　20
学習性無力感理論　20
拡充法　138
覚醒水準　21
学生相談　21
過食　78
過食症　78
頭文字法　26
仮性痴呆　21
仮説検証型　25
仮説と無帰仮説　21
家族会　53
家族力動　21
家族療法　22
カタルシス　22
カタレプシー　103
価値転換理論　22
活動特異的エネルギー　76, 99
カテゴリー　15, 19, 26
過敏性情動衰弱状態　59
過敏性腸症候群　23
過眠症候群　23
仮面うつ病　23
感覚運動的シェマ　71
感覚代行　23
カンガルーケアー　130
癌恐怖　33
眼瞼反射　127
ガンザー症候群　19
観察学習・社会的学習　24
観察自我　99
患者会　53
患者特有の意味づけの理解　105
肝障害　5
干渉説　24
感情の刺激性　59
感情の平板化　75
感情変換　130
感染症　59
眼電図　24
間脳　60
γアミノ酪酸　41
関与観察法　25
関与しながらの観察　25
緩和ケア　83
緩和精神安定薬　40

き
キーワード・ピクチャー法　26
記憶　70, 92
記憶術　26
記憶低下　92
記憶方略　26
擬音（声）語　36
器官神経症　26
危機介入　27
器質性精神病　27
器質精神病　59
記述精神医学　142
起承転結　70
擬人観　146
季節性感情障害　29
蟻走感　2
帰属過程　27
帰属錯誤　27
吃音恐怖　33
帰納　28
機能局在説　28
機能性精神病　28
気分安定薬　38
気分循環障害（気分循環病）　29
気分障害　29, 32
基本の信頼　139
基本の信頼感　29
記銘障害　59
記銘力障害　147
偽薬効果　29
逆向干渉　24
虐待児症候群　29
逆転移感情　70
Cannon-Bard説　60
ギャンググループ　55
90度法　75
急性精神障害　59
QOL　30, 38
急性ストレス障害　30
急速眼球運動　30
教育相談　31
教育分析　70, 99
共依存　31
強化　31, 59, 128
境界性　63
境界性人格障害　31
強化静止　31
共感　32
共感的　75
共感の理解　148
狂気や死への恐怖　110
胸中圧迫感　62
胸痛　110
強迫観念　32
強迫行為　32
強迫症状　32
強迫神経症　32

強迫性格　32
強迫性障害　32, 33
強迫性人格障害　63
恐怖　63
恐怖症（phobia）　33, 105
虚偽性障害　33
虚偽発見　127
拒食症　78
拒絶反応　80
筋強剛　3
緊張　40
筋電図　33, 127
筋肉強剛　38

く
空間的行動　85
偶発記憶　61
躯幹の舞踏病様運動　92
クロルプロマジン　38

け
系統的脱感作法　34
系列位置効果　34
血縁淘汰　35
結果主義　35
血中乳酸値　110
下痢　62
原因帰属　27, 28
嫌悪刺激　20
幻覚　35, 75, 92, 147
幻覚症　59
元型　131, 140
原型　19
言語　35
言行為　36
言語学　36
言語自己感　71
言語心理学　36
言語相対性仮説　36
言語体系　36
言語の恣意性　35
言語の生産性　35
言語の知覚，理解　36
言語の有契性（有縁性）　36
顕在記憶　37
顕在的行動　86
幻視　35
現実原則　49
現実検討　49
幻臭　35
幻触　35
幻聴　35
見当識障害　92
健忘　59
健忘症候群　59
幻味　35

事項索引

こ
好意　85
行為者と観察者における帰属の相違　28
抗うつ薬　**38**
口渇　38
交感鎮　38
交感神経　60
交感神経系　**38**, 62, 117
攻撃行動　145
攻撃衝動　32
膠原病　59
抗コリン作用　38
交際期間理論　15
高次神経活動　40
高次精神機能障害　92
口唇期　66
抗精神病薬　3, 4, **38**, 92
向精神薬　**38**
抗躁薬　38
抗痴呆薬　38
抗てんかん薬　38
行動主義　**38**, 150
行動的技法　105
行動療法　32, 33, 39, 111
抗ドーパミン作用　38
高熱　3
広汎性発達障害　**40**
抗不安薬　2, 38, 40
興奮　40, 147
興奮と抑制　59, 120
硬膜下血腫　92
肛門期　66
功利主義　**41**
交流分析　**41**
呼吸困難　110
刻印づけ　**42**
国際障害者年　**42**
国立特殊教育形究所　**43**
誤再認　92
個人的な空間　108
個人的無意識　131
個性記述・法則定立　**43**
固定的動作パターン　**44**, 76
古典的条件づけ　**44**, 71, 78
個としての独立　84
5HTIA（セロトニン自己受容体）　40
コミュニケーション構造　57
コリン系　117
コルサコフ症候群　59
語連想法　45
ゴロ合わせ　26, 142
混合状態　29
コンプライアンス　2

さ
サーカディアンリズム　**46**
再生と再認　46
再認記憶　92
細胞集成体モデル　46
催眠療法　**47**
作話　59
錯覚　12
作動＝作業記憶　**47**
里親　54
サピア・ワーフの仮説　36
詐病　33
サブリミナル知覚　48
三環系抗うつ薬　38
産業カウンセラー　66
三項随伴性　**48**
産出　36

し
ジアゼパム　38
シェイピング　**49**
James-Lange説　60
自我　**49**, 140
自我境界　50
視覚象徴　36
自我心理学　50
自我同一性　50, 141
自我の強さ　49
視空間記銘メモ　47
軸索　40, 93
C群　63
刺激語　45
自己　32, 140
自己愛性人格障害　**50**, 63
自己意識　**50**
自己維持バイアス　28
自己一致　148
思考　18, 36
試行錯誤　71
視交叉上核　50
試行数　16
自己開示　**51**, 52
自己開示の返報性　51
自己感　71
自己教示法　105
自己実現　109
自己実現・個性化　**51**
自己中心性　**52**
自己中心的バイアス　28
自己受容　32
自己治癒力　32
自己呈示　52, 78
自己表出　78
自殺　32
指示的意味　9
四肢の舞踏病様運動　92
CCU　1
視床　60
視床下部　60

事象関連電位　**52**
自傷行為　32
自助グループ　**53**
辞書的定義　9
自然環境の知覚　76
視線恐怖　33
肢体不自由　**53**
自他未分化　32
しつけ（躾）　55
実験計画　**53**
失見当識　59, 147
失錯行為　131
実存主義　**54**
疾病恐怖　33
児童相談所　**54**
児童福祉施設　54
児童福祉法　54
シナップス　41, 117
死の三主徴　107
自発的回復　59
社会化不全症候群　**54**
社会的感受性　79
社会的性格　90
社会的知恵　55
集学的治療　83
臭化物　69
醜形恐怖　33
集合的無意識　131, 139
集団　57
集団心理療法　**55**
集団の形成　**56**
集団の構造　**57**
習得　36
自由にして保護された空間　110
絨毛診断　57
自由連想法　45, 74
主観的自己感　71
主機能　51
樹状突起　40, 93
出生前診断　57
出眠時幻覚　35
受容　32
順位制　**57**
循環器用薬　2
順向干渉　24
障害児教育　58
障害受容の過程　**58**
消化器用薬　2
消化性潰瘍　5
上機嫌　147
消去　**59**
条件反射　98
条件反射学　111
小児症　19
症状精神病　**59**
焦燥　40
焦燥感　2

情緒　74
象徴　138
情緒・情動性　**59**
情緒的意味　9, 78
情緒不安定　63
衝動性　32
情動脱力発作　103
情動調律　72
情動不安定　59
剰余変数　60
初期経験　60
植物状態　107
植物性神経系　62
植物人間　82
徐波睡眠　60
除反応　22
処理水準説　**61**
初老期痴呆　145
自律訓練法　**61**
自律神経機能検査　62
自律神経系　60, **62**, 93, 115, 117, 128
自律神経失調症　**62**
自律神経障害　3
事例　19
事例研究　62
人格障害　**62**, 105
人格の崩壊　147
心気　40
心気症　**63**
心悸亢進　110
心気的反応　23
心筋障害　6
神経系の型　**63**
神経細胞　93
神経遮断薬悪性症候群　4
神経症　**63**, 115
神経症的反応　23
神経性過食症　78
神経性食欲不振症　78
神経性大食症　78
神経生理心理学　41
信号検出理論　**63**
人口高齢化　92
信号刺激　76
人工臓器　**64**
新行動主義　39
進行麻痺　92
心身症　**64**
心身相関　**65**
新生自己感　71
心像　9
心像価　10
身体各部の疼痛　23
身体化障害　63
身体症状　23
身体的依存　5
身体表現性障害の一型　63

心的エネルギー　22
心的外傷　32
心的外傷後ストレス障害　**65**
心的回転　9
心的辞書　92
心電図　126
心拍　126
心理アセスメント　**65**
心理・水力学モデル　76
心理言語学　36
心理士の資格　**66**
心理社会的危機　141
心理性的発達　**66**
心理療法　**67**, 109
心理臨床の訓練　70

す
膵炎　5
随伴陰性変動　53
睡眠＝覚醒　74
睡眠時無呼吸症候群　**69**
睡眠周期　13
睡眠障害　23
睡眠奪取　91
睡眠段階　**69**
睡眠麻痺　**69**, 103
睡眠薬　38, **69**
水力モデル　76
スーパーヴァイジー　70
スーパーヴィジョン・スーパーヴァイザー　**70**
スキーマ　**70**, 92
スキル訓練　105
スクリプト　70
スチューデント・アパシー　**72**
頭痛　59, 62
ストレス関連性の妄想様観念　32

せ
生活技能訓練　**73**
性器期　67
制限連想法　45
静座不能　2
脆弱性X症候群　**73**
成熟拒否　78
精神安定薬　40
精神科デイケア　**73**
精神生理学　59, **74**
精神的依存　6
精神病　**74**, 115
精神病質　62
精神病質人格　62
精神分析　49, 131
精神分析とその療法　**74**
精神分析療法　33
精神分裂病（統合失調症）　32, **75**
精神保健福祉法　**76**

精神療法　33
生体部分臓器の移植　80
生態論的妥当性　**76**
精緻化　61
精緻化リハーサル　142
成長ホルモン　61
性的刻印づけ　42
性同一性障害　125
生得的触発機構　**76**
青年期発症　75
生物学的精神医学　63
生理心理学　60, 74, **77**
勢力構造　57
赤面恐怖　32
セチプチリン　38
接触異常症　78
摂食障害　78
絶対的依存　84
節約の原理　146
節約法　16
セマンティック・ディファレンシャル法　9, **78**
セルフ・モニタリング　**78**
セロトニン　40
セロトニン症候群　3
セロトニンニューロン　32
前意識　131
宣言的知識/手続的知識　**79**
全身倦怠感　23, 62
全身のふるえ　38
全生活史健忘　19
全体対象　12
選択的セロトニン再取り込み阻害薬　32, 38, 63, 110
選択的断眠　91
全断眠　91
全般性痴呆　145
潜伏期　67
譫妄　59

そ
躁うつ病　29
相関研究・因果研究　**80**
相互作用　25
臓器移植　**80**
相互利他性（現象）　**80**
操作的シェマ　71
相状態　**81**
創造的退行　50
創造の病　119
相対的依存　84
属性　15
ソシオメトリック構造　57
措置入院　76, **81**
尊厳死　**81**
尊厳死宣言書　82

事項索引

た
ターミナルケア 83
ターミナルステージ 83
第一信号系/第二信号系 83
第一種の過誤と第二種の過誤 84
大学院指定制 66
退行 98, 109
体質的素因 62
対象関係論 84
対象喪失・悲哀の仕事 84
対人関係 51
対人関係,自己像,感情が不安定で衝動的 63
対人恐怖 33
対人的距離 85
対人認知 6
対人魅力 15, 85
体制化 26
耐性形成 5
態度 86
態度間構造 87
態度構造 86
態度内構造 87
態度変容 87
大脳・大脳辺縁系 88
タイプA行動パターンおよびタイプB行動パターン 88
タイプ論 51
対面法 75
代理母（ママ） 89
対話的幻聴 35
ダウン症候群 89
多幸的 147
他者志向型 90
多重人格 90
多食症 78
脱錯覚 12
脱制止仮説 99
脱中心化 32
短期記憶・長期記憶 47, 90, 142
男根期 67
炭酸リチウム lithium carbonate 38
タンドスピロン 40
ダントロレン 3
断眠 91

ち
地位役割構造 57
知覚類似説 9
知識 16, 92
知能障害 92
遅発性ジスキネジア 92
痴呆 92
痴呆スケール 92
着床前診断 57
チャンキング 26
注意 97

注意欠陥/多動障害 93
中央制御部 47
中核自己感 71
中枢神経 93
中枢性抗コリン薬 2
中毒性精神病 59
長期記憶 92, 142
超自我不安 75, 129
長時間睡眠者 94
貯蔵 47
治療拒否 2
治療者患者関係 95

つ
対連合学習 24
つなぎモデル 96

て
定位反応 97, 122
TEACCHプログラム 97
DSM分類 63
DSM-IV 29, 32, 98, 110
抵抗 98
低出生体重児 130
Dスコア 78
転移 70, 98
転位活動 99
典型性 19

と
同一化 32
同一性障害 31, 32
動悸 62
動機主義 100
動機づけ 76
道具的条件づけ 45, 71, 100, 128
登校拒否 100
洞察 74
同種 80
頭重感 62
統制欠如型 75
動的ステレオタイプ 101
道徳における客観主義 101
道徳における主観主義 102
糖尿病 5
ドーパミン 3, 41
ドーパミン作動薬 3
ドーパミン受容体 92
ドーパミン受容体刺激剤 3
匿名性 125
ドナー 80
ドナーカード（臓器提供者カード） 80, 107
トラゾドン 38

な
内観療法 103

内言 18
内在化 125
内省 16
内制止 59
内的再統合 109
内的準拠枠 148
内的不穏感 2
内分泌代謝疾患 59
内包的意味 9
なだめの身振り 103
ナルコレプシー 103
喃語 35

に
二次過程 49
二次妄想 134
ニトラゼパム 38
乳酸ナトリウム静注 110
乳児期 32
入眠時幻覚 35, 103
乳幼児精神医学 71
ニュールンベルク綱領 121
ニューロン 40, 93
任意入院 76
認識 50
認知 39
認知科学 36
認知構造 6
認知障害 75
認知心理学 59, 70, 77, 105
認知的リハーサル 105
認知領域 76
認知療法 32, 105
認定心理士 66

ね
ネオテニー 106
熱感 110

の
脳炎 92
脳外傷 92
脳幹網様体 60
脳器質性病変 92
脳血管障害 92
脳死 107
脳腫瘍 92
脳波 98, 126
脳変性疾患 145
乗物恐怖 33

は
パーキンソン症状 38
パーソナルスペース 108
バイオフィードバック療法 109
徘徊 92, 147
媒介 26

梅毒恐怖　33
排尿障害　38
嘔気　110
破瓜病　75
破局的見方の緩和　105
箱庭療法　109
場所法　26
パターナリズム　110
発汗　110
発達課題　16
発達障害　110
パニック障害　110, 117
パニック発作　110
パラメトリック・ノンパラメトリック　111
バルビツール酸誘導体　69
ハロペリドール　38
汎化＝一般化　111, 120
反響語　128
反社会的　63
判断力障害　92
反跳性不眠　69
反応語　45
反復　26
反復性うつ病　29

ひ
ピア・カウンセリング　113
ピアジェ・ヴィゴツキー論争　18
PAC分析　113
光や音に対する感覚過敏　59
B群　63
非言語　109
非行　114
非三環系抗うつ薬　38
ヒステリー　114, 129
ヒステリーなどの精神疾患　21
P3　53
非定型抗精神病薬　38
独り言　18
皮膚電気活動　126
皮膚電気反応/反射　114
比喩　115
病識欠如　115, 147
表象のシェマ　71
表象的媒介過程説　78
標本研究・標本抽出　115
広場恐怖　110
敏感期　1, 42

ふ
不安　40, 63, 105
不安神経症　117
不安性障害　63
不安定で激しい対人関係　31
風景構成法　110
フェノチアジン誘導体　38

フェノバルビタール　38
フォーカシング　136
不穏　92
不機嫌　59
不機嫌状態　29
副交感神経　38, 60
副交感神経系　62
腹部不快感　110
服薬受容　2
不潔恐怖　32
不潔行為　147
符合化特定性原理　117
不随意運動　93
不安発作　110
ブチロフェノン誘導体　38
不適切で激しい怒り　32
部分対象　12
部分断眠　91
普遍的無意識　131, 139
不眠　59
不眠症　117
プラグマティズム　118
フラストレーション　118
ふらつき感　110
フラッシュバック　65
ブローカ中枢　119
プロクセミックス　85
プログラム学習　119
分化　120
文化　36
文化人類学　36
分析心理学　136
文法　35
分裂病型人格障害　63
分裂病質　63

へ
ペグワード法　26
βアドレナリン遮断作用　3
β遮断薬　3
ヘルシンキ宣言と人体実験　121
ペルソナ　140
ベンゾジアゼピンおよびその類似化合
　物の誘導体　69
扁桃核　60
便秘　38

ほ
棒暗記　26
防衛機制　122
防衛的帰属　28
防衛反応　122
防御反応　122
訪問教育　122
保護制止　123
保護（超限）制止　124
母子相互作用　124

ホスピスケア　83
母性・女性性　124
保存・認知発達　125
没個性化　125
ボディ・ランゲージ　126
ホメオスタシス　38, 62, 117
ポリグラフ　74, 126
本質主義　127
本能　140

ま
マイナー・トランキライザー　40
マタニティーブルー　128
末梢神経炎　5
末梢神経系　128
的外れ応答　19
慢性疲労症候群　128
マンド　128
マンド/タクト　128

み
ミアンセリン　38
味覚嫌悪学習　9
未熟児出産　130
身震い　110
民族心理学　36

む
無意識　131
無意識下　49
無意味音節　76
無条件の肯定的配慮　146
無動状態　38
夢中遊行　131

め
迷走神経　117
命題説　10
命名語　128
メタ認知　133
滅裂思考　75
目の調節障害　38
めまい　62
めまい感　110
メランコリー親和型性格　133
免疫反応　80
免疫抑制剤　80
メンバー　19

も
盲検法と二重盲検法　134
妄想　75, 92, 134, 147
妄想性　63
もうろう状態　59
燃えつき症候群　134
目撃証言　134
モデリング　67

人名索引

物語文法　70
物語連鎖法　26
森田療法　32, 33, **134**

や

夜驚症　**136**
薬剤性アカシジア　2
薬剤探索行動　5
薬物依存　**136**
野生児　**136**
やせ願望　78
有意味語　76

ゆ

遊戯療法　**138**
夢分析　**138**
夢見　**139**

よ

要求語　128
幼児期と社会　16
羊水診断　57
陽性症状　75
陽性転移　98
予期不安　110
抑圧　22, 49, 119, 131
抑うつ　40, 105

抑うつ状態の抑制症状　21
欲求不満耐性の低さ　32

ら

来談者中心療法　3, 32
ライフサイクル理論　**141**

り

リエゾン精神医学　**142**
理解　70, 92
力動精神医学　**142**
力動的心理療法　140
離人　40
離人症状　110
離脱症候群　5, 142
離脱症状　69
リハーサル　47, **142**
リビドー　66
リラクセーション　143
臨界期　1, 42
臨床心理士　66
倫理　66

れ

冷感　110
レシピエント　80
レスポンデント　45

レスポンデント条件づけ　71
劣等機能　51
レトロウィルス　9
REM周期　13
REM睡眠とNREM睡眠　**144**
恋愛　85, 142
恋愛の類型論　**144**
連合主義　100, 150
連想検査　**145**
連想診断　45

ろ

ロイド・モーガンの公準　**146**
老人性痴呆疾患センター　**146**
老人性痴呆疾患デイケア　**146**
老人デイケア　**147**
老年期うつ病　21
老年痴呆　92, **147**
ロールシャッハテスト　**147**
ロールプレイ　67
ロゴセラピー　**148**

わ

Waxing and wanding　5

人名索引

あ

アイゼンク, H. J.　39, 87
アウグスティヌス　102
アクスライン, V. M.　2, **3**, 138
アセリンスキー, E.　31, 144
東 正　49
アドラー, A.　119
アンドリュウ, R. J.　99
石原金由　4
イタール, J. M. G.　**8**, 77, 135, 136
ヴィゴツキー, L. S.　18, 101
ウィックランド, R. A.　50
ウィットマー, L　**12**
ウィニコット, D. W.　**12**, 84
ウェーバー, E. H.　7
ウェルニッケ, C.　12
ウォルターズ, P. A.　72
ウォルピ, J.　34, 143
ヴント, W.　12, **13**, 16, 30, 36, 77
エクスナー, J. E.　**14**
エスキロール, J. E.　35
エッジワース, F. Y.　42

エビングハウス, H.　**16**
エリクソン, E. H.　**16**, 29, 50, 122, 141
エレンベエルガー, H. F.　119
オールポート, G. W.　43
小此木啓吾　75
オズグッド, C. E.　10, 78, 87
オストベルグ, O.　4

か

カーク, S. A.　10
カーチス, S.　137
梶田叡一　50
ガスリー, E. R.　8
カルフ, D. M.　109
カレス, A.　60, 69, 144
川喜多二郎　113
木下冨雄　55
キャッテル, J. M.　12, **30**
キャノン, W. B.　65
ギャバート, G. O.　97
ギルバート, J. A.　91

ギレミノールト, C.　69
クーン, R.　38
クライン, M.　12, 84, 138
クラウダー, N. A.　120
グリーン, D. M.　64
クレイク, F. I. M.　61
クレイトマン, N.　31, 139, 144
クレイル, V. A.　23
クレペリン, E.　29
ゲシュヴィント, N.　28
ゲゼル, A. M. D.　60, 136
ケルマン, M. C.　87
ケント, G. H.　143
コーガン, A. B.　101
コーチン, S. J.　12, 65
ゴールトン, F.　30, **41**
コフート, H.　32
コリンズ, A. M.　83

さ

サーストン, L. L.　87
佐々木正美　97

人名索引

サピア, E. 36
サリヴァン, H. S. 25
サルトル, J.-P. 54
ジェイコブソン, E. 143
ジェームズ, W. 13, 77, 118
ジェリノー, J. 103
シェルデルップ・エッベ, T. 57
ジェンドリン, E. T. 139
シフニオス, P. E. 6
島田 修 101
下山晴彦 96
シャルコー, J. M. 131
シュナイダー, K. 62
ジュベ, M. 144
ジュラード, S. M. 51
シュルツ, J. H. 61, 143
ショー, M. E. 57
ジョーンズ, E. E. 52
ショブラー, E. 40, 97
シング, J. A. L. 136
ジンバルド, P. G. 125
スウェッツ, J. A. 64
スキナー, B. F. 39, 45, 48, **71**, 119, 128
スターン, D. N. **71**
スターンバック, R. A. 74
スナイダー, M. 78
スラブソン, S. R. 56
セガン, E. O. 8, **77**, 135
セリグマン, M. E. P. 8, 20
ソーンダイク, E. L. 45, 71, 100, **146**
ソシュール, F. de 36
ソマー, R. 108

た
ダーウィン, C. 41, 146
ダービー, C. L. 24
田中國夫 86
タルビング, E. 15, 79, 117
チョムスキー, N. 36, **94**
辻平治郎 50
ディーナー, E. 125
ディメント, W. C. 139, 144
ティンバーゲン, N 76, 99, 123
デュバル, S. 50
テレンバッハ, H. 133
トールマン, E. C. 39
ドクロリー, O. 77
ドナティスト 102
ドルフマン, E 138

な
ナイサー, U. 76, 105
中井久夫 110
成瀬悟策 53, 143
ニューカム, T. M. 87

は
バーウェル, C. S. 69
パース, C. S. 118
ハートレイ, E. L. 56
ハートレイ, R. E. 56
バートレット, F. C. 16, 70, **108**
ハーロウ, H. F. 1, 20, 89, **108**
バーン, E. 41
ハイダー, F. 27, 87
ハイデッガー, M. 54
パヴロフ, I. P. 39, 40, 45, 59, 63, 71, 81, 97, 100, 101, **111**, 120, 123, 124, 148
バス, A. H. 50
パトリック, G. T. W. 91
ハル, C. L. 39
ハルトマン, H. 50, 122
ハルバーグ, F. 46
バンデューラ, A. 24, **112**
ピアジェ, J. 18, 32, 52, 71, **113**, 125
東山紘久 109, 138
久野能弘 49
ピットマン, T. S. 52
ピネル, P. 8
ヒポクラテス 110
ヒルガード, E. R. 45, 100
フィッシャー, D. V. 51
フェスティンガー, L. 87
フェニングスタイン, A. H. 50
フェヒナー, G. T. 7
フランクル, V. E. 148
フリードマン, M. 89
フリューデンバーガー, H. J. 134
ブルーナー, J. S. 6
プレッシー, S. L. 119
ブロイアー, J. 22, 119
フロイト, A. 16, 50, 122, 138
フロイト, S. 12, 16, 21, 22, 39, 41, 47, 49, 50, 66, 74, 84, 99, **118**, 122, 124, 131, 138, 139, 141, 142, 145
ブロイラー, E. 147
ブローカ, P. P. 119
ブロス, P. 16
フロム, E. 23
ベック, A. T. 105
ヘッブ, D. O. 46, 47, 60, **121**
ペティ, R. E. 87
ヘルド, R. 60
ベルネーム, H 131
ベンサム, J. 41
ペンフィールド, W. 88
ボウルビィ, J. M. 1, 42
ホール, E. T. 85
ホーン, J. A. 4
ボネファー, K. 59
ホブランド, C. I. 87
ボルク, L. 106

ホロビッツ, M. J. 108

ま
マーキス, D. G. 45, 100
マースタイン, B. I. 15
マーレイ, H. 147
前田重治 67, 75
マクギーガン, F. J. 143
松井豊 15
マットソン, R. H. 91
マナセーヌ, M. 91
ミラー, G. A. 83
ミル, J. S. 41
ミロン, T. 97
ムスターカス, C. E. 138
メスメル, F. A. 47
モーガン, C. L. 146
森田正馬 134
モリヌークス, W. 18
モレノ, J. L. 56
モンテッソーリ, M 77, **135**

や
ヤスパース, K. 134
ユング, C. G. 22, 51, 67, 119, 131, 138, **139**, 140, 145
吉本伊信 103

ら
ライト, B. A. 22
ラパポート, D. 50
リー, J. A. 144
リースマン, D. 90
リバーマン, R. P. 73
ルーミス, A. L. 6
ルビン, Z. 85
レイナー, R. 39
レヴィン, K. 118
レヒトシャッヘン, A. 60, 69, 144
ローエンフェルト, M. 109, 138
ローゼンハーグ, M. J. 87
ロールシャッハ, H. 147
ローレンツ, K. 1, 44, 76, 99
ロザノフ, A. J. 145
ロジャース, C. R. 2, 3, 32, 56, 67, **148**, 149
ロックハート, R. S. 61
ロッシュ, E. H. 19
ロフタス, E. F. 83

わ
ワーフ, B. L. 36
ワトソン, J. B. 39, 146, **150**

臨床心理学キーワーズ

| 2004年2月20日 | 初版第1刷発行 | 定価はカヴァーに |
| 2009年9月20日 | 初版第2刷発行 | 表示してあります |

編　者　　川崎医療福祉大学臨床心理学科
発行者　　中西健夫
発行所　　株式会社ナカニシヤ出版
　　　　　〒606-8161　京都市左京区一乗寺木ノ本町15番地
　　　　　Telephone　075-723-0111
　　　　　Facsimile　075-723-0095
　　　　　郵便振替　01030-0-13128
　　　　　URL　http://www.nakanishiya.co.jp/
　　　　　E-mail　iihon-ippai@nakanishiya.co.jp

装丁＝白沢　正／印刷・製本＝ファインワークス

Copyright © 2004 by Department of Clinical Psychology,
Kawasaki University of Medical Welfare
Printed in Japan
IISBN978-4-88848-832-7